幸福社区文化建设丛书

社区常见

婚姻纠纷

HUNYINJIUFEN 处理指南

杨胜玲　主编

西南师范大学出版社
国家一级出版社　全国百佳图书出版单位

图书在版编目（CIP）数据

社区常见婚姻纠纷处理指南 / 杨胜玲主编. —重庆
：西南师范大学出版社,2013.5
ISBN 978-7-5621-6229-2

Ⅰ .①社… Ⅱ .①杨… Ⅲ .①婚姻家庭纠纷 - 处理 -
中国 Ⅳ .① D925.104-62

中国版本图书馆 CIP 数据核字（2013）第 098163 号

社区常见婚姻纠纷处理指南

主　编：杨胜玲　副主编：李　庆

责任编辑：杜珍辉
封面设计：刘洋洋
出版发行：西南师范大学出版社
　　　　　地址：重庆市北碚区天生路 1 号
　　　　　邮编：400715　市场营销部电话：023-68868624
　　　　　http://www.xscbs.com
经　销：新华书店
印　刷：重庆共创印务有限公司
开　本：720mm×1030mm　1/16
印　张：16.25
字　数：180 千字
版　次：2013 年 7 月　第 1 版
印　次：2019 年 1 月　第 2 次印刷
书　号：ISBN 978-7-5621-6229-2
定　价：28.00 元

若有印装质量问题,请联系出版社调换。

本书所有名字均为化名,请勿对号入座。

总 编 委 会

前　言

　　婚姻是情感的纽带,也是情感的归属。幸福婚姻是指个人生理、心理和社会多方面的需求得到合法满足。每个步入婚姻殿堂的人不仅是享受者,也是奉献者。在漫长的人生旅途中相依相伴,共度风雨,缔造生命,感受幸福。然而,现实婚姻生活中,也充斥着诸如家庭暴力、婚外情、财产纠纷等不和谐因素,面对这些纷争和烦恼,如何理性解决,如何正确维权,都是正在经历婚姻或濒临离婚边缘的夫妻热切关注的问题。

　　《社区常见婚姻纠纷处理指南》一书正是为了满足大家对婚姻纠纷处理的迫切需要而编写的,收录了实践中较典型的婚姻纠纷案例,以案例所涉内容分为七个部分,贯穿从订婚、结婚、婚姻关系存续期间到离婚、离婚后等各阶段,针对不同阶段极易产生的法律纠纷,通过对具体案例的解析,联系现行法律规定,为读者提供处理婚姻纠纷的技巧。每一个纠纷的处理都由经典案例、案情重温、处理意见、法律条文以及友情提示五个部分组成。其中,"经典案例"从社区居民的婚姻生活实际出发,精心选择有代表性和典型意义的婚姻纠纷,简明扼要地进行论述,使读者全面了解案情;"案情重温"则是对前述经典案例提炼出的争议焦点问题从法律的规定与法理的角度进行细致阐述,并运用专业知识进行分析,寻求解决纠纷的最佳途径;"处理意见"是在对前述案情分析的基础上,依据法律的规定,分析推导出的全面、客观、准确的解决办法;"法律条文"以法条链接的形式让读者明确处理该纠纷的法律依据,方便查阅和理解《婚姻法》及相关司法解释的内容,以便正确运用法律知识维权;"友情提示"则从法律专业的角度告诉读者应该如何防范和处理这类纠纷,掌握一些基本的处理技巧和知识,起到画龙点睛之效。

　　本书案例基本涵盖了婚姻领域矛盾纷争的难点和焦点问题,力求取材新颖、描述生动、表意准确、分析透彻,紧贴我国社区居民婚姻状况的实际,立足我国婚姻立法、司法的热点问题,对典型婚姻纠纷实例进行深入浅出的分析,帮助读者从浅显易懂的案例分析中,理解深刻晦涩的法律知识,既注重阐明《婚姻法》的基本原理、立法精神和旨意,又注重介绍婚姻领域中的前沿问题和各种新现象,体现了学术性和可读性的统一。我们真诚地希望本书能提供给读者更多的帮助和启示,树立正确的婚姻伦理道德观念,理性处理婚姻生活中的矛盾,提高婚姻生活的幸福指数,营造和谐美满的幸福社区!

编者

2013年5月

目　录

第二编 夫妻财产纠纷处理指南

第三编 离婚纠纷处理指南

第四编 离婚财产纠纷处理指南

第五编 婚姻赔偿纠纷处理指南

第六编 夫妻债务纠纷处理指南

第七编　离婚后子女抚养纠纷处理指南

第一编

结婚纠纷处理指南

1. 结婚时未达到法定婚龄,起诉时已达到法定婚龄,婚姻有效吗?

【经典案例】

2000年6月,家住成都市的杨某(男)与张某(女)在女方老家自贡举行了订婚仪式。当时张某只有18岁,未到法定结婚年龄。2000年8月双方通过虚假的身份证明材料到当地民政部门办理了结婚登记手续。同年生育一子杨某某。2005年7月杨某发现妻子张某与其前男友仍保持暧昧关系,于是提出两人协议离婚,但张某认为双方结婚至今感情一直很好,自己与前男友早已断绝关系,关于两人关系亲密的事情,纯属生性多疑的杨某无端猜测。为了孩子的健康成长和家庭的完整,张某坚决不同意离婚。杨某的母亲见儿子因不能与妻子离婚成天闷闷不乐,为了儿子的个人幸福,杨母于2006年2月起诉至法院,证明儿子和儿媳当年用虚假的结婚证明材料登记结婚,将儿媳张某的年龄改为21岁,其实,张某结婚时尚未达到法定婚龄,要求法院宣告该婚姻无效。

【案情重温】

《中华人民共和国婚姻法》(简称《婚姻法》,后同)第六条规定,结婚年龄,男不得早于二十二周岁,女不得早于二十周岁。晚婚晚育应予鼓励。杨某与张某结婚时张某未达到法定婚龄,但两人用虚假证明材料欺骗婚姻登记机关取得结婚登记,属于无效婚姻。但是,按照《最高人民法院关于适用<中华人民共和国婚姻法>若干问题的解释(一)》(简称《婚姻法司法解释(一)》,后同)第八条之规定,"当事人依据婚姻法第十条规定向人民法院申请宣告婚姻无效的,申请时,法定的无效婚姻情形已经消失的,人民法院不予支持"。同时,以未到法定婚龄为由申请宣告婚姻无效的,申请的利害关系人为未达法定婚龄者的近亲属,因此,本案如果婚姻当事人杨某与张某未申请宣告婚姻无效,也只能由未达到法定婚龄的张某的近亲属,而不能是杨某的母亲向法院提出确认婚姻无效的申请。即便杨某申请宣告婚姻无效,也因为申请时其妻子张某已达到法定婚龄,以致无效婚姻情形已经消失,而不能得到支持。

【处理意见】

结婚时未达到法定婚龄,该婚姻属于无效婚姻。但婚姻当事人及利害关系人必须在无效婚姻情形消失之前向法院申请宣告婚姻无效,否则,一旦无效婚姻的情形消失,该婚姻则因具备了结婚的实质要件而转为有效,"未达法定婚龄"的判断标准应以起诉时为准。

【法律条文】

1.《婚姻法》第十条 有下列情形之一的,婚姻无效:

(一)重婚的;

(二)有禁止结婚的亲属关系的;

(三)婚前患有医学上认为不应当结婚的疾病,婚后尚未治愈的;

(四)未到法定婚龄的。

2.《婚姻法司法解释(一)》第七条 有权依据婚姻法第十条规定向人民法院就已办理结婚登记的婚姻申请宣告婚姻无效的主体,包括婚姻当事人及利害关系人。利害关系人包括:

(一)以重婚为由申请宣告婚姻无效的,为当事人的近亲属及基层组织。

(二)以未到法定婚龄为由申请宣告婚姻无效的,为未达法定婚龄者的近亲属……

3.《婚姻法司法解释(一)》第八条 当事人依据婚姻法第十条规定向人民法院申请宣告婚姻无效的,申请时,法定的无效婚姻情形已经消失的,人民法院不予支持。

【友情提示】

作为一种既存的社会关系,"婚姻"已成事实,并以此为基础产生多种关系,如果简单地否认这种身份关系,必定对家庭和社会产生一系列的负面影响。况且,当事人享有婚姻自主权,结婚登记只是一种公示行为,应允许"无效"婚姻转化为有效,即在结婚登记时虽然存在致使婚姻无效的情形,但随着时间的推移,如果原来的无效情形已经消失,则应认定婚姻关系有效,以体现法律保护婚姻稳定的价值取向。

2. 表兄妹为达结婚目的做绝育手术,能办理结婚登记吗?

【经典案例】

小刚与小芳(均为化名)是表兄妹关系,他们的父母是一母同胞的亲姐弟。小刚与小芳年龄相差无几,从小青梅竹马。2005年高中毕业以后,两人相约到南方打工。在异乡多年的打工生活中,两人互相关心,互相支持,感情迅速升温,并偷尝了禁果。2011年8月,两人回到家里,向各自的父母提出了结婚的请求,双方父母受"舅表婚,亲上亲"观念的影响,均表示同意,并催促他们早日结婚。同年9月,两人到民政部门办理结婚登记手续,民政部门在得知两人是表兄妹关系后,拒绝给他们办理结婚证,并告知他们,不给其办理结婚证是因为法律规定禁止近亲结婚,以保证子孙后代的健康,提高人口生育质量。

于是,两人为了顺利结婚,小芳当即到医院做了绝育手术,并向医院索要了绝育手术证明。2012年1月,两人再次来到婚姻登记部门要求办理结婚登记,并出示了绝育证明,但婚姻登记部门仍然拒绝给他们办理结婚证。

【案情重温】

《婚姻法》规定直系血亲和三代以内的旁系血亲禁止结婚,该规定属于强制性规范,不允许随意变通适用。小刚与小芳是表兄妹关系,属于《婚姻法》规定的三代以内旁系血亲,应禁止结婚。即使小芳做了绝育手术,仍应当适用《婚姻法》的有关规定,以体现法律的权威性和不可变更性,更好地维护社会公共利益。另外,这也是为了保证婚姻当事人的自身利益和幸福。表兄妹年轻时为达到结婚的目的,会愿意以做绝育手术为代价要求结婚,但这并不能保证结婚后两人不会改变想法。如果婚后两人过久了孤单的生活,产生生育子女的愿望而无法实现是非常痛苦的,这不仅不利于婚后感情的维系,还会增加家庭的不稳定因素。

【处理意见】

法律上禁止结婚的近亲属之间结婚的,该婚姻无效。所以,近亲属之间为达到结婚目的,即使做了绝育手术,也不能办理结婚登记;即使隐瞒双方具有亲属关系的事实,骗取了结婚登记,仍然是无效婚姻。

【法律条文】

1.《婚姻法》第七条 有下列情形之一的,禁止结婚:

(一)直系血亲和三代以内的旁系血亲……

2.《中华人民共和国婚姻登记条例》(简称《婚姻登记条例》,后同)第六条 办理结婚登记的当事人有下列情形之一的,婚姻登记机关不予登记:

(一)未到法定结婚年龄的;

(二)非双方自愿的;

(三)一方或者双方已有配偶的;

(四)属于直系血亲或者三代以内旁系血亲的;

(五)患有医学上认为不应当结婚的疾病的。

【友情提示】

我国农村不少地方都有"亲上加亲"的习俗,但是法律明确禁止近亲结婚,即使双方隐瞒事实骗取了婚姻登记,该婚姻仍是无效的,婚姻当事人以及当事人的近亲属可以向法院申请该婚姻无效。

3. 同母异父的兄弟姐妹能结婚吗?

【经典案例】

1982年项某与赵某结婚,并于婚后第二年生育一子项国×,1984年项某与赵某因感情不和协议离婚,并办理了离婚登记手续。离异的单身母亲赵某带着儿子项国×独立生活,1985年赵某经好朋友竭力撮合,与曾经暗恋她的高中同学丁某再次步入婚姻殿堂。原本就有感情的两个人终成眷属,婚后相互爱慕,感情生活非常幸福,丈夫丁某对继子项国×也非常喜爱,视同己出。1986年两人生育了一个女儿丁晓×,女儿的出生并没有减弱丁某对继子的爱,两个同母异父的孩子在大家的关爱下健康成长,懂事的哥哥对妹妹照顾有加,可爱的妹妹对哥哥倾慕已久,两人感情甚笃。2006年已达法定结婚年龄的项国×与丁晓×开始自由恋爱,不久,两人便共同居住生活,双方父母也未加以干涉。2006年4月,他们隐瞒双方血缘亲属关系的事实,办理了结婚登记手续。婚后初期夫妻感情尚好,但是,时间一长,夫妻双方因家庭琐事经常发生争吵,感情出现裂痕。自2006年年底,丁晓×便离家外出打工,长期不归,并于2007年12月17日诉至法院,请求法院判决其与项国×离婚。

【案情重温】

我国《婚姻法》对此的规定是,直系血亲和三代以内的旁系血亲不得结婚。所谓直系血亲,指的是父母子女,祖父母、外祖父母与孙子女、外孙子女。对于三代以内的旁系血亲的判定,我国采用的是世代计算的标准,指的是与己身出于同一祖父母或外祖父母的旁系血亲,即以自己为第一代,上推三代,父母为二代,祖父母、外祖父母为三代,或下推三代,侄子女、(外)孙子女都属于三代以内的旁系血亲。本案中,项国×与丁晓×虽然是同母异父的兄弟姐妹,但同父异母或同母异父的兄弟姐妹是半血缘旁系血亲,法律规定禁止他(她)们相互结婚。

【处理意见】

法院经审理认为:项国×与丁晓×是三代以内的旁系血亲,属《婚姻法》规定的禁止结婚的近亲属范围。尽管双方因隐瞒近亲血缘关系的实情,办理了结婚登记手续,但仍属于无效婚姻。据此,判决原告丁晓×与被告项国×的婚姻无效。

【法律条文】

1.《婚姻法》第七条 有下列情形之一的,禁止结婚:

(一)直系血亲和三代以内的旁系血亲……

2.《婚姻登记条例》第六条 办理结婚登记的当事人有下列情形之一的,婚姻登记机关不予登记:

(一)未到法定结婚年龄的;

(二)非双方自愿的;

(三)一方或者双方已有配偶的;

（四）属于直系血亲或者三代以内旁系血亲的；

（五）患有医学上认为不应当结婚的疾病的。

【友情提示】

国家法律禁止一定范围内的亲属结婚,主要基于两方面的考虑：一是优生学原理,因为血缘关系太近的男女结婚,其基因的相似性很容易将他们本身生理或精神上的缺陷遗传给后代的子女,从而加重家庭和社会的负担,不利于民族的兴盛；二是传统伦理观念的要求,特别是禁止没有血缘关系的拟制直系血亲(如养父母与养子女等)结婚,就是充分考虑到风俗习惯的因素。因此,当事人应当遵守法律规定和公序良俗,不在近亲属之间建立婚姻家庭关系。

4. 患有乙型肝炎并处于活动期的,能结婚吗?

【经典案例】

2008年夏天,黄某和姚某经中介人介绍认识,相处一段时间后,彼此感觉很合适,准备第二年春节结婚。同年的冬天,黄某和未婚妻姚某开始为结婚做准备,他们首先去医院做婚前体检,检查还挺顺利,一上午就检查完了。一周后,两人高高兴兴来到医院取体检结果,没想到医生却告诉他们,黄某患有乙型肝炎,并处于活动期,医生建议黄某抓紧时间治疗,先不要结婚,以免耽误病情。但黄某和姚某认为,"乙肝"是一种常见的疾病,没有什么大不了的,在以后的日常生活中多注意些就行了,两人能走到一起是很难得的缘分,应该好好珍惜,不需要推迟结婚。拿到体检结果后,两人并没在意医生的建议,开始忙碌地挑选婚纱、选择婚庆公司、筹备婚礼。在2009年春节前夕,黄某和姚某一起到当地婚姻登记机关办理结婚登记,并向婚姻登记员出示了双方的婚前体检证明,婚姻登记机关能给他们办理结婚登记吗?

【案情重温】

我国《婚姻法》没有明确列举医学上认为不应当结婚的疾病,而《中华人民共和国母婴保健法》(简称《母婴保健法》,后同)列举了禁止结婚的疾病。一般来讲,禁止结婚的疾病主要分为两类:一类是精神方面的疾病,包括精神病、重症智力低下等。另一类是身体方面的疾病,主要是指那些足以危害到对方和下一代健康的重大传染性疾病或遗传性疾病。本案中,结婚登记申请人黄某患有乙肝且该病处于活动期,按照目前的医学观点分析,在乙肝活动期,患者的肝功能不正常,病毒复制程度高,这时期具有很强的传染性,可能会造成对方的传染并影响所生育子女的健康,属于应暂缓结婚的情形。

【处理意见】

婚姻登记管理机关认为,黄某所患的疾病为我国《母婴保健法》规定的医学上认为不应当结婚的疾病,决定不接受他们的结婚登记申请,不予办理结婚登记。

【法律条文】

1.《婚姻法》第七条 有下列情形之一的,禁止结婚:

(一)直系血亲和三代以内的旁系血亲;

(二)患有医学上认为不应当结婚的疾病。

2.《母婴保健法》第八条 婚前医学检查包括对下列疾病的检查:

(一)严重遗传性疾病;

(二)指定传染病;

(三)有关精神病。

经婚前医学检查,医疗保健机构应当出具婚前医学检查证明。

3.《母婴保健法》第九条 经婚前医学检查,对患指定传染病在传染期内或者有关精神病在发病期内的,医师应当提出医学意见;准备结婚的男女双方应当暂缓结婚。

【友情提示】

婚姻不仅是两个人的事情,也关系到下一代的身体健康,进一步还会影响到国民的素质,民族的兴盛。一方或双方患有医学上认为不应当结婚的疾病的不能结婚,这是法律的禁止性规定,任何人不能为自己的私利突破法律的底线。

5. 儿子死后,儿媳有精神病,母亲能申请婚姻无效吗?

【经典案例】

2007年初,童某在一次户外活动中认识了女子邓某,双方开始交往,很快便确立了恋爱关系。在两人交往的过程中,童某曾经陪同邓某去过几次医院,每次去的时候,童某都是在外等候,他并不知道邓某患有什么疾病。每当他询问邓某时,邓某只是敷衍地告诉他,自己只是得了一般的病。见邓某表现也比较正常,童某并没有多想。经过近一年的恋爱,2007年年底两人登记结婚。双方共同生活了一段时间后,童某和童某的母亲都发现邓某的行为越来越古怪,让正常人实在无法理解。2008年6月3日,在童某母亲的提醒下,童某以丈夫的身份对妻子曾经的病历进行查阅,了解到原来邓某婚前患有精神分裂症,嫁给自己时她的病还没有痊愈,婚后反而更加严重了。得知真相的童某心情非常悲伤,于是独自一人到外面喝酒解愁。因为童某平时很少喝酒,那天却一醉方休,等路人发现他时,童某已因饮酒过量导致酒精中毒身亡。2008年7月,童某的母亲以《婚姻法》第十条规定为由,申请法院宣告儿子的婚姻无效。

【案情重温】

本案中,邓某患有精神类疾病,属于医学上认定的不应当结婚的疾病,且婚后病情更加严重,该婚姻是无效的。但童某已经死亡,作为婚姻当事人的童某无法申请婚姻无效。在童某死亡后的第二个月,童某的母亲向法院申请婚姻无效是不正确的,因为她不具有合法的申请人资格。

【处理意见】

根据《婚姻法司法解释(二)》第五条规定,"夫妻一方或者双方死亡后一年内,生存一方或者利害关系人依据婚姻法第十条的规定申请宣告婚姻无效的,人民法院应当受理。"但本案中,利害关系人应为与患病者共同生活的近亲属。而童某的母亲虽然与邓某共同生活,但不是近亲属,所以法院不予受理。

【法律条文】

1.《婚姻法》第十条 有下列情形之一的,婚姻无效:

(一)重婚的;

(二)有禁止结婚的亲属关系的;

(三)婚前患有医学上认为不应当结婚的疾病,婚后尚未治愈的;

(四)未到法定婚龄的。

2.《婚姻法司法解释(一)》第七条 有权依据婚姻法第十条规定向人民法院就已办理结婚登记的婚姻申请宣告婚姻无效的主体,包括婚姻当事人及利害关系人。利害关系人包括:

(一)以重婚为由申请宣告婚姻无效的,为当事人的近亲属及基层组织。

(二)以未到法定婚龄为由申请宣告婚姻无效的,为未达法定婚龄者的近亲属。

(三)以有禁止结婚的亲属关系为由申请宣告婚姻无效的,为当事人的近亲属。

(四)以婚前患有医学上认为不应当结婚的疾病,婚后尚未治愈为由申请宣告婚姻无效的,为与患病者共同生活的近亲属。

3.《婚姻法司法解释(二)》第五条 夫妻一方或者双方死亡后一年内,生存一方或者利害关系人依据婚姻法第十条的规定申请宣告婚姻无效的,人民法院应当受理。

【友情提示】

在司法实践中具备婚姻无效情形时,需要向法院申请宣告婚姻无效,特别需要注意的是申请人的资格问题。申请人民法院宣告婚姻无效的,利害关系人为申请人,婚姻关系当事人双方为被申请人。夫妻一方死亡的,生存一方为被申请人。

6. 婚后患有精神病的,能申请宣告婚姻无效吗?

【经典案例】

2005年6月原告魏某与被告袁某经人介绍认识,同年8月开始同居生活,后在双方父母的催促下于2006年1月补办结婚登记,同年5月生下女儿。袁某生小孩后不到两天就大闹医院,出现反常行为,经常把外面的垃圾捡回家放在床上,整日吵闹不休,东游西荡,导致夫妻关系日益恶化。原告魏某于2007年1月诉至法院要求宣告婚姻无效,并出具当地公安派出所的证明及证人证言,证明被告从2003年起就表现反常,婚前已患有精神病。而被告答辩称,自己与原告的婚姻完全符合法律的规定,且根据证人证言认定自己患有精神病依据不足,自己患精神病完全是婚后受原告虐待、刺激所致,并提交了自己婚前在上海工作时的雇主、同事的证言,证明自己婚前身体健康,精神正常,故要求驳回原告的诉讼请求。诉讼中,经司法鉴定:被告于2006年开始渐有精神异常表现,经鉴定为精神分裂症。那么,魏某与袁某的婚姻有效吗?

【案情重温】

本案争议的法律焦点是魏某夫妇的婚姻是否有效,而确定婚姻效力应分析袁某是否在婚前患有医学上认为不应当结婚的疾病。本案中,因被告提供了自己婚前没有精神病的证据反驳原告的证据效力。其次,根据诉讼中的司法鉴定结论,认为袁某是在婚后才逐渐发生精神异常的,纵观这个证据效力,可认定袁某婚前就患有精神病的证据不足。

【处理意见】

《婚姻法》规定,婚前患有医学上认为不应当结婚的疾病,婚后尚未治愈的,应属于无效婚姻。本案中,已有的证据证明袁某是在婚后才患有医学上认为不应当结婚的疾病,因此不能以婚姻无效来解除当事人的婚姻关系。

【法律条文】

1.《婚姻法》第十条 有下列情形之一的,婚姻无效:

（三）婚前患有医学上认为不应当结婚的疾病,婚后尚未治愈的……

2.《最高人民法院关于贯彻执行＜中华人民共和国民法通则＞若干问题的意见(试行)》第七条 当事人是否患有精神病,人民法院应当根据司法精神病学鉴定或者参照医院的诊断、鉴定确认。在不具备诊断、鉴定条件的情况下,也可以参照群众公认的当事人的精神状态认定,但应以利害关系人没有异议为限。

【友情提示】

因疾病导致的婚姻无效,在法律上必须同时具备两个要件:一是婚前患病;二是婚后尚未治愈。如果婚后才患有医学上不应结婚的疾病,则不能宣告婚姻无效。但是一方在夫妻共同生活期间患精神病,久治不愈的,视为夫妻感情确已破裂。一方坚决要求离婚,经调解无效,可依法判决准予离婚。

7. 受胁迫结婚的,受胁迫方能否撤销婚姻?

【经典案例】

王某与男友分手后,情绪一度低落。朋友陈某趁机频繁与她约会,并提出要带王某去海南散心,急于摆脱失恋痛苦的王某爽快答应了。在海南的几个晚上,陈某趁王某酒醉,多次与她发生了性关系,并偷偷拍摄了两人在一起的裸照。从海南回来后陈某便开始向王某求婚,王某对陈某毫无爱的感觉,只是暂时把他当成一个情感的替补,更不愿想起在海南的尴尬经历,于是断然拒绝了陈某的求婚。未得逞的陈某气急败坏,便把他拍摄的两人的裸照通过彩信发给了王某,并在彩信中威胁说,如果王某不和自己结婚,就把这些照片发到她单位,甚至在网上公布。在陈某的胁迫下,王某不得不同意和自己并不喜欢的陈某结婚。没想到,王某的噩梦才刚刚开始。婚后陈某频繁要求与王某过夫妻生活。王某稍有推脱,便是暴力相待,强行为之。这不美满的婚姻让王某感觉如同被判无期徒刑,陷入极度的痛苦与绝望中,她该怎么办呢?

【案情重温】

本案中王某与陈某的婚姻为可撤销的婚姻。可撤销婚姻是指婚姻当事人一方采取暴力、威胁、恐吓等手段,以给对方或对方亲友的人身自由、健康、荣誉、名誉、财产等造成损害为要挟,迫使对方违背自己的真实意愿而缔结婚姻关系的行为。这样的婚姻,因为当事人(受害人)的意思表示不真实,因而在结婚的要件上有所欠缺,法律允许受害人提出撤销该婚姻的申请。本案中陈某采取威胁手段强迫王某与他结婚,完全符合可撤销婚姻的要件。但是,受胁迫的一方撤销婚姻的请求,应当自结婚登记之日起一年内提出。如果受害人超过一年的期限才提出撤销请求,则可转入普通离婚诉讼。可撤销婚姻一旦被法院判决撤销后,则该婚姻自始不具有婚姻法律效力。

【处理意见】

因陈某存在胁迫行为,王某可在婚姻登记之日起一年内向法院起诉请求撤销与陈某的婚姻关系,但申请撤销的王某应向法院提交存在胁迫婚姻的证据,否则,法院不予支持。另外,在婚姻关系内,尤其在被害人起诉至法院,请求撤销婚姻期间,被告人如果仍违背女方意愿,强行与之发生性关系,手段恶劣,社会危害性较大,构成强奸罪的,可依法追究其刑事责任。

【法律条文】

1.《婚姻法》第十一条 因胁迫结婚的,受胁迫的一方可以向婚姻登记机关或人民法院请求撤销该婚姻。受胁迫的一方撤销婚姻的请求,应当自结婚登记之日起一年内提出……

2.《婚姻法司法解释(一)》第十条 婚姻法第十一条所称的"胁迫",是指行为人以给另一方当事人或者其近亲属的生命、身体健康、名誉、财产等方面造成损害为要挟,迫使另一方当事人违背真实意愿结婚的情况……

【友情提示】

婚姻是建立在双方自愿基础上的,因为受胁迫而结婚的,违背了婚姻自由的原则,法律认定为可撤销的婚姻,但是可撤销的婚姻不一定是无效的,在撤销权人申请撤销该婚姻之前,该婚姻仍然有效。所以法律赋予当事人自由选择权,由受胁迫的一方当事人决定是否向法院申请予以撤销,一旦撤销后,婚姻才归为无效。

8. 受胁迫结婚的,自结婚登记之日起一年后还可以撤销婚姻吗?

【经典案例】

2004年村民王二狗(化名)已经年过30岁,因相貌丑陋,平时好吃懒做,尚未婚配,其父母十分着急,四处托人给他介绍对象。2005年经其叔叔努力,从外地带回一个女孩张小梅(实系拐卖),张小梅(化名)见王二狗面貌丑陋,且家境贫寒,不愿与其结婚,成天哭闹着要回家。王二狗却一眼就喜欢上了这个女孩,又怕她逃走,于是将其关在房里,软硬兼施,并经常一日只给她一顿饭吃,目的是强迫她同意去办理结婚登记。无法忍受饥饿和拘禁折磨的张小梅屈服于王二狗的淫威,被迫于2006年3月5日与王二狗办理了结婚登记。可没想到的是,结婚后王二狗害怕张小梅逃跑,还是将妻子关在屋子里,不让她与外界联系。张小梅几次试图逃走,都被王二狗及其他村民发现,最终都被强行拉回家,然后就会遭到王二狗的暴力殴打。张小梅的家人在多方寻找未果后,向派出所报案。经过当地警方的努力,2007年6月17日张小梅终于被警察救出。恢复人身自由的张小梅首先想到的是尽快结束这噩梦般的婚姻生活,于是在2007年7月10日向法院起诉,要求撤销与王二狗的婚姻关系。王二狗以撤销婚姻应在一年内提出为由不同意撤销,遂引起纠纷。

【案情重温】

本案争议的焦点是自结婚登记之日起一年后还能撤销婚姻吗?我国《婚姻法》第十一条规定,"因胁迫结婚的,受胁迫的一方可以向婚姻登记机关或人民法院请求撤销该婚姻。受胁迫的一方撤销婚姻的请求,应当自结婚登记之日起一年内提出。被非法限制人身自由的当事人请求撤销婚姻的,应当自恢复人身自由之日起一年内提出。"本案中王二狗采取威胁手段强迫张小梅与他结婚,完全符合可撤销婚姻的要件。受胁迫方张小梅本应自结婚登记之日起一年内(即2007年3月4日之前)提出撤销婚姻的请求,但张小梅一直都被关在家里,被限制了人身自由,直至2007年6月17日才被警察救出,恢复其人身自由,因此,应从恢复人身自由之日(即2007年6月17日)起计算。

✎ 【处理意见】

本案中,张小梅与王二狗的婚姻属于可撤销婚姻,因为张小梅在办理结婚登记后一直被限制了人身自由,直到2007年6月17日才恢复人身自由,张小梅还有一年的时间(即从2007年6月17日起到2008年6月16日止)可以请求撤销与王二狗的婚姻关系。所以张小梅在2007年7月10日向法院请求撤销婚姻,没有超过撤销权行使的一年的除斥期间,应得到法律的支持。

📋 【法律条文】

1.《婚姻法》第十一条 因胁迫结婚的,受胁迫的一方可以向婚姻登记机关或人民法院请求撤销该婚姻。受胁迫的一方撤销婚姻的请求,应当自结婚登记之日起一年内提出。被非法限制人身自由的当事人请求撤销婚姻的,应当自恢复人身自由之日起一年内提出。

2.《婚姻法司法解释(一)》第十二条 婚姻法第十一条规定的"一年",不适用诉讼时效中止、中断或者延长的规定。

🏠 【友情提示】

为了督促权利人积极行使自己的合法权利,《婚姻法》规定,对胁迫结婚的,受胁迫方向婚姻登记机关或人民法院请求撤销婚姻的权利规定了一年的除斥期间。如果没有在该期间内行使撤销权,则该权利消灭,特别注意的是该期间是不变期间,不能中止、中断或延长。

9. 配偶一方撤销死亡宣告后,其婚姻关系能自行恢复吗?

🔍 【经典案例】

张某与白某为同村人,在日常的生产劳动中,两人相互爱慕,日久生情,经自由恋爱后于2004年4月按农村当地习俗举行婚礼,并于同年5月办理了结婚登记。新娘白某在结婚半个月后,没有与新郎张某商量,在家中留下一张纸条后,独自去南方打工,从此杳无音讯,下落不明。三年多以来,张某心中还怀有对妻子白某的爱恋,仍相信妻子总有一天会回到自己身边,所以一直默默地承受着家庭的压力。2008年8月,同村女青年魏某见张某的婚姻名存实亡,勇敢地向张某表达了自己的爱慕之情,孤独生活四年多的张某对妻子的回家已经彻底失望了,于是在同年10月向法院申请宣告白某死亡,在法院宣告白某死亡后,张某与魏某也顺利办理了结婚登记。但是美满的婚姻还不到一年,魏某就因病去世了。戏剧性的一幕却发生了,张某失踪五年多的妻子居然回家了。原来妻子是被同村青年骗到南方黑工厂打工,这五年多来都被老板及打手控制了自己的人身自由,无法与家人联系。看着曾经日思夜想的妻子饱经沧桑的脸,两人紧紧地拥抱在一起,决定先去法院申请撤销白某的死亡宣告,然后继续两人的夫妻关系。但是他俩的婚姻关系能自行恢复吗?

【案情重温】

《中华人民共和国民法通则》(简称《民法通则》,后同)规定,公民下落不明满四年的,利害关系人可以向人民法院申请宣告他死亡。本案中张某作为白某的丈夫,有权向法院申请宣告白某死亡,从死亡宣告之日起,张某与白某的婚姻关系自行消灭。在白某被宣告死亡后,张某又与魏某结婚,该婚姻关系是合法的。但是结婚后不久魏某也死亡了,后张某曾经的妻子白某又重新出现,并申请法院撤销了死亡宣告。

【处理意见】

本案中,张某曾经的妻子白某重新出现,并申请人民法院撤销死亡宣告之后,因张某又与魏某结婚,属于再婚后配偶又死亡的情形,所以张某与白某的婚姻关系不能自行恢复,必须重新办理结婚登记手续。

【法律条文】

1.《民法通则》第二十三条 公民有下列情形之一的,利害关系人可以向人民法院申请宣告他死亡:

(一)下落不明满四年的……

2.《民法通则》第二十四条 被宣告死亡的人重新出现或者确知他没有死亡,经本人或者利害关系人申请,人民法院应当撤销对他的死亡宣告……

3.《最高人民法院关于贯彻执行＜中华人民共和国民法通则＞若干问题的意见(试行)》第三十七条 被宣告死亡的人与配偶的婚姻关系,自死亡宣告之日起消灭。死亡宣告被人民法院撤销,如果其配偶尚未再婚的,夫妻关系从撤销死亡宣告之日起自行恢复;如果其配偶再婚后又离婚或者再婚后配偶又死亡的,则不得认定夫妻关系自行恢复。

【友情提示】

死亡宣告要由配偶、父母、子女等利害关系人提出申请,一旦被宣告死亡后,其民事主体资格丧失,婚姻关系消灭,其财产就会被继承。但被宣告死亡的人如果重新出现,其民事主体资格不会自动恢复,必须由本人或利害关系人向法院申请撤销死亡宣告,撤销死亡宣告后,虽然民事主体资格恢复了,但婚姻关系不会自行恢复。

10. 夫妻一方被宣告失踪后,另一方可以结婚吗?

【经典案例】

青年画家常某(男)与舞蹈教师孙某(女)于2001年8月经人介绍相识,经过交往确立了恋爱关系,并于2002年3月去婚姻登记机关进行了结婚登记。婚后不久二人常因家务琐事、兴趣爱好的差异发生摩擦。2005年6月常某为了艺术创作,也为了逃避家庭纷争,决定离家去西藏阿里无人地区写生,7月常某做好出发准备,与妻子告别后,坐上了开往西藏的汽车。最初半年常某还偶尔有电话联系,并陆续有书信和画作寄回家,但从2006年3月开始就杳无音讯。这期间孙某在教舞蹈的过程中认识了某年轻男子薛某。没有丈夫在身边的孙某遇到这个细心体贴、英俊潇洒的男子后,大有相见恨晚的感慨。于是,经过几次相邀跳舞之后,孙某与薛某逐渐产生了感情,薛某在得知孙某的婚姻情况后,也展开了对孙某的爱情攻势。虽然孙某也爱上了这个与自己有共同爱好的男子,但考虑到自己还没有离婚,也不想做出背叛丈夫的事情,对薛某的感情一直有所保留。2年后,常某还是没有音讯,而薛某也开始催促孙某和自己结婚,为了追求自己的幸福,孙某向法院申请宣告常某失踪。在法院宣告常某失踪后,孙某就与薛某办理了结婚登记。

【案情重温】

本案需要解决的问题是在丈夫被宣告失踪后,妻子可以直接与他人结婚吗?根据我国民法理论,在自然人被宣告为失踪人后,其民事权利能力并不因此而消灭,因而也就不产生其财产所有权转移的法律后果,与失踪人的人身有关的民事法律关系也不变化,婚姻关系也是不发生变化的。本案中,常某虽然被法院宣告失踪,但是常某和孙某的婚姻关系仍然存在,如果孙某在这期间和别人结婚,就会构成重婚。

【处理意见】

本案中,孙某如果要和薛某结婚,必须先与丈夫常某离婚。而常某已经被依法宣告为失踪人,根据我国《婚姻法》规定,一方被宣告失踪,另一方提出离婚诉讼的,应准予离婚。孙某要在与常某的离婚判决生效后,才能与薛某登记结婚。

【法律条文】

1.《民法通则》第二十条 公民下落不明满二年的,利害关系人可以向人民法院申请宣告他为失踪人……

2.《民法通则》第二十一条 失踪人的财产由他的配偶、父母、成年子女或者关系密切的其他亲属、朋友代管。代管有争议的,没有以上规定的人或者以上规定的人无能力代管的,由人民法院指定的人代管……

【友情提示】

宣告失踪与宣告死亡不同。宣告失踪是对一种确定的自然事实状态的法律认定,目的在于结束失踪人财产关系的不确定状态,但失踪人的人身关系并不会发生变化,其婚姻关系不会终止。宣告死亡不仅旨在结束被宣告死亡人财产关系的不确定状态,而且会结束被宣告死亡人人身关系上的不确定状态。一旦宣告死亡,被宣告人的民事权利能力终止,其婚姻关系也会终止。

11. 婚约对订婚双方有缔结婚姻的法律效力吗？

【经典案例】

秦某的父亲与胡某的父亲是战友，两人的关系本来就非常好，为了能让这种关系更进一步，两人都尽力将孩子撮合在一起，其实秦某（男）和胡某（女）原本也认识，只是都忙着学习，没有太多的接触。后来两人都考上了理想的大学。2006年7月，秦某与胡某大学毕业后，在双方家长的牵线搭桥下，两人开始正式了解，并确立了恋爱关系。2007年春节，两人举行了订婚仪式，订婚仪式在某大酒店举行，双方都邀请了各自的亲朋好友，并摆了满满几十桌酒席，热闹非凡。订婚后，志在远方的秦某只身赴京工作，胡某则留在家乡的公司上班。由于与胡某没有感情基础，加上双方缺乏沟通，所以在这段时间内，两人几乎不怎么联系。2006年，秦某与同事刘某通过长时间接触，双方互生好感，秦某觉得刘某才是自己内心理想的妻子人选。为了追求自己的爱情与幸福，秦某决定与胡某解除婚约。胡某虽然也意识到自己对秦某没有爱情，但想到如果解除了婚约，就如同自己被男方休了一样，这会让自己和家人很没有面子。所以胡某坚决不同意，认为秦某有婚约在身，就应遵守婚约的约定与自己结婚。

【案情重温】

婚约亦即订婚，是男女双方以结婚为目的而作的事先约定。我国《婚姻法》没有对婚约作出规定。但是法律不规定婚约，不等于当事人之间不可以订立婚约，只是这种婚约对双方没有法律约束力。本案中，胡某与秦某订立了婚约，还举行了订婚仪式，但是因为没有办理结婚登记，所以他们的婚约关系得不到法律的保护。

【处理意见】

婚约尽管不具有法律效力，但作为一种传统婚姻习俗，在我国民间仍然盛行。因为婚约往往与父母的包办婚姻形式联系在一起，所以法律不承认婚约的法律效力，以贯彻婚姻自由原则。

【法律条文】

1.《婚姻法》第五条 结婚必须男女双方完全自愿,不许任何一方对他方加以强迫或任何第三者加以干涉。

2.《婚姻法》第八条 要求结婚的男女双方必须亲自到婚姻登记机关进行结婚登记。符合本法规定的,予以登记,发给结婚证。取得结婚证,即确立夫妻关系。未办理结婚登记的,应当补办登记。

【友情提示】

订立婚约不是结婚的必经程序,即使订立了婚约,婚约当事人也可以随时宣布单方面解除婚约,无需征得对方的同意,也不必履行任何法律手续。结婚必须男女双方完全自愿,不许任何一方对他方加以强迫或任何第三者加以干涉。

12. 同居十年未登记结婚,是否形成事实婚姻?

【经典案例】

1985年,原告杨某(女)与被告赵某(男)相识并相爱,1986年杨某与赵某开始同居,时年杨某23岁,赵某25岁。1991年6月,赵某准备出国深造,杨某打算在赵某出国前把婚姻大事定下来,以免夜长梦多。赵某也有这样的想法,但当他了解了相关的出国政策,因为害怕被拒签,所以只与杨某按照当地的风俗举行了结婚仪式,并没有办理结婚登记。1992年8月,被告赵某回国,久别胜新婚,两人的感情更加热烈,于是继续保持同居关系,两人就这样平平静静地共同生活。3年后,赵某开始夜不归宿,有时杨某打电话去催他回家,他都以加班为由搪塞。1996年4月的一天晚上,杨某再次给赵某打电话,发现接听电话的人竟然是一个陌生女人,并声称赵某就睡在自己身边,感觉受到极大侮辱的杨某根本不听赵某的解释,在第二天便向法院起诉,要求离婚。赵某觉得杨某的起诉非常荒唐,认为两人从来都没有结婚,何来离婚呢?而杨某则认为,虽然两人没有办理结婚登记,但事实上已经形成了婚姻关系,当然可以离婚。

【案情重温】

本案争议的焦点是：杨某与赵某是否构成事实婚姻关系？在本案中，赵某和杨某同居时，双方都符合法定婚龄，双方均未婚，且没有法律禁止结婚的其他情形，因此他们的同居视为符合法定结婚的实质要件。同时，两人于1985年相识并相爱，1986年同居在一起，1991年赵某出国，至1992年回国双方仍保持同居关系。直到1996年4月，杨某向法院提起诉讼，从上述分析可以看出，原被告在从1986年至1996年长达十年的时间里，一直相濡以沫共同生活，并且希望维持长久生活，还为此办理了结婚仪式，得到了群众认可，因此原被告之间存在婚姻关系的事实是不可否认的。

【处理意见】

赵某与杨某在1994年2月1日民政部《婚姻登记管理条例》公布实施前以夫妻名义共同生活，虽然未办理结婚登记，但已经符合结婚实质要件，应按事实婚姻处理。法院如果认定两人的感情确已破裂，无和好可能，则可判决离婚。

【法律条文】

《婚姻法司法解释（一）》第五条　未按婚姻法第八条规定办理结婚登记而以夫妻名义共同生活的男女，起诉到人民法院要求离婚的，应当区别对待：

（一）1994年2月1日民政部《婚姻登记管理条例》公布实施以前，男女双方已经符合结婚实质要件的，按事实婚姻处理；

（二）1994年2月1日民政部《婚姻登记管理条例》公布实施以后，男女双方符合结婚实质要件的，人民法院应当告知其在案件受理前补办结婚登记；未补办结婚登记的，按解除同居关系处理。

【友情提示】

凡认定为事实婚姻关系的，实际上是确认其为合法有效婚姻关系，双方当事人的关系适用《婚姻法》中有关夫妻权利义务的规定。1994年2月1日民政部《婚姻登记管理条例》公布实施以后，男女双方符合结婚实质要件的，人民法院应当告知其在案件受理前补办结婚登记；未补办结婚登记的，按解除同居关系处理。

13. "结婚"二十年后起诉要求离婚,为什么得不到法院的支持?

【经典案例】

原告付某(女)于1976年7月7日出生,与被告余某(男)于1992年8月14日按农村习俗举行婚礼并开始同居生活。因为双方认为只要彼此真心相爱,没有必要用一纸婚书约束,所以一直未到婚姻登记机关办理结婚登记手续。1994年1月12日,双方共同生育女儿余露(化名),现已成年独立生活。"结婚"后双方一起南下广东打工,因为余某头脑灵活,又能吃苦耐劳,很快就在南方打下了自己的一片天地,10年间,双方共同从事生产经营,积累财富达上千万元。付某感觉虽然夫妻辛苦创业过上富裕的生活,物质生活的确富裕了,但彼此之间的夫妻感情却越来越淡,再也没有往日艰苦创业时的快乐和纯朴了,曾经恩恩爱爱、相濡以沫的两人如今已经形同陌路。维持这样的婚姻已经没有任何意义,于是2012年7月12日,原告付某向法院起诉,要求与被告余某解除婚姻关系并分割共同财产。

【案情重温】

根据《婚姻法司法解释(一)》第五条规定,"1994年2月1日民政部《婚姻登记管理条例》公布实施以前,男女双方已经符合结婚实质要件的,按事实婚姻处理。"本案原告付某在《婚姻登记管理条例》公布实施以前与被告余某以夫妻名义同居生活,但同居时付某才16岁,没有达到女方结婚年龄为20岁的法定要件。因未达到法定的结婚年龄,不符合《婚姻法》所规定的结婚实质要件,因此不能按照事实婚姻处理,原被告之间仅为同居关系。

【处理意见】

本案不能按事实婚姻对待,可按同居关系析产进行处理。经法院释明后,原、被告均同意按同居关系析产进行处理,并在法院的主持下达成调解协议。

【法律条文】

1.《婚姻法》第六条　结婚年龄,男不得早于二十二周岁,女不得早于二十周岁。晚婚晚育应予鼓励。

2.《婚姻法司法解释(一)》第五条　未按婚姻法第八条规定办理结婚登记而以夫妻名义共同生活的男女,起诉到人民法院要求离婚的,应当区别对待:

(一)1994年2月1日民政部《婚姻登记管理条例》公布实施以前,男女双方已经符合结婚实质要件的,按事实婚姻处理;

(二)1994年2月1日民政部《婚姻登记管理条例》公布实施以后,男女双方符合结婚实质要件的,人民法院应当告知其在案件受理前补办结婚登记;未补办结婚登记的,按解除同居关系处理。

【友情提示】

在司法实践中,要注意区分事实婚姻和同居关系的区别。事实婚姻是指符合结婚法定实质要件的男女双方未履行法定形式要件,具有永久共同生活的目的,以夫妻身份长期共同生活,并为周围群众所公认的婚姻形式。同居关系是指男女双方或一方有配偶仍与他人在未办理结婚登记的情况下,不以夫妻的名义持续稳定共同居住,或者男女双方未办理结婚登记手续而以夫妻的名义共同生活但是又不符合事实婚姻法定条件的两性结合。

14. 丈夫不履行同居性生活义务的应如何处理?

【经典案例】

1992年3月,男青年丁某与女青年叶某在一次旅游中相识,经过两年时间的恋爱后结为秦晋之好。两人恩恩爱爱,1994年叶某生下一个可爱的儿子。虽然夫妻俩都是普通工薪阶层,但由于双方都很勤劳,日子也越过越红火,后来儿子也如愿考取了大学。在外人看来应该十分满足的叶某却有一块心病一直难以启齿,一年前她的丈夫不知何因,突然以种种理由不和她过性生活。丁某经常晚上出去工作应酬,到凌晨回家,有时甚至不回家,夫妻生活已经从一个月一次发展到半年一次,到最后,无论叶某再怎么主动,丁某都以工作太累为由拒绝过性生活。叶某首先怀疑丈夫是否有了外遇,但是通过私下跟踪调查,发现丈夫根本没有出轨行为。叶某又想到丈夫或许有身体上的疾病,但是通过检查身体,也排除了自己的怀疑。丈夫性功能正常,对自己也是一心一意,就是不愿意过夫妻生活,这让叶某很是不解,在与丈夫多次沟通无果的情况下,为了自己的幸福,也为了维持这段夫妻感情,叶某终于鼓起勇气,以丁某不履行夫妻性生活义务,侵害了自己的性权利为由向法院起诉,要求法院判令丈夫履行夫妻同居义务,恢复夫妻间正常的性生活。

【案情重温】

在实践中,由于法律没有明文规定同居权,更没有规定侵害同居权所应当承担的义务,因此只有依靠法官对法律的理解以及其自由裁量来公平解决双方因同居而产生的纠纷。当夫妻一方以对方不履行夫妻性生活义务为由起诉至法院的,人民法院应当受理,以给予权利受到侵害时必要的公力救济。然后,根据当事人的诉讼请求,查明案情,分不同情况处理。如果一方提出离婚,确因一方不履行性生活义务,致使夫妻感情确已破裂的,应准予离婚;如果一方只要求判令对方履行夫妻性生活义务的,法院只能调解,而不能判决对方履行该义务。本案中,叶某并不想和丈夫离婚,只是要求丈夫履行义务,以继续维持家庭生活。

【处理意见】

因同居义务是具有人身属性的义务,涉及夫妻的基本人身权和人身自由,法院只能对叶某的诉讼请求进行调解,不能对该项义务强制执行。法官要劝导夫妻双方互相体谅理解,及时修复受伤害的感情,以便维持幸福的婚姻生活。

【法律条文】

《婚姻法》第四条 夫妻应当互相忠实,互相尊重;家庭成员间应当敬老爱幼,互相帮助,维护平等、和睦、文明的婚姻家庭关系。

【友情提示】

男女两性的生理要求是人类所固有的性本能,是建立婚姻关系的自然基础。当性生活出现不和谐因素时,寻求法院的判决并不是唯一的途径,还可以寻求医疗救助、心理辅导或其他方式的救济,重塑对夫妻生活的信心。

15. 当事人弄虚作假骗取的结婚登记应如何处理？

【经典案例】

2008年12月27日，原告石女士与第三人潘先生双方自愿到被告湖南省某市民政局申请办理结婚登记，被告民政局根据《婚姻登记条例》第五条的规定，要求当事人出具了当事人本人的户口簿、身份证和本人无配偶以及与对方当事人没有直系血亲和三代以内旁系血亲关系的签字声明，经被告民政局形式审查后，认为当事人符合结婚条件，为原告石女士和第三人潘先生颁发了结婚登记证。两人共同生活半年后，潘先生说自己要出去洽谈一笔业务，便一去不归、下落不明。新婚没多久的石女士非常着急，在经自己查找无果后，便向当地公安机关报了案，公安机关在查实潘先生的身份信息时，发现第三人潘先生使用的户口簿、身份证都是虚假的，根本没有潘先生的身份信息，其使用的户口簿、身份证在公安机关没有登记，该人的真实身份不明。此刻，石女士才知道自己和一个身份信息不真实的人结婚，完全被他欺骗了，但是石女士认为这一切都是因为民政局的登记瑕疵导致的，于是毅然向法院提起行政诉讼，请求撤销被告民政局的结婚登记行为。

【案情重温】

结婚登记行为，就是婚姻登记机关依当事人的结婚申请进行登记并出具相应证书的具体行政行为。该行为属于现行行政法律规定的行政诉讼受案范围。婚姻登记的法律目的是对当事人双方身份权的一种确认和公示，而对当事人身份信息的核实，是确保这种身份权被正确登记的核心和关键，是婚姻登记行为中不可分割的重要一步，婚姻登记机关应当依照法定程序履行审慎合理的审查职责。而本案中，申请人提供的身份信息明显是虚假的，但是婚姻登记机关却未尽合理审查义务，从而导致婚姻登记机关据以作出具体行政行为的主要证据不足。

【处理意见】

婚姻登记机关的结婚登记行为属于行政诉讼受案范围,登记机关未尽到充分的审查核实职责,被告据以作出具体行政行为的主要证据不足,依法予以撤销结婚登记证。

【法律条文】

1.《中华人民共和国行政诉讼法》(简称《行政诉讼法》,后同) 第五十四条

……

(二)具体行政行为有下列情形之一的,判决撤销或者部分撤销,并可以判决被告重新作出具体行政行为:

1.主要证据不足的;

2.适用法律、法规错误的;

3.违反法定程序的;

4.超越职权的;

5.滥用职权的。

……

2.《婚姻法司法解释(三)》第一条第二款 当事人以结婚登记程序存在瑕疵为由提起民事诉讼,主张撤销结婚登记的,告知其可以依法申请行政复议或者提起行政诉讼。

【友情提示】

在婚姻登记过程中,申请人提交材料的诚信义务仅仅是一种单方面的义务,不能免除婚姻登记机关的审查职责。婚姻登记机关不仅要对申请材料是否齐全和是否符合法定形式进行审查,还要对身份信息的真实性进行核实,以确保婚姻登记制度应有的严肃性和公示力,从而保护婚姻当事人的合法权益和社会公共利益。

16. 登记结婚隐瞒真实姓名,婚姻关系是否有效?

【经典案例】

原告李某(女)与被告肖某(男)于2003年经人介绍相识恋爱,彼此感觉情投意合,于是两人在2004年登记结婚。当时肖某办理结婚登记时因自己的名字被其弟肖某某登记结婚时使用,因而向登记机关隐瞒了自己的真实名字,使用其弟肖某某的名字与李某进行登记,故结婚证上的名字为李某和肖某某,但结婚证上的照片仍是李某和肖某的肖像。2005年俩人生育女儿肖小某。肖某及其父母封建夫权思想严重,重男轻女、传宗接代的观念根深蒂固,认为李某没有生育儿子是对祖宗的不孝,肖家后继无人,于是对李某很冷漠,李某坐月子期间不照顾其生活起居,对女儿肖小某也不闻不问,这让李某心灰意冷。在女儿肖小某一岁后,李某就外出打工,不再与肖某有任何联系。2008年李某回到老家,向法院提起诉讼要求与肖某离婚,肖某也不愿意维持名存实亡的婚姻,同意离婚。

【案情重温】

本案争议的焦点为李某与肖某的婚姻是否有效?如何认定和理解结婚证上被告的名字则成为认定本案婚姻性质的关键。由于肖某与李某双方自愿一同到婚姻登记机关进行结婚登记,符合《婚姻法》第五条、第八条规定的形式要件,双方既不存在《婚姻法》第七条规定的禁止结婚的情形,也不存在《婚姻法》第十条规定的无效婚姻情形,即符合婚姻法规定的实质要件。虽然肖某登记时实际使用其弟肖某某的名字,但名字只是一种代号,当时肖某某名字代表的就是肖某,应理解为登记时肖某的名字就叫肖某某,故双方的婚姻是有效婚姻、合法婚姻。本案属于被告有意识地使用别人的名字,向登记机关隐瞒了自己真实名字,登记机关审查不严,工作不细,结婚证有瑕疵,但并不因此引起原被告婚姻无效。

【处理意见】

法院审理认为,原被告一同到婚姻登记机关进行结婚登记,且符合婚姻法规定的其他形式要件和实质要件,系合法婚姻。由于原被告都同意离婚,于是法院按双方的调解协议制作了离婚调解书。

【法律条文】

1.《婚姻法》第五条 结婚必须男女双方完全自愿,不许任何一方对他方加以强迫或任何第三者加以干涉。

2.《婚姻法》第八条 要求结婚的男女双方必须亲自到婚姻登记机关进行结婚登记。符合本法规定的,予以登记,发给结婚证。取得结婚证,即确立夫妻关系。未办理结婚登记的,应当补办登记。

【友情提示】

婚姻无效存在实质无效和形式无效。对于实质无效的婚姻,人民法院可以直接按无效婚姻的规定处理,对于形式无效的婚姻,人民法院不能直接宣告婚姻无效。审判实践中,常见当事人起诉时使用的名字与结婚证上的名字不一致,法院经过审查,只要其他方面均符合《婚姻法》的要求,一般认为婚姻为有效婚姻。

17. 本案是否构成重婚罪?

【经典案例】

方某于2006年回国后应聘到一家大型私人公司担任销售部经理。在工作中,曾经遭受情感创伤的公司女老板董某在赏识方某工作能力的同时,对方某也产生了爱恋之情,而方某也仰慕自己的上司董某。两人日久生情,继而过上了同居生活。在同居期间,公司同事的风言风语使方某很没面子,方某遂多次向董某提出结婚的要求,但都遭到其严厉的拒绝。为达到与董某结婚登记的目的,方某便让董某怀了孕。等孩子出生后,方某又再次提出办理结婚登记的要求,董某却冷酷地告诉他说:"以后永远都不要再提结婚登记的事情,因为我不再相信任何男人,登记后如果分手了,公司的财产还得分给对方一半。"听到此话后,方某才明白了董某拒绝自己的原因,气愤之余便离开了董某的家。此后方某凭借一口流利的英语应聘到某中学当英语老师,经过一段时间的努力工作,受到了学校的领导及老师的一致认可,并被一名大龄女老师谭某相中,想有归属感的二人很快坠入爱河,并先登记结婚开始共同生活。方某结婚登记的消息很快被董某知悉,正当方某准备举行结婚仪式的时候,昔日恋人董某以方某犯有重婚罪为由,向法院提起刑事自诉,要求追究方某重婚罪的刑事责任。

【案情重温】

构成重婚罪,要求第一个婚姻必须是合法婚姻。根据我国《婚姻法》规定,合法婚姻包括两种情况:一种是法定登记结婚;另一种是法定事实婚姻。根据《婚姻法》及其相关规定,满足事实婚姻的构成需要同时具备以下要件:男女双方的同居(即男女双方在一起持续、稳定地共同居住)行为始于1994年2月1日以前;同居是以夫妻名义进行的;同居双方1994年2月1日以前同居时已经具备结婚的实质要件。本案中,方某与董某虽然以夫妻名义共同生活并生育一女,但是他们二人是在2006年之后才开始同居的,因此并没有构成事实婚姻关系,其关系不受法律保护。后方某和谭女士登记结婚,其行为对于方某和谭女士来说都属于初婚,并没有侵犯其他人的婚姻家庭权,所以是合法有效的。

【处理意见】

方某不构成重婚罪。主要理由是方某与董某虽然以夫妻名义共同生活,并生有一女,但是他们并不是合法的夫妻。之后,方某为了有个归属感,与谭女士登记结婚,属于法定婚姻,其并没有侵犯他人的合法婚姻,故不构成重婚罪。

【法律条文】

1.《中华人民共和国刑法》(简称《刑法》,后同)第二百五十八条 有配偶而重婚的,或者明知他人有配偶而与之结婚的,处二年以下有期徒刑或者拘役。

2.《婚姻法》第四十五条 对重婚的,对实施家庭暴力或虐待、遗弃家庭成员构成犯罪的,依法追究刑事责任。受害人可以依照刑事诉讼法的有关规定,向人民法院自诉;公安机关应当依法侦查,人民检察院应当依法提起公诉。

【友情提示】

心智不太成熟的年轻人之间私定终身的事情也比较司空见惯,后来由于感情不和而再与他人"结婚"的行为不构成重婚。一旦构成重婚,受害人既可以自行向人民法院提起刑事自诉,也可以向公安机关控告,公安机关立案侦查后,再移送检察院提起公诉,追究行为人的刑事责任。

18. 同居关系能否请求人民法院解除?

【经典案例】

2006年8月单身青年虞某与林某在一次单身交友会上相识,彼此都被对方深深吸引,感觉找到了生活中的理想伴侣,随后两人开始了自由恋爱。为了能长相厮守,解相思之苦,同年10月双方未办理结婚登记手续即开始在一起同居生活。最初,两人还恩恩爱爱、互相谦让。但随着交往的深入,两人恋爱期间被疏忽的缺点,在同居后都被彼此放大,甚至到了无法容忍的地步。2008年6月双方关系开始恶化,常因一些生活琐事发生矛盾,争吵不断。同年11月,林某离开曾经让人幸福而又伤心的小家,搬回父母家居住,后再未与虞某联系,虞某多次寻找,林某一直避而不见。为了解除这种不明不白的关系,也为了让两人的关系有个法律上的了断,虞某在2009年1月向人民法院提起诉讼,请求法院解除双方的同居关系,但让虞某感觉百思不得其解的是,法院不予受理。

【案情重温】

本案涉及的法律问题主要是未婚同居感情不和时,一方能否请求法院解除两人的同居关系?同居关系分为"一般同居关系"和"特殊同居关系"两种,人民法院在处理这两种不同的同居关系时,做法不同。"一般同居关系"就是未办理结婚登记的单身男女共同生活在一起。对于这种单纯的同居关系,当事人起诉到法院要求解除的,法院一律不予受理。解决的办法只能依靠双方协商处理。但因同居期间财产分割或者子女抚养纠纷提起诉讼的,法院应当受理。而"特殊同居关系"是指同居中的一方或双方有配偶的情形。有配偶者与他人同居的行为是《婚姻法》明文禁止的行为,又有违于社会主义道德观和法制观。因此属于有配偶者与他人同居的情形的,一方或双方起诉到法院要求解除同居关系的,人民法院应当受理并依法予以解除。

📝 【处理意见】

本案虞某与林某的情形不属于婚姻法所规定的"有配偶者与他人同居"的情形,也不是因同居期间财产分割或子女抚养纠纷提起诉讼的,虞某仅要求解除双方的同居关系,因此人民法院不予受理是正确的。

📋 【法律条文】

《婚姻法司法解释(二)》第一条 当事人起诉请求解除同居关系的,人民法院不予受理。但当事人请求解除的同居关系,属于婚姻法第三条、第三十二条、第四十六条规定的"有配偶者与他人同居"的,人民法院应当受理并依法予以解除。

🏠 【友情提示】

随着性意识的开放,现实中男女双方无配偶者同居现象较普遍,特别是年青一代流行的"先同居、后结婚"的情况,如果双方在同居一段时间后,不能成立夫妻关系,一方又担心对方纠缠,诉至法院要求解除同居关系的,人民法院不予受理。

19. 订婚后未结婚,男方可要求索回彩礼吗?

🔍 【经典案例】

小郑空闲时常去网吧上网。一次他上网时偶然认识了同样热衷上网的小倩,几个小时下来,两人聊得十分投机,便相约见面。在小郑的邀请下,家住甲市的小倩坐车赶到乙市和他见面,双方大有相见恨晚的感觉。几天后,两人便商量订婚事宜。在举行订婚仪式的当天,小郑家给了小倩2万元彩礼,为了让未来的儿媳更漂亮,小郑父母还给小倩买了几套名牌服装。两家商量第二年春节后去办理结婚登记。然而,令这对恋人没料到的是,春节期间,双方父母因春节往来及举行结婚仪式等问题产生争议,甚至争吵打架。见此情形,小倩十分气愤,便与小郑提出分手,但提出分手的她却不愿返还彩礼。此后,小郑多次上网找小倩索要彩礼和购买衣物的钱,但小倩不但不理他,还把小郑拉入 QQ 黑名单,不再和小郑联系。小郑郁闷至极,在索要彩礼及购买衣物的钱无果的情况下,小郑将小倩告上了法庭。

【案情重温】

本案中,小倩和小郑通过网聊相识、恋爱的基本事实,认定双方交往是以结婚为目的的,小郑给她的钱实则是基于以结婚为目的的赠与,具有彩礼性质,现因双方家人的关系,小倩不愿意结婚并终止恋爱关系,使得赠与的目的无法实现。

【处理意见】

彩礼的赠送应视为一种有目的的赠与,在婚姻不成立的情况下,男方提出返还彩礼是正当的,基于公平原则,应当得到法律的支持。但小郑父母给小倩购买的衣服,应视为男方父母自愿赠与女方的见面礼,不应算在返还彩礼的范围内。

【法律条文】

《婚姻法司法解释(二)》第十条 当事人请求返还按照习俗给付的彩礼的,如果查明属于以下情形,人民法院应当予以支持:(一)双方未办理结婚登记手续的;(二)双方办理结婚登记手续但确未共同生活的;(三)婚前给付并导致给付人生活困难的。

【友情提示】

虚拟的网络交友已成为信息社会人际交往的一种方式,通过网聊确定恋爱关系,进而结婚的人越来越多。本案虽非"婚骗",但也给正在或即将走入网络婚恋的人们带来启示:在交往过程中应当谨慎,在关键时刻懂得运用法律武器维护自己的权利。

20. 近亲属作证证明彩礼款的存在是否应该予以认定?

【经典案例】

原告张强和被告王玫(均为化名)于2009年5月经媒人张敏介绍相识,同年7月两人按农村风俗在张强家举行了定亲仪式。2010年春节,原告张强和媒人张敏、二姐张凤和母亲刘慧等近亲属到王玫家给付结婚彩礼3.8万元,王玫家当时只有王玫及其母亲在场。原告张强一行人亲自把彩礼款交给了王玫的母亲,并约定2010年5月2日举行结婚仪式。2010年5月2日结婚仪式如期举行,仪式完成后,张强和王玫开始了同居生活。此后被告王玫发现和张强之间性格不合,于2010年9月1日向张强提出解除婚约。相信强扭的瓜不甜,张强也不再勉强王玫,但要求被告王玫返还彩礼3.8万元。由于王玫拒绝返还,张强遂诉至法院。

在庭审中,原告张强提供了四名证人来证明其主张,其中证人张敏(即原被告的媒人)是原告的大姐,证人张凤、李月、刘慧分别是原告的二姐、表姐和母亲,四人作为给付彩礼款的在场人证明了原告给付彩礼款的过程。被告王玫认可张敏是原被告的媒人,但称自己没有收到原告的3.8万元彩礼款,同时认为,原告提供的四名证人均与原告有利害关系,且其中三人还是原告的近亲属,原告也没有提供其他证据来佐证其主张,其应该承担举证不能的法律后果,要求驳回原告的诉讼请求。

【案情重温】

如果仅从证据的证明力角度分析,仅凭证人证言即认定原告给付彩礼款3.8万元,显然在证据上较为欠缺亦难以令人信服。但婚约财产案件具有其特殊性。彩礼款的给付是按照农村风俗进行的,一般都通过媒人来给付,故媒人对双方的金钱往来比较熟悉。而作为媒人,其对男女双方均比较熟悉,很多情况下是一方或双方的近亲属。男方在给女方钱物的时候,除媒人在场外,其余在场人一般也是双方的亲戚朋友。故知晓婚约财产情况的人一般和原被告一方或双方有利害关系。就本案而言,当时在原告给被告彩礼款时,在场的除了原被告及原告提供的四个证人外,只有被告的母亲在场。原告事实上已无法提供与其没有利害关系的证人,由于给付彩礼均由媒人代为办理,相互之间不出具任何条据,应当说,双方之间已经约定俗成地认同了媒人本身就是可以替代书面证据的有效证明。鉴于被告对原告的大姐张敏是媒人的事实予以认可,且张敏的证言和其他三位证人均对给付彩礼款的时间、地点、钱数、在场人物都予以证明清楚,且能相互印证,原告已经完成了举证的责任,且证据充分确凿。在被告没有提供证据予以反驳的情况下,对原告提供的证据应该予以认定。

【处理意见】

根据《婚姻法司法解释(二)》第十条规定,双方未办理结婚登记手续的,当事人请求返还按照习俗给付的彩礼的,人民法院应当予以支持。被告王玫借婚姻收取原告张强彩礼款3.8万元的事实清楚,证据充分,因原告张强与被告王玫未办理结婚登记手续,且二者生活时间很短,故被告王玫应返还原告张强的彩礼款。

【法律条文】

1.《最高人民法院关于民事诉讼证据的若干规定》第六十六条 审判人员对案件的全部证据,应当从各证据与案件事实的关联程度、各证据之间的联系等方面进行综合审查判断。

2.《最高人民法院关于民事诉讼证据的若干规定》第六十九条 下列证据不能单独作为认定案件事实的依据:

(一)未成年人所作的与其年龄和智力状况不相当的证言;

(二)与一方当事人或者其代理人有利害关系的证人出具的证言;

(三)存有疑点的视听资料;

(四)无法与原件、原物核对的复印件、复制品;

(五)无正当理由未出庭作证的证人证言。

【友情提示】

彩礼的给付一般有三种证据予以证明,即当事人陈述(含被告自认)、媒人证言、录音录像等视听资料。其中媒人证言是当事人利用最普遍的一种证据。媒人往往与一方或者双方当事人有着利害关系,就其证言应该区别情况处理。首先,要核实媒人证言内容是否与当地风俗习惯相符;其次,还要核实媒人与当事人双方的关系;再次,还要与其他证据相印证,看能否形成证据链条,以便正确查明案件事实。

第二编

夫妻财产纠纷处理指南

1. 没离婚，能要求支付扶养费吗？

【经典案例】

2000年6月，62岁退休职工朱某在参加老年艺术活动时与53岁的段某相识，共同的爱好和经历使两个离了婚的孤独老人走到了一起。当时，朱某月工资收入2000余元，且与前妻未生育子女。段某无任何经济来源，再婚前段某生育有二子，均已独立生活。2001年段某不顾儿子反对与朱某办理了结婚登记。再婚后两人经济来源均为朱某的工资收入。2010年双方因不能妥善处理家庭矛盾而诉讼离婚，经人民法院调解和好。十年来朱某的工资收入一直交由段某管理使用，虽经法院调解和好但双方矛盾依然尖锐，于是朱某将工资卡从段某手中要回。段某本来就没有经济来源，因再婚其子也拒绝支付赡养费，段某无奈，向人民法院提起诉讼，要求朱某履行夫妻间扶养义务，每月给付扶养费1000元，但没有提起离婚的诉讼请求。

【案情重温】

夫妻间的扶养义务是法定的，不以离婚为提起要件，也不以有无子女赡养为前提，享受赡养的权利和享受夫妻间的被扶养的权利是两个并不冲突的权利，二者是可以并行存在的。本案中段某与朱某是夫妻关系，一般理解为他们的财产就不应分彼此，段某完全可以自由支配朱某的工资，但是，从很大程度上讲，共有财产支配权毕竟不是法定的权利，而扶养费请求权却是法定的。所以，在法定请求权利面前，夫妻共同财产支配权就要受到一定的限制，只有在法定义务得到履行的情况下，相对"私人"的权利才能行使。

【处理意见】

目前我国相关法律对在当事人未起诉离婚的情况下就扶养费给付问题单独提起的诉讼未进行相关的规定。法律既然没有对此进行限制，那么，法院就没有理由对当事人的权利进行限制。本案原告在没有生活来源的情况下要求被告给付扶养费，其请求符合法律规定，应当予以支持。

【法律条文】

《婚姻法》第二十条　夫妻有互相扶养的义务。一方不履行扶养义务时，需要扶养的一方有要求对方给付扶养费的权利。

【友情提示】

在传统观念下，夫妻关系存续期间，钱无论由谁支配都是左手与右手的关系，属于两人之间的私人问题，法律对此不应过多干涉。但是，夫妻相互扶养义务是法定的义务，如果一方当事人需要扶养，而另一方有扶养能力，则需要扶养的一方有权请求对方给付扶养费。

2. 婚姻被宣告无效后，其财产应如何处理？

【经典案例】

妻子闹离婚，丈夫却意外发现妻子重婚。一桩维持了十几年的婚姻被宣告无效后，两人的财产该如何分割？江某与崔某原本是一对名正言顺的夫妻。他们在1992年登记结婚，婚后育有一女，并共同生活了十几年。2006年4月，女方崔某突然跟别人闹起了离婚，并起诉到法院要求分财产。这时江某才发现崔某居然另有家室的事实。此后经过艰难的调查，江某发现崔某在与他结婚之前，确实曾与别人生活过数年，还生育了2个儿子。于是，江某向法院递交刑事自诉状，控告崔某犯重婚罪。法院因此中止了离婚案的审理。2007年8月，法院判决崔某犯重婚罪，判处其有期徒刑6个月，缓刑1年。当年年底，崔某回到江某身边，想与他重修旧好，但江某坚决不同意，同时向法院申请宣告婚姻无效。2008年年初，法院宣告江某与崔某的婚姻无效。此后，法院又两次开庭，对两人的财产分割和孩子抚养问题进行了审理。对于两人同居期间所建的房屋，崔某认为属于双方共有财产，她想要其中的两间房，并认为江某应另外再给她2万元作为补偿。可江某却称,当初建房时,崔某刚到他家不久,没有任何贡献,这房子不能算两人的共有财产。崔某重婚导致婚姻无效,有重大过错,她不仅无权分房要钱,还应该赔偿自己精神损失费5万元。

【案情重温】

本案争议的焦点是:婚姻被宣告无效后,同居期间的财产应如何处理?根据《婚姻法司法解释(一)》第十五条规定,被宣告无效或被撤销的婚姻,当事人同居期间所得的财产,按共同拥有处理。但有证据证明为当事人一方所有的除外。本案中两人均认可房子是同居期间修建的,因此应属于双方的共有财产。另外,法院在分割同居期间所得财产时,应根据照顾无过错方的原则判决。本案中,崔某重婚有过错,在分割财产时应少分,并且需赔偿男方江某精神损失费。

【处理意见】

同居期间所建房子应为江某和崔某共同共有。因崔某不是土地使用权人,房子是在江某拥有使用权的土地上修建的,根据“房随地走,地随房走”原则,房子应判给江某所有,但江某应按房屋评估价的40%对崔某进行经济补偿。此外,因崔某重婚存在重大过错,给江某带来伤害,应该对江某给予精神损害赔偿,但江某要求的5万元太高,法院酌情支持赔偿5000元。

【法律条文】

1.《婚姻法》第十二条 无效或被撤销的婚姻,自始无效。当事人不具有夫妻的权利和义务。同居期间所得的财产,由当事人协议处理;协议不成时,由人民法院根据照顾无过错方的原则判决……

2.《婚姻法司法解释(一)》第十五条 被宣告无效或被撤销的婚姻,当事人同居期间所得的财产,按共同共有处理。但有证据证明为当事人一方所有的除外。

【友情提示】

人民法院审理宣告婚姻无效案件,对婚姻效力的审理不适用调解,应当依法作出判决;有关婚姻效力的判决一经作出,即发生法律效力,当事人不能上诉。而对于涉及财产分割和子女抚养的,可以调解。调解达成协议的,另行制作调解书。对财产分割和子女抚养问题的判决不服的,当事人还可以上诉。

3. 以夫妻名义同居期间一方死亡,另一方能继承其遗产吗?

【经典案例】

2003年段某(男)与郭某(女)在一次相亲交友会上认识,两人互留了电话。之后,两人都忙于工作也没有再联系。一次偶然的机会,郭某陪同公司经理与另一公司副总商谈业务,出乎意料的是,那位副总居然就是曾经相识的段某。事业有成、一表人才的段某一下子走进了郭某的内心,段某对漂亮干练的郭某也颇有好感。业务谈成后,段某和郭某也自然地走到了一起。以前恋爱的经历,让段某总怀疑女友看重的是自己的钱,所以对婚姻问题一直讳莫如深。两人商量先同居,如果感情发展顺利,结婚也就是水到渠成的事情了。于是,从2004年郭某就搬到段某购买的别墅里,两人开始了夫妻名义的同居生活。两年多以来,两人保持着男主外,女主内的生活模式。郭某总是处处顺着段某,小心呵护和维系着这段感情。她的真情实意也深深打动了段某,段某觉得自己越来越离不开她了,心里也在考虑与郭某结婚的事情。但段某还没有来得及把内心的想法告诉给郭某,就遭遇交通事故死亡。段某死后,段某远在家乡的父母赶来料理后事。期间,郭某也以段某"妻子"的名义料理后事,照顾公婆,这让段某的父母心里也有些安慰。但在处理段某遗产时大家产生了争议,郭某认为自己和段某共同生活了三年多,有权继承段某的遗产,而段某的父母却认为郭某和段某没有任何关系,无权继承段某的遗产。

【案情重温】

未按《婚姻法》规定办理结婚登记而以大妻名义共同生活的男女,一方在同居期间死亡的,另一方是不能以配偶身份主张自己享有继承权的,这是因为未婚同居不具备"夫妻"的名分。但是有一种例外,如果男女双方在1994年2月1日之前就已经开始同居的,由于法律上承认他们的事实婚姻关系,因此生存一方可以作为死者的配偶继承遗产。而1994年2月1日以后未办理结婚登记的,尽管男女双方符合结婚实质要件,都只能认定为同居关系。

【处理意见】

本案中,段某与郭某在2004年开始以夫妻名义同居,但是因为没有办理结婚登记,所以段某与郭某只是同居关系,段某死后,郭某不能以配偶身份继承其遗产。但双方共同生活期间的所得属于共同共有,继承时应当首先从共同财产中区分出属于段某的财产,然后段某的父母才能继承该部分遗产。

【法律条文】

1.《婚姻法司法解释(一)》第六条 未按婚姻法第八条规定办理结婚登记而以夫妻名义共同生活的男女,一方死亡,另一方以配偶身份主张享有继承权的,按照本解释第五条的原则处理。

2.《婚姻法司法解释(一)》第五条 未按婚姻法第八条规定办理结婚登记而以夫妻名义共同生活的男女,起诉到人民法院要求离婚的,应当区别对待:

(一)1994年2月1日民政部《婚姻登记管理条例》公布实施以前,男女双方已经符合结婚实质要件的,按事实婚姻处理;

(二)1994年2月1日民政部《婚姻登记管理条例》公布实施以后,男女双方符合结婚实质要件的,人民法院应当告知其在案件受理前补办结婚登记;未补办结婚登记的,按解除同居关系处理。

【友情提示】

司法实践中应注意的是,虽然不符合事实婚姻的条件,认为属同居关系的,生存一方不能以配偶身份继承遗产,但是《中华人民共和国继承法》(简称《继承法》,后同)第十四条规定,对继承人以外的依靠被继承人扶养的缺乏劳动能力又没有生活来源的人,或者继承人以外的对被继承人扶养较多的人,可以分给他们适当的遗产。因此,如果符合《继承法》第十四条规定情形的,生存一方也可酌情分得部分遗产。

4. 婚姻关系存续期间能否要求分割共同财产？

【经典案例】

村民冉某(男)与万某(女)系同一个村的村民,在媒人的介绍下,二人于2000年农历九月十三日按农村风俗举行了结婚仪式。婚后二人感情尚可。2001年8月10日万某生下大女儿冉×英、2003年1月7日生下二女儿冉×琼、2004年11月10日生下三女儿冉×玲。三女儿出生后,冉某受农村重男轻女陈旧思想的影响,经常与万某闹矛盾,还经常不回家照顾自己的家庭。婚后二人共同经营化工生意,收入可观。但在2005年2月20日,冉某突然把所有的银行存款50万余元转到自己的账户,并中断与家人的联系,导致万某和女儿们的生活、工厂的生产陷入困境。为了维持生活的日常开销、保证工厂的正常生产,2005年3月6日万某向人民法院起诉要求分割夫妻共同财产,同时向法院提出了财产保全的申请,并提供了相应的担保金,但是万某没有提出离婚的诉讼请求。

【案情重温】

《中华人民共和国物权法》(简称《物权法》,后同)突破了传统民法的共有理论,允许共同共有人在有重大理由时可以请求分割共有财产,同时还可以继续保持共有关系。因此,关键是准确把握"重大理由"的含义,根据《婚姻法司法解释(三)》第四条规定,婚姻关系存续期间,一方有隐藏、转移、变卖、毁损、挥霍夫妻共同财产或者伪造夫妻共同债务等严重损害夫妻共同财产利益行为的,夫妻一方请求分割共同财产的,人民法院应予支持。本案中被告冉某将夫妻共有的所有银行存款转移到自己账上,剥夺了妻子万某对该财产行使平等的支配、处分的权利,使其生活陷于危难境地,属于严重损害夫妻共同财产利益的行为。

【处理意见】

为了维护夫妻关系的和谐和家庭的稳定,在不解除婚姻关系的前提下一般不能分割夫妻共同财产,但是有重大理由时,则可以请求分割。这是法律赋予婚姻当事人一方在不解除身份关系的情况下保护自己财产的权利。本案中，原告万某可以在继续保持夫妻关系的同时，请求法院分割共有财产，以保护自己对共同财产所享有的所有权和平等的支配权，以维持自己的基本生活需要。

【法律条文】

1.《物权法》第九十九条 共有人约定不得分割共有的不动产或者动产，以维持共有关系的，应当按照约定，但共有人有重大理由需要分割的，可以请求分割；没有约定或者约定不明确的，按份共有人可以随时请求分割，共同共有人在共有的基础丧失或者有重大理由需要分割时可以请求分割。因分割对其他共有人造成损害的，应当给予赔偿。

2.《婚姻法司法解释(三)》第四条 婚姻关系存续期间，夫妻一方请求分割共同财产的，人民法院不予支持，但有下列重大理由且不损害债权人利益的除外：

（一）一方有隐藏、转移、变卖、毁损、挥霍夫妻共同财产或者伪造夫妻共同债务等严重损害夫妻共同财产利益行为的；

（二）一方负有法定扶养义务的人患重大疾病需要医治，另一方不同意支付相关医疗费用的。

【友情提示】

在夫妻关系存续期间要求分割夫妻共同财产时，要注意两点：一是要有充足的分割财产的理由。最常见的重大理由是一方存在隐藏、转移、变卖、毁损、挥霍夫妻共同财产或伪造夫妻共同债务的行为。二是要确定财产范围。原告向法院起诉时需要提前做好准备，明确财产范围，否则即使法院查实被告存在隐藏、转移夫妻共同财产的行为，因诉讼中可分割的财产无法明确，仍难保护原告利益。

5. 夫妻实行财产AA制，婚内薪酬约定有效吗？

【经典案例】

公司白领刘女士和金先生于2010年2月登记结婚。结婚时双方均在外资企业担任高管职务，工资收入可观，事业有成，生活也提早步入了小康水平。由于两人工作能力很强，也都希望各自都保持独立的经济能力，所以婚前夫妻双方曾经书面约定婚后财产实行AA制，各花各的钱，各管各的账。婚后不久，刘女士生下一个女儿，由于刘女士和金先生的双方父母均在外地，女儿没有人带，请保姆带女儿大家都不放心，加之两人的工作都很忙，又不能看着乖巧的女儿不管，于是金先生与刘女士商量，让刘女士离职在家带女儿并且操持家务，金先生每月支付妻子劳动报酬3000元。刘女士开始很纳闷，感觉夫妻之间怎么能相互给薪酬呢？考虑到女儿的健康成长，以及外资企业超强度的工作负荷，刘女士还是同意了，但心里也担心这婚内薪酬约定有效吗？

【案情重温】

我国《中华人民共和国劳动法》（简称《劳动法》，后同）规定，所谓劳动报酬，是指根据劳动者从事生产活动而获得的各种收入，它是基于劳资关系而产生的。而在婚姻关系中，夫妻双方负有共同从事家务劳动的义务，因此，不存在谁给谁支付劳动报酬的问题。但是这并不是说刘女士和她丈夫的这种薪酬约定就是无效的。我国《婚姻法》第十九条规定，夫妻可以约定婚姻关系存续期间所得的财产以及婚前财产归各自所有、共同所有或者部分各自所有、部分共同所有。约定应当采用书面形式。本案刘女士和丈夫之间约定的"劳动报酬"应视为双方对婚内财产的一种约定，即将金先生在婚内取得的部分财产约定为刘女士所有。

【处理意见】

刘女士和金先生双方均为完全民事行为能力人，订立书面协议时均具有真实的意思表示，而且内容并不违反我国法律的强制性规定，因此该约定是有效的。

【法律条文】

《婚姻法》第十九条 夫妻可以约定婚姻关系存续期间所得的财产以及婚前财产归各自所有、共同所有或部分各自所有、部分共同所有。约定应当采用书面形式。

【友情提示】

夫妻对婚姻关系存续期间所得的财产以及婚前财产的约定对双方具有约束力。但是夫妻之间关于财产的约定必须采取书面形式,为了增强该协议的法律效力,最好能予以公证。

6. AA制夫妻有共同财产吗?

【经典案例】

费先生与种女士曾经都经历过家庭的破裂,本来心灵都受过伤害的一对男女,准备封闭起自己的感情,不再涉入爱情和婚姻。但是有缘千里来相会,2006年9月,费先生与种女士偶然邂逅,彼此尘封已久的感情突然热烈起来。后又经过一段时间的交往,他们发现两人还真有缘分。这期间,费先生的工厂因资金周转困难,种女士立即拿出自己的4万元积蓄解决他的难题。为了珍惜这段情缘,两人很快办理了结婚登记。也许是再婚的缘故,双方都不太愿意一方掌管经济"大权",两人约定家庭财产实行AA制,双方在经济上独立,互不干涉。婚后两人按照夫妻财产约定一直相处融洽,但自从2008年费先生的工厂盈利越来越多,想着丈夫工厂这么多的利润也不给自己分享,心里有些不平衡。于是,种女士就半开玩笑半当真地要费先生归还借给他的4万元钱。费先生则认为,这笔钱是婚前借的,结婚这么久早就混同为共同财产,并且都用于家庭共同生活开支了,现在提这笔钱不但已经没有任何意义,相反还会伤害彼此的感情。

【案情重温】

根据我国《婚姻法》规定,夫妻可以约定婚姻关系存续期间所得的财产归各自所有、共同共有或部分各自所有、部分共同所有。本案中,费先生与种女士明确约定两人婚后实行分别财产制,经济上各自独立。他们虽然为夫妻,但双方并不存在共同财产。丈夫称妻子借给他的4万元已经用于家庭日常生活,有违夫妻财产 AA 制的约定。

【处理意见】

本案中,由于费先生与种女士约定婚后财产 AA 制,因此经济上就应明算账,费先生婚前所欠的4万元债务应还给种女士。

【法律条文】

《婚姻法》第十九条 夫妻可以约定婚姻关系存续期间所得的财产以及婚前财产归各自所有、共同所有或部分各自所有、部分共同所有。

【友情提示】

AA 制夫妻应严格遵守双方的财产约定。夫妻 AA 制在生活中确实有其优点,但 AA 制其实也是一种责任的逃避,维系家庭的重要基础应该是感情和道德,而不是经济上过于明确的 AA 制。夫妻俩既然在一起了,就该有同甘共苦的担当,千万不要因为过度追求"AA 制"葬送自己的幸福。

7. 医疗费、残疾人生活补助费是夫妻共同财产吗?

【经典案例】

1998年女青年阿芳与阿强在工厂举行的联谊舞会上认识,两人彼此互有好感。在以后的工作中阿强也有意帮助阿芳,生活上对阿芳也照料很多,1999年春节两人回老家见了双方的父母,经父母同意便定下了婚事,2000年正式办理了结婚登记。婚后,丈夫阿强离开家乡回原工厂打工,而阿芳则在家里侍奉公婆,干农活。以后的几年阿强的书信越来越少,只是每年春节回家一次,夫妻感情逐渐淡漠。2003年夏天,阿芳将采摘的西瓜用三轮车运到10千米外的县城去卖,可在快到县城的一个十字路口时,因对面一辆货车闯红灯,加之车速很快,阿芳被撞成重伤,交警认定该货车司机对本次交通事故负全部责任。路上的行人将阿芳送到医院抢救,虽然保住了性命,但因高位截瘫而构成残疾。事后司机积极赔偿了阿芳的医疗费、残疾人生活补助费等费用。而这些补偿费都在阿芳昏迷时被闻讯回来的丈夫拿走。阿芳清醒后让丈夫归还,阿强却说这些费用都是夫妻共同财产,甚至偷偷把这些钱转到自己账上,然后离开了家。急需这笔钱生活的阿芳将丈夫告上法院,要求丈夫归还属于她的医疗费等费用。

【案情重温】

因身体伤害所获得的赔偿金与补偿金并非夫妻关系存续期间一方的劳动所得,而是为照顾解决受伤害配偶因生活上的特殊需要或健康状况而作出的赔偿或者补偿,该费用具有很强的人身性,这些费用直接因身体损伤或者残疾而发生,也都是直接用于损伤的治疗和残疾人的特定消费。本案中阿芳因交通事故遭受了人身伤害,侵权人应给予赔偿,但这些赔偿金只能是阿芳的个人财产。

【处理意见】

虽然该医疗费、残疾补助金等费用是在婚姻关系存续期间取得的,但这些费用只能是阿芳的个人财产,被告阿强占有该财产没有合法依据,构成不当得利,必须返还,如果拒不返还,可追究其侵权责任。

【法律条文】

《婚姻法》第十八条 有下列情形之一的,为夫妻一方的财产:

(一)一方的婚前财产;

(二)一方因身体受到伤害获得的医疗赔费、残疾人生活补助等费用;

(三)遗嘱或赠与合同中确定只归夫或妻一方的财产;

(四)一方专用的生活用品;

(五)其他应当归一方的财产。

【友情提示】

因身体伤害所获得的赔偿或补偿金,与身体受伤害一方的人身关系具有密切的联系,如果丧失了这笔赔偿或者补偿,有可能致其产生生存危机。所以受害人在婚姻关系存续期间因身体伤害所获得的赔偿金,可存入银行的个人账户,专门用于疾病的治疗和身体的康复。

8. 复婚前同居期间所得财产是夫妻共同财产吗?

【经典案例】

张小×系张甲与宋乙之子,张××之父。1991年张小×与汪小×结婚,两年后二人育有一女张××,2001年张小×与汪小×离婚。2003年3月,张、汪二人旧情复燃,汪又携女儿与张小×同居,并于2007年1月1日办理了复婚手续。2009年11月30日张小×因车祸身亡没有留下遗嘱,张甲、宋乙、汪小×、张××四人成为张小×的第一顺序法定继承人。张小×生前购买的房屋共有6处,其中多处系于2003年至2006年之间购买。此外,张小×还拥有四家公司的股权、名下银行存款达300余万。

因张小×的法定继承人之间就遗产分割问题协商不成,张小×的父母将汪小×及其女儿诉至人民法院。双方对于张小×的财产数量没有异议,只是对于2003年3月至2006年12月30日张、汪二人同居期间,对继承人张小×名下的财产是否属于张、汪二人的夫妻共同财产的问题存在争议。张小×的父母认为,儿子去世前与汪小×的婚姻,只能从2007年1月1日正式办理复婚手续时才产生,在二人于2001年离婚后至2007年1月1日正式复婚之前,张小×名下的财产均属于其生前的个人财产,应按法定继承处理。

【案情重温】

根据《婚姻法司法解释(一)》第四条规定,男女双方根据《婚姻法》第八条规定补办结婚登记的,婚姻关系的效力从双方均符合《婚姻法》所规定的结婚的实质要件时起算。因此,判断婚姻关系的成立,主要看当事人在办理登记手续之前是否是以夫妻名义同居、是否符合婚姻实质要件。换言之,只要是在办理登记手续前是以夫妻名义同居,且符合婚姻实质要件就应该认定婚姻关系的效力。本案中,张小×与汪小×于2003年3月同居生活时已经符合婚姻实质要件。两人于2007年1月1日补办结婚登记,婚姻关系的效力应从2003年3月起算。因此,2003年3月至2006年12月30日期间张小×名下的房产应属于汪小×与张小×的共同财产。

【处理意见】

张小×与汪小×在2003年3月同居生活时已经符合婚姻实质要件。二人于2007年1月1日补办结婚登记,婚姻关系的效力应从2003年3月起算。因此,2003年3月至2006年12月30日二人同居期间所得的财产,除约定的外,均属于夫妻共同财产,应当依法分割予以继承。

【法律条文】

《婚姻法司法解释(一)》第四条 男女双方根据婚姻法第八条规定补办结婚登记的,婚姻关系的效力从双方均符合婚姻法所规定的结婚的实质要件时起算。

【友情提示】

《婚姻法司法解释》承认在补办结婚登记之前的事实婚姻的效力。承认补办登记具有溯及力,其目的就是为了更好的保护事实婚姻关系存续期间夫妻的合法权益。将事实婚姻的效力确认到双方均符合结婚实质要件时起,而非溯及到双方同居时起,避免了将尚不符合结婚条件的双方认定为合法婚姻现象的发生。

9. 夫妻一方赠与情人的财产,另一方有权要回吗?

【经典案例】

金某与林某相恋于十六年前,却最终因双方父母的反对而分手。分手三年后,两人各自有了自己的婚姻家庭,从此也不相往来。近十年过去了,2007年3月的一天,两人竟然在一次朋友聚会上再度相遇。此时的金某35岁,已经是一家公司的老总。而女方林某则没有工作,丈夫也收入低微。在两人相遇的一刹那,彼此内心都涌出曾经清晰而又暧昧的情愫,最终旧情复燃。2007年至2012年五年时间里,两人不是夫妻却胜似夫妻。收入丰厚的金某也表现出了他的慷慨大方,五年里陆续给了林某50多万,让林某买一套房子作为他们两人未来的婚房。2012年2月,金某抛开了原配妻子周某和儿子,欲与周某离婚。但法院判决不准离婚后,妻子周某以合同纠纷为由,认为金某在婚姻关系存续期间却背着自己偷偷赠送财物给林某,这种擅自处分夫妻共同财产的行为损害了自己的合法权益,故要求法院判令金某的赠与行为无效,并要求林某返还赠与的财物50多万元。但林某则认为,夫妻共有财产男方一半女方一半,男方有权处分属于他的一半,所以,该赠与行为部分无效。

【案情重温】

对周某来说,金某对林某的赠与行为直接侵害了她合法享有的夫妻共同财产。该行为系对周某正当权益的不当侵害,故其诉求能获得法院支持,妻子周某对夫妻共有财产部分享有的合法权益应得到保护。另一方面,林某对夫妻共有财产的理解存在偏差,夫妻共有并不是指财产男方一半女方一半,男方有权处分属于他的一半,而是指每一部分财产都是夫妻双方共同所有,任何一方都不能擅自处分。更何况金某对林某的赠与是基于不正当关系,违反了《婚姻法》的相关规定,也违背了公序良俗原则。

【处理意见】

夫或妻非因日常生活需要对夫妻共同财产作重要处理决定,夫妻双方应当平等协商,取得一致意见。夫妻关系存续期间的财产属于双方的共同财产,本案中,丈夫金某在未征得妻子周某同意的情况下,擅自将财产赠与他人,其行为侵害了妻子对财产的支配权,因此该赠与行为无效。

【法律条文】

《婚姻法司法解释(一)》第十七条 婚姻法第十七条关于"夫或妻对夫妻共同所有的财产,有平等的处理权"的规定,应当理解为:

(一)夫或妻在处理夫妻共同财产上的权利是平等的。因日常生活需要而处理夫妻共同财产的,任何一方均有权决定。

(二)夫或妻非因日常生活需要对夫妻共同财产做重要处理决定,夫妻双方应当平等协商,取得一致意见。他人有理由相信其为夫妻双方共同意思表示的,另一方不得以不同意或不知道为由对抗善意第三人。

【友情提示】

夫妻对共同财产共同共有,享有平等的处理权,任何一方都不能将夫妻共同财产赠与情人,因为这侵犯了夫妻另一方的财产权,也不能将自己个人所有的财产赠与给情人,因为这违背了公序良俗原则,是对家庭责任、对婚姻忠诚的背叛。

10. 婚前协议约定房产加女方名字，婚后能撤销吗？

【经典案例】

2009年初原告冯某经人介绍认识被告徐某，徐某虽然有过短暂婚姻，但因早年下海经商，经过几年的打拼，在上海买了房子，有较丰厚的家产。2009年底两人就结婚生子。2010年8月，两人感情出现问题，很快离婚，孩子由原告冯某抚养。后来，考虑到离婚对孩子身心的成长会造成不好影响，两人商量决定复婚。办理复婚登记前，被告徐某同意在房产证上加上原告名字，并承诺如果未加原告的名字，须赔偿原告50万元。2011年11月5日，两人签了该协议。11月11日，两人如期复婚。之后，原告多次要求被告按照婚前协议办理房屋过户手续，被告却一直不肯。无奈之下，原告以确认财产所有权纠纷为由诉至法院，要求确认自己是房产的共有权人，并要求被告把自己名字加进房产证。被告辩称，两人虽签有婚前协议，但原告以财产作为登记结婚的条件，有违公序良俗。退一步说，房产证上要加原告名字，应理解为所有权的赠与行为，根据《中华人民共和国合同法》（简称《合同法》，后同）规定，赠与必须交付才能生效，在没有交付赠与财产前，自己有权撤销。

【案情重温】

《婚姻法司法解释（三）》第六条规定，"婚前或者婚姻关系存续期间，当事人约定将一方所有的房产赠与另一方，赠与方在赠与房产变更登记之前撤销赠与，另一方请求判令继续履行的，人民法院可以按照《合同法》第一百八十六条的规定处理"。本案中，被告在婚前协议中承诺在登记结婚后，将原告名字写进被告所有的房屋所有权证上，应属于对原告的房产赠与。在赠与的房产办理登记之前，被告不同意变更登记，相当于对赠与合同行使任意撤销权。另一方请求继续履行的，人民法院应按《合同法》中赠与的相关规定来处理。而根据《合同法》规定，除了具有救灾、扶贫等社会公益、道德义务性质的赠与合同或者经过公证的赠与合同不能撤销外，赠与人在赠与财产的权利转移之前可以撤销赠与。所以，虽然被告作出赠与表示，但该房产未办理过户登记之前，仍有权处分该赠与权,包括撤销赠与。

✎ 【处理意见】

婚前协议中承诺登记结婚后将对方名字写进自己拥有产权的房产证上,应属于对另一方的赠与。本案中,徐某虽然承诺要将房产赠与给冯某,但因该房产未办理变更登记,徐某有权在赠与的房产变更登记之前行使撤销权,无需履行赠与的义务。因此法院判决驳回原告的诉讼请求。

📋 【法律条文】

1.《婚姻法司法解释(三)》第六条 婚前或者婚姻关系存续期间,当事人约定将一方所有的房产赠与另一方,赠与方在赠与房产变更登记之前撤销赠与,另一方请求判令继续履行的,人民法院可以按照合同法第一百八十六条的规定处理。

2.《合同法》第一百八十六条 赠与人在赠与财产的权利转移之前可以撤销赠与。具有救灾、扶贫等社会公益、道德义务性质的赠与合同或者经过公证的赠与合同,不适用前款规定。

🏠 【友情提示】

夫妻双方约定将一方个人财产赠与另一方的,该赠与尚未办理公证或房屋产权变更登记手续,并且该赠与不属救灾、扶贫等社会公益、道德义务性质的不可撤销的赠与。在该房屋产权转移之前,即房产证变更登记之前,赠与人有权撤销赠与。

11. 一审判决离婚后丈夫死亡,妻子还能继承遗产吗?

🔍 【经典案例】

2008年32岁的严某与比自己小10岁的女青年范某相识,自己苦苦等待最终才遇到年轻漂亮的另一半,严某感到非常幸福,也很珍惜这段感情。半年后严某急着把女朋友娶回了家。但婚后严某才发现,娇妻范某非常蛮横和任性,而且喜欢购物和疯玩,既不愿意工作,也不愿意料理家务,每天辛苦工作回家的严某还要自己做饭,妻子却毫不关心,这让严某内心苦不堪言,当心中爱的冲动平静下来后,严某才意识到自己和范某实在不合适,两人的感情于是"由晴转阴"。2009年9月,严某以夫妻感情破裂为由,向法院提起诉讼要求离婚。法院经审理后于2009年12月14日作出判决,准予二人离婚。同月15日,双方当事人签收了人民法院送达的民事判决书。但是范某对于一审判决中财产分割部分不服,于2009年12月24日依法提起上诉。2009年12月28日,严某在执行公务的时候遭遇车祸不幸身亡。由于离婚诉讼中一方当事人死亡,二审人民法院根据《中华人民共和国民事诉讼法(2012年修正)》(简称《民事诉讼法》,后同)的规定随即作出了终结离婚诉讼的决定。严某的后事处理完毕后,范某要求继承严某的财产。对此,严某的父母认为二人已经离婚,所以范某无权继承遗产。双方多次争吵无果,范某将严某的父母诉至人民法院,要求依法继承严某的遗产。

【案情重温】

根据我国《婚姻法》和《继承法》的规定,夫妻双方之间有互相继承遗产的权利,而且互为第一顺位继承人。因此本案争议的焦点是范某与被继承人严某的夫妻关系是否合法解除。我国实行的是两审终审制,虽然一审人民法院已经作出离婚判决,但是如果当事人对于一审判决不服并提起上诉的话,一审判决并不发生法律效力。一审判决后范某提起上诉,且从二审人民法院终止审理的决定来看,本案一审离婚判决并未生效,严某先于离婚判决生效前死亡,应认定为严某与范某婚姻关系是因死亡而消灭,不是因判决而解除的。所以本案中范某有权继承被继承人严某的遗产。

【处理意见】

因严某与范某婚姻关系不是以离婚判决而终止的,而是以严某死亡而终止的,在严某死亡时,范某仍然是严某的妻子,范某和严某的父母都是严某遗产的第一顺序继承人,所以范某可与严某的父母共同继承属于严某的遗产。

【法律条文】

1.《民事诉讼法》第一百五十一条 有下列情形之一的,终结诉讼:

(一)原告死亡,没有继承人,或者继承人放弃诉讼权利的;

(二)被告死亡,没有遗产,也没有应当承担义务的人的;

（三）离婚案件一方当事人死亡的；

（四）追索赡养费、扶养费、抚育费以及解除收养关系案件的一方当事人死亡的。

2.《民事诉讼法》第一百六十四条　当事人不服地方人民法院第一审判决的,有权在判决书送达之日起十五日内向上一级人民法院提起上诉。

【友情提示】

在现实生活中,人们常把一审离婚判决书送达之日作为婚姻关系解除的时间,事实上只有在一审离婚判决生效后婚姻关系才会终止。而一审离婚判决只有在当事人不提起上诉或者一审判决上诉期届满的情形下才会生效。如果一方提起上诉后,则进入二审的审理程序,只有在二审离婚判决生效后婚姻关系才终止。

12. 婚前继承但婚后才取得的财产,是否属于夫妻共同财产?

【经典案例】

原告柯某(男)与被告陆某(女)系夫妻关系。2010年原告柯某以夫妻感情破裂为由诉至法院,要求与陆某离婚。陆某同意离婚。经法院调解,双方就子女抚养问题亦达成协议。但是,在财产分割问题上二人意见出现严重分歧。原告诉称:自己与被告系1997年结婚,自己的父亲系1996年死亡,父亲死亡时留下一笔8万元的银行定期存款,由自己和弟弟共同继承。因该笔存款1998年才到期,当时就没有分割该财产。在自己与被告结婚后不久,该笔存款到期,自己和弟弟才各自分得4万元,这4万元应属于自己婚前的个人财产,应归自己所有。但是被告陆某辩称:原告所述结婚时间和其父死亡时间都是确实的,但是,原告与自己结婚时,其父亲的存款因尚未到期,原告并不能取得该存款的所有权,而原告实际取得该存款的时间是在1998年,即与自己结婚之后,所以这4万是夫妻共同财产,应当在离婚诉讼中分割。法院查明,原被告所述属实。但原告婚前继承而婚后才实际取得的4万元存款,属于原告个人所有还是原被告夫妻共有?

【案情重温】

本案争议焦点是夫妻一方婚前应当继承而婚后才实际取得的遗产,是否属于夫妻共同财产?《继承法》第二条规定:"继承从被继承人死亡时开始。"依此规定,继承开始的时间与遗产分割的时间往往不同,继承开始的时间,是被继承人死亡的时间,遗产分割的时间,是继承人实际占有遗产的时间,在继承开始后,遗产分割前,被继承人留下的遗产由继承人共有。因此,尽管遗产还没有分割,但继承人已经取得了该财产的所有权。就本案来说,双方当事人争执的存款显然不是双方在婚姻关系存续期间所得的共同财产。因为男方父亲死亡时,双方尚未结婚,此时男方已经取得了对父亲遗产的所有权,虽然没有实际占有,但这项财产属于男方婚前财产的性质没有变化。

【处理意见】

一方婚前发生继承关系,婚后实际取得的财产,只要双方没有就该财产作约定,就应当认定为婚前财产,属于夫妻一方个人所有,实际取得该财产的时间并不影响该继承所得财产的归属。本案中的4万元存款应属于柯某个人所有的财产。

【法律条文】

1.《婚姻法》第十八条 有下列情形之一的,为夫妻一方的财产:

(一)一方的婚前财产;

(二)一方因身体受到伤害获得的医疗费、残疾人生活补助等费用;

(三)遗嘱或赠与合同中确定只归夫或妻一方的财产;

(四)一方专用的生活用品;

(五)其他应当归一方的财产。

2.《最高人民法院关于贯彻执行<中华人民共和国民法通则>若干问题意见(试行)》第一百七十七条 继承开始后,继承人未明确表示放弃的,视为接受继承,遗产未分割的,即为共同共有。

【友情提示】

《婚姻法》规定,夫妻在婚姻关系存续期间所得的财产,归夫妻共同所有。但要注意的是,这里的"所得"是指财产权利的取得而不是实际财产的占有。

如甲结婚后发表作品但未取得稿酬,后甲与乙离婚,离婚后才取得稿酬。甲是在离婚前取得财产权利,离婚后才实际占有财产,因此该稿酬应属于甲乙夫妻共同财产。

13. 夫妻一方个人房产在婚后的增值部分,属于夫妻共同财产吗?

【经典案例】

　　林女士和孙先生经人介绍相识、恋爱,于2000年10月登记结婚。婚后两人关系一般,经常为一些家庭琐事争吵。2002年他们的女儿出生了,家务事也随之多了起来,两人的争吵再次升级,矛盾激化,这使原本就没有多少感情基础的婚姻走到了崩溃边缘。对婚姻失望的林女士决定和丈夫孙先生离婚,由于林女士一直忙于家庭生活,很少关注夫妻财产的情况,为了能分得属于自己的财产,林女士开始注意收集有关夫妻财产的线索。经过调查了解,林女士发现除了现在居住的一套房产是两人婚后共同购买的以外,孙先生还在市中心有一套房产,那是1998年结婚以前孙先生通过房改购房取得的,当时购买仅花费30万元。由于近年来房地产市场持续火热,到2010年该套房屋的市场价已达200多万元。林女士认为,虽然这套房屋是丈夫婚前个人购买的,但这套房屋在婚后已经增值170多万元,对该房屋的增值部分应属于夫妻共同财产,自己有权分割一半。

【案情重温】

　　一般来讲,夫妻一方财产在婚后的收益主要包括孳息、投资经营收益及自然增值。婚姻关系存续期间所得的生产、经营收益、知识产权收益及一方以个人财产投资所得的收益为夫妻共同财产。《婚姻法司法解释(三)》第五条进一步明确规定,夫妻一方个人财产在婚后产生的收益,除孳息和自然增值外,应认定为夫妻共同财产。这说明一方个人财产在婚后所产生的孳息和自然增值不属于夫妻共同财产。孳息指的是从原物中所出的收益,简单而言,在婚姻中,一般指的是存款利息、有价证券收益、股权分红、未经共同经营管理的房屋租金等收入。自然增值是指该增值的发生是因为通货膨胀或市场行情的变化而致,与夫妻一方或双方是否为该增值投入物资、劳动、努力、投资、管理等无关。本案中房屋价值随着市场行情的上涨而上涨,该房屋的增值就属于自然增值。

✏️【处理意见】

本案中,孙先生婚前购买的房屋属于自己的个人财产,该房屋的增值是由于通货膨胀或市场行情变化而产生的,不需要所有人的劳动付出,应属于自然增值,不应认定为夫妻共同财产,林女士无权要求分割。

📋【法律条文】

1.《婚姻法》第十七条 夫妻在婚姻关系存续期间所得的下列财产,归夫妻共同所有:

(一)工资、奖金;

(二)生产、经营的收益;

(三)知识产权的收益;

(四)继承或赠与所得的财产,但本法第十八条第三项规定的除外;

(五)其他应当归共同所有的财产。夫妻对共同所有的财产,有平等的处理权。

2.《婚姻法司法解释(三)》第五条 夫妻一方个人财产在婚后产生的收益,除孳息和自然增值外,应认定为夫妻共同财产。

🏠【友情提示】

《婚姻法》明确夫妻一方个人财产在婚后产生的孳息和自然增值不属于夫妻共同财产。该规定否定了婚姻一方因结婚而对另一方财产"不劳而获"的思想,当然,如果另一方对一方婚前财产的维护、管理做出了一定贡献,也应在法律上予以肯定并给予一定补偿,从而做到既不埋没婚前个人奋斗的累累成果,也不影响夫妻婚后共同创造财富的积极性。

14. 夫妻一方个人房产在婚后出租的，租金属于夫妻共同财产吗？

【经典案例】

2003年家住上海的谢某已满30岁，婚前有较好的经济基础，考虑到房价有较大升值空间，于是用手中的大部分资金购买了5套房产。由于谢某总是担心和他恋爱的人别有用心，更多的是看中了他的钱，而不是他的人，所以在恋爱中谢某一直比较被动且容易猜忌，到33岁都是单身一人。2006年5月被誉为"钻石王老五"的谢某终于邂逅了自认为比较合适的另一半刘某，刘某并不介意谢某不将婚前的5套房产加上自己的名字，这让谢某感觉刘某与以前女友相比更加的单纯和真心。于是同年10月，谢某结束了多年的单身生活和刘某结了婚。婚后，谢某和刘某除了自住一套房屋外，并未将自己剩余的4套房屋急于出售，而是发现上海房租的利润空间更加诱人，于是一直将这4套房屋用于出租，4套房子一年的房租高达15万余元。婚前的刘某对谢某的财产没有表现出一点的兴趣，但是婚后的刘某却完全暴露了自己贪婪的一面，不仅花钱如流水，而且还想方设法掌管家庭的财政大权，把所有的房租都用于个人购买奢侈品，理由是房租属于夫妻共同财产。那么，婚前谢某个人所有的4套房屋，婚后出租的租金属于夫妻共同财产吗？

【案情重温】

依照《婚姻法司法解释(三)》第五条规定，夫妻一方个人财产在婚后产生的收益，除孳息和自然增值外，应认定为夫妻共同财产。孳息，是由原物所产生的额外收益。孳息分为两种：天然孳息和法定孳息。天然孳息是指依原物因自然规律而产生的，或者按照物的用法而收获的物。如树上结下的果实、牲畜所生的幼仔等。法定孳息是指依据法律关系所获得的收益，传统民法认为，这种法律关系是基于当事人的约定或者基于法律的规定。如依照合同收取的租金、利息等。很显然婚前一方所有的房屋婚后产生的房租，实质上是房屋的孳息而非投资收益和增值。房租就是基于当事人的约定而产生的一种法律关系，因此，房租是一种法定孳息而非自然孳息。

✏️ 【处理意见】

本案中,谢某婚前个人所有的4套房产在婚后出租的,属于房产的法定孳息,妻子刘某对该房屋的出租也没有参与经营管理,未投入一定的贡献,应该属于谢某的个人财产,而非夫妻共同财产。

📋 【法律条文】

1.《物权法》第一百一十六条 天然孳息,由所有权人取得;既有所有权人又有用益物权人的,由用益物权人取得。当事人另有约定的,按照约定。

法定孳息,当事人有约定的,按照约定取得;没有约定或者约定不明确的,按照交易习惯取得。

2.《婚姻法司法解释(三)》第五条 夫妻一方个人财产在婚后产生的收益,除孳息和自然增值外,应认定为夫妻共同财产。

🏠 【友情提示】

普通自然人之间就原物所产生的孳息归属问题按《物权法》处理,即法定孳息,由所有权人取得;既有所有权人又有用益物权人的,由用益物权人取得。当事人另有约定的,按照约定取得。法定孳息,当事人有约定的,按照约定取得;没有约定或约定不明确的,按照交易习惯取得。由于家庭婚姻关系是建立在感情基础上的民事法律关系,这种关系是一种比其他任何社会关系都更为密切的关系,体现了意思自治的精神,首先应看当事人对此有无约定,有约定的按约定取得,没有约定的则按《婚姻法》的规定取得。

15. 夫妻间的财产约定能对抗其财产继承人吗?

🔍 【经典案例】

2002年从事广告设计工作的庄某与某医院的护士唐某相识恋爱,不久后两人结婚。婚后未生育子女。2004年庄某的广告事业步入正轨,为了支持丈夫的事业,夫妻两人用婚后共同财产为丈夫买了两台电脑,共计1.8万元,一台笔记本电脑放在办公室,一部台式电脑放在家里,以便加班用。两人书面约定,两台电脑属于庄某个人所有,妻子唐某可以使用。

2005年,唐某在参加朋友聚会途中遭遇交通事故,经抢救无效身亡。丈夫庄某和唐某的父亲在悲痛中办完了丧事,等心情平静下来后,大家开始商量唐某遗产的继承问题。由于庄某和唐某结婚没多久,也没有积累太多的夫妻共同财产,除了一套60平方米的房子以外,就是两台电脑比较值钱。唐某父亲认为,房子和电脑的一半应属于女儿的个人财产,自己作为第一顺序继承人与女婿庄某共同继承。但庄某不这样认为,他拿出自己和妻子生前就电脑所有权的书面协议给老人解释,证明这两台电脑应归自己所有,不能作为唐某的遗产继承。但唐某父亲却很不理解,认为"协议是你们夫妻约定的,只对你们有约束力。"只要属于女儿的遗产,自己就有权继承她的份额。双方争执不下,庄某只好向法院起诉,要求确认他与妻子关于电脑归属的约定有效,电脑属于自己个人所有的财产。

【案情重温】

依据《婚姻法》第十九条规定,夫妻可以约定婚姻关系存续期间所得的财产以及婚前财产归各自所有、共同所有或部分各自所有、部分共同所有。夫妻对婚姻关系存续期间所得的财产以及婚前财产的约定,对双方具有约束力。该规定明确了夫妻财产约定对夫妻之间有约束力,但该约定对夫妻关系以外的第三人有约束力吗?从《婚姻法》的精神来看,该约定对于夫或妻一方有债权债务关系的债权人不具有约束力,但对夫或妻一方的继承人仍然有约束力。本案中,唐某的父亲在女儿死亡并没有留遗嘱的情况下,有权继承女儿的遗产。但是其继承的遗产范围只能是女儿生前享有处分权的个人合法财产。

【处理意见】

本案中,由于唐某和庄某已经就电脑的归属问题作出了书面约定,该约定体现了对夫妻共同财产的处分权,因电脑已明确归庄某个人所有,唐某死亡时,她对该电脑已不再享有权利,该电脑不应属于她的个人遗产,唐某的父亲无权继承。

【法律条文】

《婚姻法》第十九条 夫妻可以约定婚姻关系存续期间所得的财产以及婚

前财产归各自所有、共同所有或部分各自所有、部分共同所有。约定应当采用书面形式。没有约定或约定不明确的,适用本法第十七条、第十八条的规定。夫妻对婚姻关系存续期间所得的财产以及婚前财产的约定,对双方具有约束力。

🏠【友情提示】

夫妻之间可以约定婚姻关系存续期间所得的财产以及婚前财产的归属,这些约定毕竟是内部约定,要让它对除了夫妻关系以外的第三人具有约束力,应该对夫妻财产的约定进行公示,以便第三人知晓,从而减少因夫妻财产权属不清引发的纠纷,但我国法律目前无这方面的制度,以致忽视了对相关第三人利益的保护。

16. 婚前约定赠房,婚后反悔能得到法律支持吗?

🔍【经典案例】

原告甘先生的老伴多年前去世后,自己过着单身生活。2010年3月,经人介绍认识了比自己小20岁的袁女士(被告)。20岁的年龄差距并没有给双方带来负担和距离。这也让甘先生产生了重组家庭的念头。2010年4月,原告和被告签订了一份《财产约定协议书》(简称《协议书》,后同),其中约定,现住房中归原告所有的50%份额归被告所有,双方其他婚前财产归各自所有。此外,对于双方婚后购置的财产,《协议书》中约定以实名制为准,若购买房屋、汽车,登记在谁名下就归谁所有等内容。2010年5月,甘先生和袁女士去民政部门领取了结婚证。婚后两人感情一般,这让甘先生怀疑袁女士是为了钱才和自己结婚的,他觉得《协议书》完全满足了袁女士的私心,对自己不利。于是2012年原告以签订的协议书显失公平为由,将妻子起诉至法院,请求法院判决协议无效。被告答辩称,对于婚前签订的这份协议,并不讳言是在为自己的将来着想,"他比我大那么多,万一有个三长两短就扔下我一个人,我该怎么办? 当年要不是因为有这个协议,我也不会放心嫁给他"。

【案情重温】

根据《婚姻法》规定,夫妻可以约定婚姻关系存续期间所得的财产以及婚前财产归各自所有、共同所有或部分各自所有、部分共同所有。约定应当采用书面形式。夫妻对婚姻关系存续期间所得的财产以及婚前财产的约定,对双方都具有约束力。本案中,原告以协议书显失公平为由,请求确认该协议无效。根据民法规定,显失公平的民事行为是指一方当事人利用优势或者利用对方没有经验,致使双方的权利义务明显违反公平、等价有偿原则的行为。而原被告签订的协议并不存在显失公平的情形,是双方的真实意思表示,且该协议的内容不违反法律、行政法规的强制性规定,因此该协议有效,双方应履行协议书约定的义务。

【处理意见】

原被告签订的《协议书》意思表示真实,内容合法,原告主张双方签订的财产约定协议书无效,不符合《合同法》中规定的几种合同无效的情形,因此,法院不予支持。

【法律条文】

1.《婚姻法》第十九条 夫妻可以约定婚姻关系存续期间所得的财产以及婚前财产归各自所有、共同所有或部分各自所有、共同所有。约定应当采用书面形式。没有约定或约定不明确的,适用本法第十七条、十八条的规定。夫妻对婚姻关系存续期间所得的财产以及婚前财产的约定,对双方具有约束力。夫妻对婚姻关系存续期间所得的财产约定归各自所有的,夫或妻一方所负的债务,第三人知道该约定的,以夫或妻一方所有的财产清偿。

2.《合同法》第五十二条 有下列情形之一的,合同无效:

(一)一方以欺诈、胁迫的手段订立合同,损害国家利益;

(二)恶意串通,损害国家、集体或者第三人利益;

(三)以合法形式掩盖非法目的;

(四)损害社会公共利益;

(五)违反法律、行政法规的强制性规定。

【友情提示】

实践中,有的青年男女为了能赢得另一方的心,往往会约定将自己的婚前个人财产赠与对方,该约定只要是双方真实意思的表示,内容合法就具有约束力。但是如果涉及的是房产的赠与,也可以在房产办理变更登记之前撤销赠与,但是这有可能损害夫妻感情。所以在作出有关夫妻财产约定时,一定要权衡利弊,慎重考虑。

17. 夫妻一方单方出卖夫妻共有的财产有效吗?

【经典案例】

2000年12月29日,张某与杨某登记结婚。婚后双方在深圳购买一处房产,登记在张某名下。2007年8月20日,被告张某将该房产私自转让给被告高某,并将房产登记在高某名下。杨某得知张某擅自卖房的事后,非常愤怒,于是在同年9月3日将丈夫张某和买房人高某告上法院,声称:该房虽登记在张某名下,但该房是夫妻共同财产,原告作为共有人对该房享有平等的处理权。被告张某未经自己同意擅自转让,并私吞转让款,属于法律明确禁止的恶意转移夫妻共有财产的行为。深圳近两年房价高涨,该房产在2007年8月份的评估市值为549970元,被告高某以明显低于市场价格的26万元购买该房,不是以合理价格进行的交易。并且高某在订约当日一次性以现金方式支付26万元购房款不符合支付习惯,且其未提交该款项的银行存取款凭证令人生疑。两被告涉讼房产于订约当日完成交付手续,但双方至今未办理电、燃气、有线数字电视过户手续有违日常生活常理。上述事实足以证明两被告恶意串通,损害了原告的合法利益。据此,诉请法院判令张某私自变卖夫妻共有房产的行为无效。被告张某答辩称:被卖房产是其夫妻共同财产,自己有处分的权利。自己与高某互不认识,未相互串通,交易价格虽低于市场价格,但被告高某是一次性付款,双方交易符合法律规定,买卖应为有效。被告高某辩称自己是善意第三人,对于该房产自己应属于善意取得。

【案情重温】

根据物权的公信原则以及法律基于维护交易安全的价值取向,夫妻共同所有的房产登记在一方名下,并且第三人善意以合理的价格取得该房产的,应当维护第三人的合法权益;配偶不得以没有经过其同意,主张买卖合同无效。本案的争议焦点在于被告高某是否善意、两被告买卖涉讼房产是否恶意串通损害了原告的利益。本案中,被告张某在将夫妻共有的房产以明显不合理的低价转让给高某,高某只要尽到一般人的注意义务,都会对张某明显低价转让涉讼房产的行为产生怀疑,从而询问其中缘由,以防该买卖行为损害相关关系人的利益,但高某并没有尽到该注意义务,其主观上是恶意的。并且两被告签订合同后没有提供相应房款支付凭证,也没有进行事实上的交接手续,不符合交易习惯和日常生活常理。所以两被告恶意串通的事实具有高度盖然性,两被告未能提供充分的反证证明其善意,应承担举证不利的法律后果。

【处理意见】

本案被告张某未经杨某同意擅自出卖夫妻共同所有的房产,买方高某以明显不合理的低价受让财产,且无实际交付房款等行为,应推定为张某与第三人高某的恶意串通行为,该行为损害了原告杨某的利益,应依法确认为无效。无效合同自始不具有法律约束力,不产生当事人预期的法律效果。

【法律条文】

1.《婚姻法司法解释(三)》第十一条 一方未经另一方同意出售夫妻共同共有的房屋,第三人善意购买、支付合理对价并办理产权登记手续,另一方主张追回该房屋的,人民法院不予支持。

2.《合同法》第五十二条 有下列情形之一的,合同无效:

(一)一方以欺诈、胁迫的手段订立合同,损害国家利益;

(二)恶意串通,损害国家、集体或者第三人利益;

(三)以合法形式掩盖非法目的;

(四)损害社会公共利益;

(五)违反法律、行政法规的强制性规定。

【友情提示】

在司法实践中,夫妻一方如果发现另一方未经自己同意处分夫妻共同财产的,应尽快请求法院确认该处分行为无效,并且在第三人取得财产所有权之前要求返还财产,如果拖延时间太长,该财产可能会被善意第三人取得,从而丧失返还原物的请求权。

18. 夫妻一方抵押共有房屋是否有效?

【经典案例】

2008年罗某与岳某登记结婚,婚后两人共同出资购买了一套100多平方米的商品房,由于老公罗某是户主,所以房子就登记在罗某一个人名下。2010年罗某因为经营的工厂急需一笔资金,向朋友王某借款50万元,借款期限为一年。王某为了保证其债权到期能实现,让罗某提供担保。于是,罗某将自己名下的房屋抵押给了王某,两人签订了抵押合同,并办理了抵押登记。借款期限到了,罗某无力还钱,于是抵押权人王某与抵押人罗某协议以变卖该抵押财产所得的价款优先受偿。当他来到罗某的家准备看房时,罗某的妻子岳某才知道丈夫瞒着自己把共有的房屋抵押了。岳某认为,虽然被抵押的房屋产权证书上的权利人仅为罗某一人的名字,但该套房屋属夫妻共同财产,自己对抵押房屋的行为并不知情,故该抵押合同应属无效。抵押权人王某则认为,在审查房屋产权关系时只能确认登记内容,自己已经尽到审查义务,抵押合同应该有效。请问,该抵押合同是否有效?

【案情重温】

根据《婚姻法司法解释(一)》第十七条第二项规定,夫或妻非因日常生活需要对夫妻共同财产作出重要处理决定的,夫妻双方应平等协商,取得一致意见,他人有理由相信其为夫妻双方共同意思表示的,另一方不得以不同意或不知道为由对抗善意第三人。如果抵押权人是善意的,那么抵押应当有效。本案中抵押房屋权属证书上的权利人仅为罗某,没有共有人,王某作为抵押权人只要审查抵押是罗某本人真实意思表示即可,其没有义务也没有能力再去审查抵押人的婚姻关系和该抵押物是否还有其他共有人,其已经尽到合理的注意义务,所以王某是善意第三人,该抵押合同合法有效。但是需要注意的是抵押合同有效,并不意味着抵押权已经设立。根据《物权法》规定,房屋等建筑物抵押必须办理抵押登记,抵押权自办理抵押登记时设立。

【处理意见】

本案中,王某是善意第三人,并且该房屋已经办理了抵押登记,王某已经善意取得了抵押权,岳某不得以自己不同意或不知道为由对抗善意第三人。当债务人罗某到期不能清偿债务时,抵押权人岳某可以实现其抵押权,以保护自己的债权。

【法律条文】

1.《最高人民法院关于贯彻执行(中华人民共和国民法通则)若干问题的意见》第八十九条 在共同共有关系存续期间,部分共有人擅自处分共有财产的,一般认定无效……

2.《婚姻法司法解释(一)》第十七条第二项 夫或妻非因日常生活需要对夫妻共同财产作出重要处理决定的,夫妻双方应平等协商,取得一致意见……

3.《物权法》第一百八十七条 以本法第一百八十条第一款第一项至第三项规定的财产或者第五项规定的正在建造的建筑物抵押的,应当办理抵押登记……

【友情提示】

夫妻一方未经另一方同意将共有房屋抵押的,该抵押合同属于效力待定的合同,如果另一方事后追认的,该抵押合同有效,如果另一方拒绝追认的,抵押合同无效。但是,如果第三人是善意的,则另一方不得以自己不同意或不知道为由对抗该第三人。

19. 夫妻一方的房屋婚后拆迁,安置房是否属于共同财产?

【经典案例】

2004年陈某和张某在一次朋友聚会上相识,两人初次见面却言谈甚欢,颇有共同语言,彼此都留下了很好的印象。聚会后,两人的关系很快如胶似漆,并发展到了谈婚论嫁的阶段。在亲朋好友的祝福下,2005年两人办理了结婚登记。结婚前,陈某的父母将一套两居室房屋过户给了儿子陈某,供其婚后居住使用。2006年2月,由于政府进行老城区改造,陈某的房屋在拆迁范围之内。按照拆迁政策的规定,陈某取得了一套位于城郊的三居室安置房。但在该房屋的权属问题上,张某和陈某产生了争议。陈某认为该房屋是自己婚前个人所有的房子拆迁补偿的,仍应属于自己所有,但是张某则认为该补偿的房子是在夫妻关系存续期间取得的,应属于夫妻共同财产。那么这套安置房到底是个人财产还是共同财产呢?

【案情重温】

《婚姻法》第十七条规定,"夫妻在婚姻关系存续期间所得的下列财产:(一)工资、奖金;(二)生产、经营的收益;(三)知识产权的收益;(四)继承或赠与所得的财产,但本法第十八条第三项规定的除外;(五)其他应当归共同所有的财产,归夫妻共同所有。"本案中争议的房屋虽然是在婚姻关系存续期间取得的,但并不属于上述法律规定的夫妻共同财产的范畴。认定一项财产是否属于夫妻共同财产,不能简单地看其是否在婚姻关系存续期间取得,还应当结合财产的具体性质和来源,综合予以认定。婚前属个人财产的房子在婚后因城市改建,又分得一套相应面积的新房,属财产形态的一种转变,是一种自然增值。因此,该拆迁安置房不属于夫妻共同财产。

【处理意见】

本案中,陈某婚前个人房产在婚后拆迁补偿的安置房,应属于个人财产。如果因婚前个人房屋婚后被拆迁,夫妻另一方即对拆迁安置房享受权利,这将明显剥夺一方的财产权益,不符合民法的公平原则,也违背了《婚姻法》规定一方的婚前财产是个人财产的立法精神。

【法律条文】

《婚姻法》第十七条　夫妻在婚姻关系存续期间所得的下列财产,归夫妻共同所有:

(一)工资、奖金;

(二)生产、经营的收益;

(三)知识产权的收益;

(四)继承或赠与所得的财产,但本法第十八条第三项规定的除外;

(五)其他应当归共同所有的财产。夫妻对共同所有的财产,有平等的处理权。

【友情提示】

随着我国城市化进程的加快,房屋拆迁范围不断扩大,如果是夫妻共有的房屋被拆迁后,补偿的安置房仍应属于夫妻共有;而如果是一方个人所有的房屋被拆迁后,补偿的安置房尽管是在婚姻关系存续期间取得,仍应属于个人财产。所以一定要保留房屋权属的证据,以便准确界定拆迁后安置房的权属状况。

20. 父母对子女婚后的赠与,夫妻一方有权处分吗?

【经典案例】

2007年4月,大龄男青年周某因为没有房子导致多次恋爱失败,直到35岁还孤身一人,在父母的多次催促下,倍感压力的周某与比他大两岁同样着急结婚的陈某闪婚,以便早日给双方父母一个交代。婚后双方暂住在周某父母的一套两居室里,生活有很多的不方便,为此小两口经常发生争吵,已经严重影响到夫妻感情。周某的父母为了挽救两人的婚姻,拿出毕生积蓄为儿子周某买了一套商品房,房屋装修好后小两口高兴地搬了进去。后来,周某染上赌博恶习,为还赌资,周某瞒着妻子偷偷把房子卖给了不知情的第三人刘某,并到房屋登记管理部门将该房子过户登记到刘某名下。当刘某准备搬进该房屋居住的时候,妻子陈某才知道新房已经被丈夫出卖的事实。陈某认为该房屋属于夫妻共同财产,丈夫周某无权处分,要求刘某返还该房屋。而周某则认为该房子是自己的父母出资购买的,应属于自己的个人财产,自己有权卖给他人。

【案情重温】

周某的父母为了挽救儿子的婚姻,在儿子与儿媳结婚后为双方购置房屋出资的,因为当时没有明确表示仅是赠与给儿子周某一方的,应认为该出资是周某父母对儿子和儿媳双方的赠与,因此该房子应为夫妻共同财产。夫妻对共同所有的财产,有平等的处理权。《婚姻法司法解释(一)》第十七条规定,夫或妻非因日常生活需要对夫妻共同财产作重要处理决定,夫妻双方应当平等协商,取得一致意见。《婚姻法司法解释(三)》第十一条规定,一方未经另一方同意出售夫妻共同共有的房屋,第三人善意购买、支付合理对价并办理产权登记手续,另一方主张追回该房屋的,人民法院不予支持。本案中,由于该房属于夫妻共同所有,周某未征得陈某同意而擅自处分,构成无权处分。但是,由于刘某在购买该房屋时主观上是善意的,支付了合理对价,并办理了产权转移登记手续,因此刘某善意取得该房屋的所有权,陈某不得以丈夫出卖该房屋未征得自己同意或自己不知道为由要求刘某返还。

【处理意见】

除明确表示赠与夫妻一方的,当事人结婚后,父母为双方购置房屋出资的,该出资应当认定为对夫妻双方的赠与,属于夫妻共同财产。夫妻对重大财产的处理,应当在协商一致的基础上进行,否则构成无权处分,但第三人可基于善意取得该财产。夫妻一方擅自处分共同共有的房屋造成另一方损失,离婚时另一方可请求赔偿损失。

【法律条文】

1.《婚姻法司法解释(一)》第十七条 婚姻法第十七条关于"夫或妻对夫妻共同所有的财产,有平等的处理权"的规定,应当理解为:

(一)夫或妻在处理夫妻共同财产上的权利是平等的。因日常生活需要而处理夫妻共同财产的,任何一方均有权决定。

（二）夫或妻非因日常生活需要对夫妻共同财产做重要处理决定，夫妻双方应当平等协商，取得一致意见。他人有理由相信其为夫妻双方共同意思表示的，另一方不得以不同意或不知道为由对抗善意第三人。

2.《婚姻法司法解释（二）》第二十二条　当事人结婚前，父母为双方购置房屋出资的，该出资应当认定为对自己子女的个人赠与，但父母明确表示赠与双方的除外。当事人结婚后，父母为双方购置房屋出资的，该出资应当认定为对夫妻双方的赠与，但父母明确表示赠与一方的除外。

3.《婚姻法司法解释（三）》第十一条　一方未经另一方同意出售夫妻共同共有的房屋，第三人善意购买、支付合理对价并办理产权登记手续，另一方主张追回该房屋的，人民法院不予支持。夫妻一方擅自处分共同共有的房屋造成另一方损失，离婚时另一方请求赔偿损失的，人民法院应予支持。

【友情提示】

在夫妻共同生活期间，如果确定某项财产为夫妻共有财产的，任何一方都无权单独处分该财产。如果夫妻一方擅自处分共同共有的房屋造成另一方损失，离婚时另一方可请求无权处分人承担赔偿损失的责任。

21. 妻子将婚前财产以丈夫名义存款，该存款究竟应属于谁?

【经典案例】

小琴和丈夫小峰结婚前，曾与别人合伙经营一家服装店，由于小琴忙着经营自己的事业，便和小峰约定等服装店经营规模扩大后再结婚。2010年，小琴和小峰结束了五年的爱情长跑，终于步入了婚姻的殿堂。结婚后，小琴将自己三年来合伙经营分得的收益30万元以丈夫小峰的名义存入银行。2011年，小琴发现丈夫有外遇，不能忍受丈夫对婚姻不忠的小琴便提出两人先分居，彼此冷静处理和考验双方的感情，之后再对两人的关系作出抉择。小峰了解小琴的个性，知道她无法原谅自己，一旦作出的决定是很难改变的。虽然小峰心里很不情愿，也只得同意小琴的分居提议。但是在分居前，小琴提出要把一些存折带走,这时小峰才知道小琴曾以他的名义将30万元存入银行,但小峰不同意小琴将该存折取走。他认为小琴以他的名义进行存款,表明已经将该款赠给了他或者至少已经认可该笔财产属于共同财产。小琴则坚持认为,自己根本没有将30万元赠与小峰的意思表示,这30万元存款是自己婚前所得,应属于自己个人所有。

【案情重温】

首先,赠与合同是一方将自己的财产无偿给予他方的意思表示,经他方接受而生效的合同。本案中小琴存钱的情况不属于赠与:1.小琴将钱以小峰的名义存入银行时,既没有告知小峰存款的事实,也没有在事后以口头或者书面方式明确表示将存款赠与小峰,这表明小琴没有将钱赠与小峰的意思表示;2.小峰一直不知道小琴曾经以他的名义存款这一事实,表明双方就该笔钱款并没有达成赠与的合意。其次,小琴的30万元存款是她婚前合伙经营所得,小琴虽然以丈夫的名义存款,但不等于认可为夫妻共同财产。

【处理意见】

小琴并没有将这30万元赠与小峰,且因为这是小琴的婚前财产,为夫妻一方的财产,小琴并没有和小峰书面约定这30万元属于夫妻共同财产,所以仍然是小琴的个人财产。

【法律条文】

《婚姻法》第十八条 有下列情形之一的,为夫妻一方的财产:

(一)一方的婚前财产;

(二)一方因身体受到伤害获得的医疗费、残疾人生活补助等费用;

(三)遗嘱或赠与合同中确定只归夫或妻一方的财产;

(四)一方专用的生活用品;

(五)其他应当归一方的财产。

【友情提示】

婚前所得钱款虽然在婚后存入了配偶另一方的账户,虽然法律规定该行为不是赠与,但是要得到法律的支持,前提是必须举证证明该财产属于婚前个人财产,所以应注意保留相关的证据,以防因无法举证而导致诉求失败。

22. 父母对子女婚前赠与的财产,父母有权索回吗?

【经典案例】

2009年3月,吴某与郝某经人介绍认识,恋爱期间大家感觉情投意合,在即将步入婚姻殿堂之时,女友郝某明确表示自己不想"裸婚",提出男方必须先买房才能结婚。作为工薪阶层的吴某只得求助于父母。吴某的父母拿出一生的积蓄共60万元,让儿子以自己的名义购买了一套精装修商品房。随后,吴某与郝某于2010年6月办理了结婚登记,并搬进了新房。

2011年2月,吴某与郝某因感情不和,自愿达成离婚协议,约定60万元的房子归妻子郝某所有。在民政部门办理离婚登记后,吴某拿着个人的生活用品回到父母家居住。吴某的父母看到儿子落魄无助的样子,认为婚前为儿子购买的房子是自己出资购买的,儿子无权处分,为此要求前儿媳郝某归还。郝某则认为,离婚协议约定房子归自己所有,该协议合法有效,自己合法取得了该房子的所有权。

【案情重温】

吴某与郝某在婚前由吴某父母出资购买的房产,因没有借贷关系,应认定为是父母对自己儿子一方的赠与,又因该房产没有明确说明是赠与给夫妻双方的,且该房产仅以吴某个人名义登记,应认定为是吴某父母对自己儿子的个人赠与,而不应为夫妻共同财产,因此,吴某对该房产享有所有权。作为所有权人的吴某有权占有、使用、收益和处分该房产,离婚时吴某将该房产赠与给了妻子郝某,是其合法行使对该房产的处分权,妻子郝某因吴某对该房产的有权处分行为而取得该房产的所有权,吴某的父母无权要求其返还。

【处理意见】

婚前父母为子女购置房产,虽然父母为房屋的实际出资人,一般应认定为是父母对自己子女一方的赠与,属于夫妻一方个人婚前财产,个人享有所有权,包括其中的处分权能。作为出资人的父母无权干涉,只能尊重子女离婚时对该房屋处分作出的选择,这是民法意思自治理念的体现。

【法律条文】

《婚姻法司法解释(二)》第二十二条 当事人结婚前,父母为双方购置房屋出资的,该出资应当认定为对自己子女的个人赠与,但父母明确表示赠与双方的除外。

【友情提示】

现实生活中,父母为子女结婚而购房,往往会倾注其毕生积蓄。如果离婚时一概将婚后购买的房屋认定为夫妻共同财产加以分割,势必违背父母为子女购房的初衷,因此法律规定婚前父母为双方购房出资的,应认定为对子女的个人赠与,以便均衡保护夫妻双方及其父母的权益。

第三编

离婚纠纷处理指南

1. 法院准予离婚的裁决标准是什么？

【经典案例】

2008年同为大学同学的张某与王某建立恋爱关系，两人毕业一年后结婚，婚后感情尚好。2010年双方生育一子，因为双方对孩子的教育理念以及生活价值观的不同，经常发生争执。并且丈夫王某性格强势，导致张某无法与他正常沟通。后张某被公司派驻到外地工作，这期间虽然没有与家人共同生活，但一直支付家中生活费，但这丝毫没有减弱夫妻间的矛盾。王某仍对张某心存积怨，对张某家人也缺乏尊重，甚至王某的家人也介入了双方的婚姻生活纠纷中，致使身心疲惫的张某毅然向法院提起了离婚诉讼。但王某认为自己一直默默支持妻子张某的事业，妻子产后一直是自己的母亲在悉心照料。张某在外地工作期间，自己和母亲承担了对小孩的教育工作和大量的家务劳动，并在生活上对张某的家人也多有照顾，日常生活中的小口角并不影响双方的感情基础，坚决不同意离婚。

【案情重温】

婚姻关系的维系是以感情为基础的。张某与王某是自由恋爱，经充分了解后才结合的，故双方有良好的婚姻基础。只是婚后因双方性格差异和认识的不同，导致发生家庭生活中的摩擦。但是双方发生纠纷后，应加强沟通，真诚协商，互谅互让，而不是互相指责和埋怨，应共同承担起对家庭的责任，维持一段来之不易的感情需要大家的倾心付出，而不是选择逃避。双方婚姻生活中确因家庭琐事产生一些矛盾，但这些矛盾通过相互耐心的沟通、彼此的宽容都可以化解，并不足以导致双方感情破裂。本案中也不存在因感情不和分居满两年的情形。因此本案尚未达到离婚的法定条件。

✏️ 【处理意见】

人民法院判决是否准予离婚是以夫妻感情是否确已破裂为标准的,而夫妻感情是否确已破裂,应从双方婚姻基础、婚后感情、离婚原因、夫妻关系的现状以及有无和好的可能等方面综合分析判断,仅是家庭生活中日常琐事引起的争吵,虽然会影响夫妻感情,但尚未达到离婚条件。

📋 【法律条文】

《婚姻法》第三十二条 男女一方要求离婚的,可由有关部门进行调解或直接向人民法院提出离婚诉讼。人民法院审理离婚案件,应当进行调解;如感情确已破裂,调解无效,应准予离婚。

🏠 【友情提示】

如果爱是一份承诺,婚姻就是兑现这份承诺的责任,选择了婚姻,也就选择了一份责任。因此夫妻之间要增强对婚姻的经营意识和驾驭能力,当婚姻出现危机时应采取有效措施积极应对,而不是一味的逃避和选择离婚。

2. 婚后一方患精神病久治不愈的,应否准予离婚?

🔍 【经典案例】

原告段某与被告马某于1999年夏天经人介绍相识,2001年春节双方举行了婚礼,2003年3月双方生育一男孩,婚后生活一直很美满、幸福。但天有不测风云,儿子在不满一周岁时得了重病,马某多次给孩子输血,导致身体虚弱,精神也受到了一定的打击。2009年家里因一次意外失火,看着多年辛苦积攒的家产被大火付之一炬,马某精神上再一次受到严重打击,从此马某患上了精神分裂症,既不能劳动,还经常砸东西损坏家庭财物,发病严重时甚至还殴打段某,经多次住院治疗其病情没有任何好转,这直接影响到了双方的感情。于是段某在苦苦支撑几年之后,实在无法忍受身体和精神上的双重折磨,无法与马某继续共同生活下去。2012年段某以与马某感情破裂为由向人民法院起诉,要求与马某离婚。

【案情重温】

根据最高人民法院《关于人民法院审理离婚案件如何认定夫妻感情确已破裂的若干具体意见》第三条规定：婚前隐瞒了精神病，婚后经治不愈，或者婚前知道对方患有精神病而与其结婚，或一方在夫妻共同生活期间患精神病，久治不愈的，视为夫妻感情确已破裂。一方坚决要求离婚，经调解无效，可依法判决准予离婚。本案中，被告马某在婚后由于受到刺激患上了精神分裂症，缺乏识别能力，无法过正常生活。段某既要照顾儿子，又要照顾马某，生活困难且安全无法保障，导致夫妻感情确已破裂。鉴于婚姻自由原则，同时又考虑到马某现患有精神分裂症，无民事行为能力，其今后生活的需要，应在准予段某与马某离婚的同时，判决段某给予马某适当的经济帮助，在分割财产时也给予马某照顾。

【处理意见】

精神病患者往往生活不能自理，不能承担对配偶和子女应尽的责任和义务。因此，我国《婚姻法》禁止尚未治愈的精神病患者结婚。如果一方婚后患有精神病，且确定久治不愈，对方又坚决要求离婚，事实证明双方无法共同生活下去，可准予离婚。但必须对患者的生活、医疗和监护问题作出妥善安排，以保护精神病患者一方的合法权益。

【法律条文】

《关于人民法院审理离婚案件如何认定夫妻感情确已破裂的若干具体意见》第三条 婚前隐瞒了精神病，婚后经治不愈，或者婚前知道对方患有精神病而与其结婚，或一方在夫妻共同生活期间患精神病，久治不愈的。

【友情提示】

一方患精神病应否准予离婚，关键在于患者的精神病是否能治愈。因此，离婚请求要得到法律的支持，必须向法院出示患者一方患精神病久治不愈的证据，而且精神病人因其行为能力的欠缺，在离婚诉讼中应该由其监护人作为法定代理人代为诉讼，以维护其合法权益。

3. 丈夫与他人同居,妻子的离婚请求能得到法律支持吗?

【经典案例】

1985年李某与唐某经人介绍相识恋爱,1990年登记结婚,1992年生育女儿,现已成年。婚前双方交往深入,了解充分,婚后感情也不错。但是到了1998年,丈夫唐某因职务晋升思想观念发生变化,开始追求不道德的享乐生活,经常以工作忙为借口夜不归宿。怀疑丈夫出轨的妻子经过一段时间调查,发现唐某与其单位同事秦某竟然保持两性同居关系。为此,夫妻俩经常发生争执,这使李某对婚姻生活倍感绝望,并下定决心与唐某离婚。为收集丈夫与第三者同居的证据,2000年1月10日,李某借故要出差一星期收拾行李离开家,其实李某并没有出差,只是暂住在朋友家。一天晚上李某突然回家,预料之中看见丈夫唐某与同事秦某偷情的一幕,于是用事先准备好的相机进行了拍照。李某在取得这些证据后,向人民法院提起了离婚诉讼,并要求赔偿青春损失费4万元。

【案情重温】

李某与唐某婚前有较好的感情基础,结婚并生育子女后,更应对双方的感情加以珍惜,而唐某不甘于家庭生活的平淡,对家庭缺乏责任心,从1998年开始就经常夜不归宿,未尽到夫妻之间的同居义务。甚至与同事秦某保持不正当的同居关系,违反了夫妻间的忠实义务,此行为严重影响了夫妻感情,可以认定夫妻感情确已破裂,应准予离婚。婚姻法中,重婚的,有配偶者与他人同居的等情况,无过错一方可以要求有过错一方承担损害赔偿。本案中丈夫唐某在婚姻关系存续期间因与他人同居,存在过错,应给予妻子一定的损害赔偿,但该赔偿不是青春损失费,而是精神损失的赔偿。

【处理意见】

婚姻的缔结标志着两个人夫妻身份关系的确立,在共同的婚姻生活中,夫妻双方相互应尽忠实、扶助义务。夫妻一方在婚外与他人同居,使婚姻关系名存实亡,严重影响夫妻感情,受害一方向法院起诉离婚时,经调解无效,可依法判决准予离婚。同时,离婚时,无过错方可要求有过错方承担损害赔偿责任。

【法律条文】

1.《婚姻法》第三十二条 男女一方要求离婚的,可由有关部门进行调解或直接向人民法院提出离婚诉讼。人民法院审理离婚案件,应当进行调解;如感情破裂,调解无效,应准予离婚。有以下情形之一,调解无效的,应准予离婚:

(一)重婚或有配偶与他人同居的;

(二)实施家庭暴力或虐待、遗弃家庭成员的;

(三)有赌博、吸毒等恶习屡教不改的;

(四)因感情不和分居满两年的;

(五)其他导致夫妻感情破裂的情形。一方被告失踪,另一方提出离婚诉讼的,应准予离婚。

2.《婚姻法》第四十六条 有下列情形之一,导致离婚的,无过错方有权请求赔偿:

(一)有重婚的;

(二)有配偶者与他人同居的;

(三)实施家庭暴力的;

(四)虐待、遗弃家庭成员的。

【友情提示】

涉及因婚外情而离婚的问题,关键是要找到对方有"第三者"的证据,而一般当事人只能搜集到电话清单、短消息内容、相对亲昵的照片、证人证言等间接证据,其证明力相对较小。因此,一定要注意搜集如婚外情曝光后一方的"保证书""道歉书",警方介入调查的笔录等证据,从而增强证据的证明力。

4. 丈夫有同性恋行为,妻子能要求离婚吗?

【经典案例】

孔某与丈夫曹某系高中同学,2008年1月27日,双方登记结婚,婚后未生育子女。2009年春节放假期间,孔某发现丈夫行为异常,与同性朋友之间有种说不出来的亲昵关系,夫妻关系逐渐疏远。事隔半年,孔某在家中偶然发现曹某与别的男子发生同性恋关系的照片数张,还在电脑上曹某的聊天记录里发现了他和其他男子录下的不正当关系的视频。孔某立即责问曹某,曹某眼见纸包不住火,明确告之自己确实与他人有同性恋关系。当事实真相展现在自己面前时,孔某感觉如晴空霹雳,无法容忍丈夫的同性恋行为,于是向法院起诉要求离婚。诉讼期间,原告孔某提出,曹某与别的男子发生同性恋关系,严重伤害了夫妻感情,要求与曹某离婚,并赔偿名誉损失费和精神损失费共35万元。曹某承认与别的男子有同性恋关系,但他认为这种关系并不违反《婚姻法》的规定,也没有严重伤害孔某的夫妻感情,因而不同意离婚,更不同意赔偿。

【案情重温】

曹某与别的男子发生同性恋关系,表面看来,这种行为是发生在同性之间的,似乎并不违反《婚姻法》规定的一夫一妻制度。其实不然,我国《婚姻法》第四条明文规定:夫妻应当互相忠实,互相尊重。夫妻双方互相忠实包括性行为方面的忠实,这是婚姻的单一性与排他性的必然要求。被告曹某与他人保持同性恋关系,事实上与孔某已不存在感情相吸的可能,在曹某的主观意识上已经有了第三者,尽管这种第三者是同性的,但结果仍然是将妻子的感情排斥在外,这就带来了原被告之间无性爱的可能,双方无法继续履行夫妻间的权利和义务,最终导致双方丧失共同生活的基础,引发夫妻关系解体的后果。

【处理意见】

被告曹某同性恋的行为违反了我国《婚姻法》的一夫一妻制的原则和夫妻应当互相忠实,互相尊重的规定,严重破坏了夫妻感情,应当根据《婚姻法》第三十二条第三款第五项"其他导致夫妻感情破裂的情形"的规定,确认曹某与孔某的夫妻感情确已破裂,故判决准予二人离婚,并予以赔偿。

【法律条文】

《婚姻法》第三十二条 人民法院审理离婚案件,应当进行调解;如感情确已破裂,调解无效,应准予离婚。有下列情形之一,调解无效的,应准予离婚:

(一)重婚或有配偶者与他人同居的;

(二)实施家庭暴力或虐待、遗弃家庭成员的;

……

(五)其他导致夫妻感情破裂的情形……

【友情提示】

我国实行一夫一妻制的婚姻制度,它的内容包括:(1)婚姻应是一男一女的结合;(2)已婚者不可再行结婚;(3)禁止任何婚姻关系以外的两性关系。

5. 妻子以怀孕为由分居,丈夫能否提出离婚?

【经典案例】

秦某(男)与孙某(女)在朋友的介绍下相识,并在相识一个月后迅速结婚。婚后双方生活习惯相距甚远,孙某染有赌博恶习,且经常外出游玩,为此夫妻双方不时发生口角。2010年2月10日,已怀孕的孙某以需要休养为由回娘家居住,期间未与丈夫秦某商量便偷偷去做了人流手术。孙某回娘家居住期间,秦某多次上门恳求妻子回家,但孙某都避而不见。2010年3月24日,当秦某再次到妻子娘家时,发现妻子已经离开娘家一星期了,经多方打听也不知其下落。秦某孤独地生活了两年后,仍然无法寻找到妻子,无法忍受之际,秦某于2012年4月16日向法院起诉离婚。

【案情重温】

因感情不和分居满二年符合法定离婚条件。本案中,秦某与孙某婚姻基础与婚后感情均一般,婚后不久孙某就借怀孕回娘家居住,多次拒绝丈夫哀求其回家共同生活,并瞒着丈夫悄悄做了人流手术,此后甚至与丈夫失去联系,因此分居满两年,可认定夫妻感情确已破裂,应准予离婚。

【处理意见】

虽然妻子孙某是以怀孕为由与丈夫分居,但实质上是孙某已不愿意与秦某共同生活,事实上也有两年多没有尽夫妻义务,夫妻感情确实已经淡漠、疏远,甚至出现破裂的情形,已符合法定离婚条件。

【法律条文】

《婚姻法》第三十二条 男女一方要求离婚的,可由有关部门进行调解或直接向人民法院提出离婚诉讼。人民法院审理离婚案件,应当进行调解;如感情破裂,调解无效,应准予离婚。有以下情形之一,调解无效的,应准予离婚:

(一)重婚或有配偶与他人同居的;

(二)实施家庭暴力或虐待、遗弃家庭成员的;

(三)有赌博、吸毒等恶习屡教不改的;

(四)因感情不和分居满两年的;

(五)其他导致夫妻感情破裂的情形。一方被告失踪,另一方提出离婚诉讼的,应准予离婚。

【友情提示】

法律中因分居原因而要求离婚有严格的条件限制,必须具备:(1)双方必须是合法夫妻;(2)分居原因是由于感情破裂导致;(3)分居时间为连续两年以上。只有具备上述条件的分居而提出离婚请求,才能得到法律的支持。

6. 丈夫赌博屡教不改,妻子的离婚请求能实现吗?

【经典案例】

1988年范某(女)与汤某(男)自由恋爱结婚,婚后两人经营着一个小饭店,虽然小饭店的生意不足以让两人过上大富大贵的生活,但日子也算是过得甜甜美美。2000年范某生下一男孩。有了孩子后不久,由于范某一心扑在孩子的养育上,便不再打理小饭店的生意,都是丈夫汤某在经营管理。汤某在没有妻子管束的这段时间迷上了赌博,饭店也因汤某无心管理而关闭,几年后家里所有的积蓄都被汤某输光了。此时,范某才知道丈夫已经陷入赌博的深渊,无法自拔。经过多次劝导后,汤某发誓一定戒赌。然而汤某事后依旧沉迷于赌博,至2009年6月,短短半年时间,汤某多次赌博又欠下巨额赌债。为了偿还赌债,汤某在没有与范某商量的情况下将仅有的一套住房私自出卖,范某再也无法忍受,于2010年4月向法院提起诉讼,要求与汤某离婚。

【案情重温】

《婚姻法》第三十二条规定:一方有赌博、吸毒等恶习屡教不改的,如果调解无效的,应准予离婚。可见,"赌博屡教不改"是认定夫妻感情确已破裂的条件之一。本案中,汤某染上赌博恶习并输光家庭积蓄后,并没有听从家人的劝阻及时悬崖勒马,而是继续沉迷于赌博中,完全丧失对家庭的责任感,严重伤害了家人的感情。

【处理意见】

夫妻是共同生活的伴侣,应共同承担起抚养子女和照顾家庭的责任,共同为家庭的幸福而努力。但被告汤某嗜赌成性,屡教不改的行为,给家人情感造成了巨大伤害,可以认定夫妻感情确已破裂,并无和好的可能,应准予双方离婚。

【法律条文】

《婚姻法》第三十二条 男女一方要求离婚的,可由有关部门进行调解或直接向人民法院提出离婚诉讼。人民法院审理离婚案件,应当进行调解;如感情破裂,调解无效,应准予离婚。有以下情形之一,调解无效的,应准予离婚:

（一）重婚或有配偶与他人同居的;

（二）实施家庭暴力或虐待、遗弃家庭成员的;

（三）有赌博、吸毒等恶习屡教不改的;

（四）因感情不和分居满两年的;

（五）其他导致夫妻感情破裂的情形。一方被告失踪,另一方提出离婚诉讼的,应准予离婚。

【友情提示】

当事人以一方有赌博、吸毒等恶习屡教不改的理由诉请离婚的,必须举证证明其行为有屡教不改的特征。该证据可以来自第三人,如亲朋好友、居委会等多次教育赌博者的证据,也可以是公安机关的行政处罚决定书或司法机关的有罪判决。唯具有这些证据,自己的诉讼请求才能得到法律支持。

7. 一方被宣告失踪,另一方的离婚请求能否得到支持?

【经典案例】

南方人李某与北方女子郭某于2008年经人介绍相识,不久后两人即开始同居生活,2009年两人登记结婚,婚后两人居住在李某母亲的房子里。由于南北差异,两人的生活习惯不同,郭某不能适应南方的语言及生活、饮食等习惯,李某也从不考虑妻子的感受,夫妻双方经常为一些琐事发生争吵,争吵后又缺乏及时的沟通,导致矛盾不断加剧。而每次争吵婆婆也总是站在自己的儿子一边,对郭某冷言冷语,甚至背地里恶语相向,婆媳矛盾也逐渐升级。自2010年2月,郭某与婆婆发生矛盾之后便不辞而别,一直杳无音信。2012年5月份,李某向人民法院申请宣告郭某失踪,6月法院判决宣告郭某为失踪人,并为郭某指定了财产代管人。这期间,李某认识了同为南方人的王女士,共同的兴趣爱好和生活习惯让两人走到了一起,为了能和王女士结婚,李某于2012年8月向法院起诉与郭某离婚。

【案情重温】

《婚姻法》第三十二条规定:一方被宣告失踪,另一方提出离婚诉讼的,应准予离婚。本案中郭某因与丈夫和婆婆长期不和,纠纷不断,在和婆婆发生矛盾后一气之下离家出走,从此音讯全无,下落不明满两年后,其利害关系人李某可以向法院申请宣告郭某失踪,但宣告失踪的后果是失踪人的财产由他人代管,夫妻关系仍然是存在的。所以李某要想和王女士结婚,必须先通过诉讼方式解除和郭某的婚姻关系。

✏ 【处理意见】

法院审理认为,李某和郭某相识不久便同居结婚,婚前缺乏了解,婚姻基础不牢,婚后双方又经常争吵,影响了夫妻感情。郭某离家出走两年多至今下落不明,被宣告失踪后,李某提出离婚诉讼,应准予离婚。

📋 【法律条文】

1.《民法通则》第二十条 公民下落不明满二年的,利害关系人可以向人民法院申请宣告他为失踪人。

2.《婚姻法》第三十二条 一方被宣告失踪,另一方提出离婚诉讼的,应准予离婚。

🏠 【友情提示】

配偶一方下落不明满两年的,另一方既可以直接向法院提起离婚诉讼,也可以先申请下落不明的人失踪,然后再向法院起诉离婚。法院会根据不同的法律规定,作出相应的判决。

8. 配偶一方下落不明的,另一方能直接起诉离婚吗?

🔍 【经典案例】

周某(男)与徐某(女)是一对结婚多年的夫妻,婚后感情一直很好,生育有一子。2007年春节后,两人带着孩子共同到上海打工,徐某在一家工厂上班,周某在一家超市上班,日子过得平淡而温馨。同年10月,周某深夜外出存款后一直未归,徐某向当地公安机关报了案,但一直没有任何消息,自己和家人到处寻找也毫无结果。这样的日子一晃过了5年,这5年中,丈夫周某音讯全无,徐某既要工作挣钱,还要抚养年幼的小孩,日子过得非常的艰难,实在不堪忍受家庭的重负和内心的寂寞,逐渐萌生了寻找一个人共同面对风雨的想法。正在这时,同厂的工人廖某在工作上悉心照顾徐某,生活上对徐某嘘寒问暖,对徐某的儿子也是疼爱有加,体贴的廖某渐渐地走进了徐某的内心世界,两人也逐渐建立起了爱情关系。2011年12月,徐某和廖某欲成立新的家庭,于是,徐某向法院起诉要求与周某离婚。

【案情重温】

最高人民法院《关于适用〈中华人民共和国民事诉讼法〉若干问题的意见》第一百五十一条规定,夫妻一方下落不明,另一方诉至人民法院,只要求离婚,不申请宣告下落不明人失踪或死亡的案件,人民法院应当受理,对下落不明人用公告送达诉讼文书。本案中徐某的丈夫周某下落不明满5年,徐某可以不申请丈夫失踪,而直接向法院起诉离婚。由于下落不明时间已经满两年,夫妻之间缺乏感情交流与沟通,可以认定夫妻感情确已破裂。

【处理意见】

本案中,徐某在丈夫下落不明的情况下直接向法院起诉与丈夫离婚,法院应当受理。并且根据下落不明满两年,经公告查找确无下落的,视为夫妻感情确已破裂,在调解无效后,可缺席判决准予离婚。

【法律条文】

1. 最高人民法院《关于适用〈中华人民共和国民事诉讼法〉若干问题的意见》第一百五十一条 夫妻一方下落不明,另一方诉至人民法院,只要求离婚……

2. 最高人民法院《关于人民法院审理离婚案件如何认定夫妻感情确已破裂的若干具体意见》第十二条 一方下落不明满二年,对方起诉离婚,经公告查找确无下落的……

【友情提示】

夫妻一方下落不明的,另一方可采取三种途径来解决离婚事宜:一是直接向法院提起离婚诉讼;二是如果下落不明满两年的,可以先向法院申请宣告下落不明人失踪,然后再向法院起诉离婚;三是如果下落不明满四年,意外事故下落不明满两年的,可以向法院申请宣告下落不明人死亡,从法院判决宣告死亡之日,婚姻关系自动解除。

9. 非军人一方提出与军人一方离婚，军人不同意的怎么处理？

【经典案例】

原告宋某（男）系一机关干部，被告郭某（女）系中国人民解放军某部队现役军人。原被告于2008年5月经人介绍相识，建立恋爱关系，同年7月登记结婚。原告系再婚，与前妻生育有两个孩子，法院判决孩子随原告生活。被告系初婚，婚后未生育子女。原告宋某各方面条件都非常优秀，其迟迟不肯再婚的原因就是害怕女方不能善待孩子，但是自从认识郭某后，宋某发现郭某对自己的两个孩子比较有爱心和耐心，而且也多次表示会好好关爱这两个孩子。但在婚后共同生活中，被告一改婚前对原告小孩的喜欢和关心，对两个孩子怎么看都不顺眼，非打即骂。孩子背后向父亲哭诉，哪知被告得知此事后，不仅不检讨和收敛自己的恶行，反而恼羞成怒，虐待孩子，这直接导致原被告夫妻关系严重恶化。虽经双方单位领导、同事劝解，双方关系却未能缓和。为了孩子和自己的幸福，原告宋某于2009年3月起诉到法院要求离婚，但是被告坚决不同意离婚。

【案情重温】

《婚姻法》第三十三条规定：现役军人的配偶要求离婚，须得军人同意，但军人一方有重大过错的除外。这是从实体法角度对现役军人婚姻的特殊保护。该规定有利于安定军心、稳定军队、增强人民解放军的战斗力，也体现国家对军人的关怀和爱护。虽然法律对现役军人的婚姻给予了特殊的保护，但在离婚问题上仍应坚持离婚自由的原则，在夫妻感情确已破裂的情况下，应准予离婚。本案被告虽不同意离婚，但其与原告相识两个月就结婚，婚姻基础差，婚后共同生活时间很短，且被告虐待原告与前妻所生的两个孩子，是非常严重的违法行为，虽经双方单位领导、同事调解，矛盾仍无法缓和。

【处理意见】

本案中，非军人宋某向军人提出离婚，虽然作为军人的被告不同意离婚，但因为被告有重大过错，又没有和好的表示，使夫妻关系进一步恶化，夫妻感情确已破裂,法院在征得被告所在部队团以上政治机关的意见后,可以作出离婚判决。

【法律条文】

1.《婚姻法》第三十三条 现役军人的配偶要求离婚,须征得军人同意,但军人一方有重大过错的除外。

2.《婚姻法司法解释(一)》第二十三条 婚姻法第三十三条所称的"军人一方有重大过错",可以依据婚姻法第三十二条第二款前三项规定及军人有其他重大过错导致夫妻感情破裂的情形予以判断。

【友情提示】

处理军人离婚纠纷时,既要对现役军人的婚姻进行特殊保护,又要根据具体情况保护军人配偶的合法权益。现役军人的配偶提出离婚,军人不同意离婚的,人民法院应当与有关部门相互配合对军人配偶进行说服教育,尽量调解和好或者判决不准离婚。对夫妻感情确已破裂,无法再维持婚姻关系的,经调解无效,人民法院可在请求部队做好军人思想工作的前提下准予离婚。

10. 妻子分娩后一年内,丈夫能提出离婚吗?

【经典案例】

庞女士和张某于2007年1月结婚,婚后生一女孩张某某,现年5岁。由于庞女士从小生长在单亲家庭,性格内向多疑,并缺乏安全感,而丈夫张某生性热情大方、活泼开朗,在单位人缘特好,女同事有什么事情也愿意向张某倾诉。见张某与女同事在一起亲热和开心的场景,反观丈夫从未在自己面前这么开心,这让多疑的庞女士产生了对丈夫的不信任,常常借故跟踪丈夫,张某发现后无法忍受妻子对自己的猜疑。自2008年以来,两人常为这些事情发生矛盾,吵闹打架。庞女士与公婆关系也不和睦,致使夫妻关系紧张。2009年4月,张某以双方无共同语言,妻子庞某对其不信任,无法继续共同生活为由起诉至人民法院,要求与庞某离婚。后该案经法院调解,张某撤回离婚诉讼。但此后,夫妻关系仍未好转。2011年12月,庞某计划外又生育一女孩,经双方同意送他人收养。2012年1月,张某又以前诉理由诉至人民法院,坚决要求与庞某离婚。庞某辩称:夫妻间有矛盾是事实,但系张某自己行为不检点造成的,夫妻感情尚未破裂,坚决不同意离婚。

【案情重温】

《婚姻法》第三十四条规定:"女方在怀孕期间、分娩后一年内或中止妊娠后六个月内,男方不得提出离婚。"《民事诉讼法》第一百一十一条第六项规定:"依照法律规定,在一定期限内不得起诉的案件,在不得起诉的期限内起诉的,不予受理。"依据上述规定,男方在女方分娩后一年内其离婚起诉权是受法律强制限制的。男方如果在这段期间内起诉与女方离婚的,因违反了法律的强制性规定,其法律后果就是法院不受理其起诉。本案庞女士于2011年12月分娩,张某于次年1月即提出离婚诉讼,距庞某分娩仅两个月,仍在法律禁止起诉的"分娩后一年内"的期限内,故一审法院不应受理此案。

【处理意见】

本案中,庞某分娩后,孩子即送他人收养,母亲已没有哺育婴儿的任务。男方提出离婚,虽然不会影响母亲对婴儿的哺育,但从立法精神上看,法律上限制男方在女方分娩后一年内的离婚起诉权,不但是为了婴儿的正常发育成长,也是为了母亲的身心健康。此时男方提出离婚,会对妇女造成严重的精神刺激,不利于妇女身心的康复,故男方仍不得在女方分娩后一年内提出离婚。

【法律条文】

《婚姻法》第三十四条 女方在怀孕期间、分娩后一年内或中止妊娠后六个月内,男方不得提出离婚。女方提出离婚的,或人民法院认为确有必要受理男方离婚请求的,不在此限。

【友情提示】

法律虽然限制男方在女方怀孕和分娩后的一定期限内的起诉权,但在特殊情况下仍可受理男方的离婚请求,即在女方自愿放弃其特殊期间的法律保护或者人民法院认为确有必要受理男方离婚请求的,不受此限。"确有必要"

的情况,一般是指女方与他人重婚、通奸怀孕(不包括女方婚前与他人发生性行为而导致怀孕)的情况。

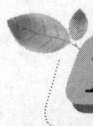

11. 夫妻之间长期冷战的,能否要求离婚?

【经典案例】

1998年12月26日,屈女士与冯先生双方建立自由恋爱关系,2002年12月29日,双方共同到婚姻登记机关办理了结婚登记手续,领取了结婚证,婚后无子女。婚后双方由于性格方面存在较大差异,以至于婚后常因家庭琐事生气吵架。而双方吵架生气后,从不剖析自身的问题,反而是不理睬对方,不进行及时的沟通和交流,缺乏相互包容和相互理解的态度。两人生气后根本无法控制自己的情绪,常拿"离婚"二字来威胁对方,互相猜测对方心思,从不主动找对方解决问题。2003年10月份,屈女士向丈夫冯某提出协议离婚,后因故未达成协议。至此双方感情已出现明显裂缝,两人也进入了漫长的冷战时期。2006年6月屈女士见双方的冷战没有结束的可能,既然双方都不想挽回这段婚姻,还不如趁早结束这场冷战,为此诉请法院依法判令离婚。被告冯先生辩称,"我不同意离婚。我们双方感情基础好,相亲相爱长达8年,她非常关心我,我毛病不少,但无重大恶习,请求法庭给一个悔过自新的机会,挽救一个家庭。"

【案情重温】

在本案中,当事人双方虽然结婚时间较长,具有一定的感情基础,但双方由于性格方面的较大差异,以致婚后常因家庭琐事生气吵架。夫妻双方在双方发生矛盾、冲突和隔阂后,均不能采取积极主动的态度,以和善的方式,主动找对方交流思想、沟通感情,而是互相不理对方,互相猜测对方心理,缺乏夫妻间必要的语言和情感交流,缺乏夫妻间的互相包容和理解。夫妻之间长期冷战,以致夫妻双方感情越来越脆弱,当事人对共同生活下去已完全丧失信心,婚姻关系名存实亡。

📝 【处理意见】

夫妻共同生活需要精神的支持和精神上的满足以及语言的沟通和思想的交流,需要互相扶持和互相理解、相互包容。若夫妻缺乏了日常生活中最基本的语言交流、相互理解和包容,互相猜忌对方,无法及时消除彼此间的隔阂和误解,可想而知,对此类型的夫妻生活,若继续下去,对当事人双方来说都是一种隐形的精神折磨。此案应视为夫妻感情确已破裂,现已无法挽回,以离婚为宜。

📋 【法律条文】

《婚姻法》第三十二条 人民法院审理离婚案件,应当进行调解;如感情确已破裂,调解无效,应准予离婚。有下列情形之一,调解无效的,应准予离婚:……(四)因感情不和分居满二年的;(五)其他导致夫妻感情破裂的情形……

🏠 【友情提示】

我国《婚姻法》把夫妻感情确已破裂作为离婚的法定条件,这是人民法院审理此类案件的法律依据。关于如何确定夫妻感情确已破裂,最高人民法院《关于人民法院审理离婚案件如何认定夫妻感情已破裂的若干具体意见》列举了13种情形可以作为人民法院裁判离婚案件的法律依据。但是这种列举方式没有包括全部情况,也难以调整发展变化中的婚姻家庭关系。

12. 丈夫私自做亲子鉴定,妻子能以此为理由离婚吗?

🔍 【经典案例】

原告温某与被告甘某于2007年10月份相识并恋爱,2009年初办理了结婚登记手续,2009年11月生下一男孩甘小某。原被告婚前感情基础一般,婚后双方性格不合,常为家庭琐事争吵,且互不原谅。小孩哺乳期内,二人曾协商过离婚事宜,且双方均同意离婚,后经亲朋好友做工作,双方关系有所改善。但好景不长,双方到广东打工后,在外又争吵不断。由于甘某一直怀疑小孩不是自己亲生的,2012年6月24日,被告甘某私带小孩到广东某法医物证司法鉴定所进行亲子鉴定,同年6月29日该鉴定所作出结论,认定被告甘某与甘小某系亲子关系。被告心中困扰多年的疑问得到了解答,虽然被告因此释怀了,但却让原告耿耿于怀。因为原告获悉此事后认为被告是对自己的不信任和人格的侮辱,多次和被告理论,被告都不予理睬,双方关系更为紧张。此后被告悄悄将儿子转移住处,不让原告与儿子见面。对此,原告极为不满,遂于2012年12月向法院提起离婚诉讼。

【案情重温】

本案被告疑心过重,私自带子进行亲子鉴定,在确认其子系亲生后,又不能正确对待原告,对原告更加冷落,不予关爱。在伤害原告后,被告不仅没有及时修复婚姻关系,还将儿子转移住处,不让原告与儿子见面,被告的行为严重地伤害了原告。双方夫妻感情的破裂,主要过错在于被告。于是,法院判决准许原被告离婚。

【处理意见】

本案中夫妻双方缺乏婚姻关系中最起码的信任和理解,被告的行为严重伤害了夫妻感情,并无和好可能,法院判决准许原被告离婚。

【法律条文】

《婚姻法》第三十二条 人民法院审理离婚案件,应当进行调解;如感情确已破裂,调解无效,应准予离婚。有下列情形之一,调解无效的,应准予离婚:

(一)重婚或有配偶者与他人同居的;

(二)实施家庭暴力或虐待、遗弃家庭成员的;

(三)有赌博、吸毒等恶习屡教不改的;

......

【友情提示】

近年来,因道德的沦丧,离婚案件中要求做亲子鉴定的人越来越多。亲子鉴定虽然已经运用于诉讼领域,但亲子鉴定作为一种技术手段,它一定程度上能解决技术认定问题,但不能解决复杂的感情问题。无论鉴定的结果如何,夫妻双方的感情都会出现裂痕以致无法挽回,而其中最大的受害者无疑是无辜的子女。

13. 妻子以"捉奸证据"起诉离婚,能得到法院支持吗?

【经典案例】

2007年10月,刘某(女)与张某(男)在一次同学聚会上相识,两人可谓一见钟情,很快便确立了恋爱关系。同年12月,刘某发现自己意外怀孕便告知张某,后二人仓促办理了结婚手续。可是,两人生活没多久,便出现了问题。刘某发现丈夫张某每天都是早出晚归,回到家也是天天说累,倒头就睡,最近还发展到夜不归宿。"丈夫在外面有别的女人"的想法一直在刘某的脑海里浮现。为了证实自己的猜测,刘某经过调查了解到张某在工作应酬中认识一名漂亮女子,还在外面的小区租了一套房子,并且和她一起过上了同居生活。为了"搜集"丈夫出轨的证据,2010年12月的一个深夜,刘某带人强行闯入他们的住处实施"捉奸",获取了张某和那女子裸体同床的视频和照片等证据。事后刘某将这些照片提交到法院,欲起诉要求与张某离婚并请求损害赔偿,刘某的诉讼请求能够得到法院的支持吗?

【案情重温】

"有配偶者与他人同居"是指有配偶者与婚外异性,不以夫妻名义,持续、稳定地共同居住。所以,持续性和稳定性是取证的关键。刘某捉奸所获得的证据缺乏该方面的证明力,单凭这一证据不能充分认定张某构成"有配偶者与他人同居"的过错,很难得到法院的支持。并且,刘某未经许可且无任何法律授权而带人强行进入女方住处,侵犯了女方的居住权、隐私权。刘某的取证行为显然不合法,由此获得的证据同样是不合法的。

【处理意见】

本案中,张某的行为不能认定为与他人同居的行为,刘某在申请离婚时不能主张过错赔偿责任。同时刘某以侵害他人合法权益的非法手段获取的证据,构成非法证据,也不会得到法院的采纳。

【法律条文】

1.《婚姻法》第四十六条 有下列情形之一,导致离婚的,无过错方有权请求赔偿:

(一) 有重婚的;

(二) 有配偶者与他人同居的;

(三) 实施家庭暴力的;

(四) 虐待、遗弃家庭成员的。

……

2.《最高人民法院关于民事诉讼证据的若干规定》第六十五条 审判人员对单一证据可以从下列方面进行审核认定:

(一) 证据是否原件、原物,复印件、复制品与原件、原物是否相符;

(二) 证据与本案事实是否相关;

(三) 证据的形式、来源是否符合法律规定;

(四) 证据的内容是否真实;

(五) 证人或者提供证据的人,与当事人有无利害关系。

【友情提示】

夫妻"捉奸"的典型案例突出反映了当前离婚取证难的法律难题,如果"捉奸"方法得当,讲究诉讼策略,那么这种方式取得的证据也是可以在庭审中起到预期效果的,但稍有不慎,就可能构成侵权,其取得的证据也无法得到认可。所以,当事人在取证前应该咨询专业律师或婚姻咨询师,制订周密、合法的取证方案,这样才能切实有效地维护当事人的合法权益。

14. 无民事行为能力人的父母能否代本人提起离婚诉讼?

【经典案例】

胡某与赵某于2004年7月登记结婚,婚后生育一子,夫妻感情较好。2008年9月,胡某到外地帮朋友运输一批货物,途中因交通事故被撞成重伤,经治疗后生活不能自理,神志不清,诊疗完毕后,经法医鉴定为头部伤残1级(植物人,无民事行为能力)。2009年3月以后,胡某的父亲发现儿媳赵某经常早出晚归,对胡某和孩子不闻不问,也不管家务。"是不是儿媳变心了?"这样的念头一直在胡某父亲的脑海里浮现。为了给儿子一个交代,满怀疑惑的胡某父亲开始关注赵某的行踪,居然发现赵某自丈夫成为植物人以后,就与其初恋情人旧情复燃,一直在外与情人租房同居,真应了"夫妻本是同林鸟,大难临头各自飞"这句民间老话。胡某的父亲非常生气,遂以赵某有婚外同居行为,夫妻感情破裂为由,代理儿子胡某向人民法院提起离婚诉讼,要求与赵某离婚。

【案情重温】

《婚姻法司法解释(三)》第八条规定,无民事行为能力人的配偶有虐待、遗弃等严重损害无民事行为能力一方的人身权利或者财产权益行为,其他有监护资格的人可以依照特别程序要求变更监护关系;变更后的监护人代理无民事行为能力一方提起离婚诉讼的,人民法院应予受理。本案中,胡某与赵某虽然婚后感情一直很好,但胡某在遭遇交通事故后成为无民事行为能力人,无法正常生活,而作为妻子的赵某不仅遗弃胡某,还与第三人保持同居关系,严重损害了配偶胡某的合法权利。

【处理意见】

首先应通过特别程序申请法院宣告胡某为无民事行为能力人,被告赵某作为胡某的配偶,是第一顺序监护人,应承担对胡某的抚养、监护职责。但胡某却不尽监护职责,严重损害被监护人的合法权益,胡某的父亲可以依照特别程序请求人民法院变更监护关系,在自己取得了胡某监护人资格的情况下,可以代理胡某提起离婚诉讼。

【法律条文】

1.《民法通则》第十四条 无民事行为能力人、限制民事行为能力人的监护人是他的法定代理人。

2.《民法通则》第十七条 无民事行为能力或者限制民事行为能力的精神病人,由下列人员担任监护人:

(一)配偶;

(二)父母;

（三）成年子女；

（四）其他近亲属；

（五）关系密切的其他亲属、朋友愿意承担监护责任，经精神病人的所在单位或者住所地的居民委员会、村民委员会同意的……

3.《婚姻法司法解释（三）》第八条 无民事行为能力人的配偶有虐待、遗弃等严重损害无民事行为能力一方的人身权利或者财产权益行为，其他有监护资格的人可以依照特别程序要求变更监护关系；变更后的监护人代理无民事行为能力一方提起离婚诉讼的，人民法院应予受理。

【友情提示】

婚姻关系不同于一般民事法律关系，其具有严格的身份专属性。一般情况下，婚姻的缔结与解除，只能由本人亲自作出意思表示，任何人不能代理。但当无民事行为能力人在婚姻生活中遭受配偶虐待、遗弃等严重侵害其合法权益的行为的时候，由于其自身欠缺判断能力和行为能力，无法提起离婚诉讼，如果法律禁止离婚诉权被代理的话，那么无民事行为能力人将不能通过解除婚姻关系的方式来保障自己的合法权益，这严重背离了当事人离婚诉权平等的司法原则。

15. 限制民事行为能力人能以登记方式离婚吗？

【经典案例】

2002年11月田某与陈某经媒人介绍认识，确立了恋爱关系，并于当年领了结婚证，婚后感情较好，生有一子，聪明可爱。婚后生活虽然不富裕，但也温馨和睦。平和的日子过了两年多就被打破了。2005年2月，因单位住房分配不公问题，陈某深受打击，从此患上了精神分裂症，长期在精神病院治疗，这让原本就不富裕的家庭更加捉襟见肘，夫妻感情也出现了裂痕。经过反复权衡考量，田某向陈某提出了离婚。2008年7月2日，田某与陈某来到婚姻登记处办理离婚登记，递交了申请离婚登记声明书、双方当事人的身份证、户口簿、结婚证等证件，工作人员经过审查双方提交的证件材料，询问当事人是否自愿对子女、财产、债务等问题达成协议时,得到了当事人肯定回答后,遂确认双方符合离婚登记条件,并为其办理了离婚登记。"离婚"后陈某回到了娘家,看到女儿突然失魂落魄回到家,陈某的父亲陈某某问明缘由后,遂感到了问题的严重性。陈某某作为女儿的法定代理人,以陈某的名义将婚姻登记机关告上法院,要求撤销女儿和田某的离婚登记。

【案情重温】

经鉴定,陈某在办理离婚登记时患有精神分裂症,为限制行为能力人。也就是说,陈某在办理离婚手续时的精神状态不能完全辨认自己的行为,不能正确表达自己的意思,其不具备办理离婚登记这一法律行为所需要的行为能力,更谈不上意思表示真实自由。田某为了达到离婚目的,擅自隐瞒妻子陈某患有精神病的事实,欺骗民政部门,而民政部门的行政行为也没有尽到实质审查的义务,离婚证的发放不符合法律规定,应予撤销。

【处理意见】

本案中,陈某为限制民事行为能力人,她没有作出离婚意思表示的能力,故婚姻登记机关不应受理限制民事行为能力人的离婚登记申请。限制民事行为能力人的离婚案件,应由其法定代理人代理,通过诉讼方式解除。故应撤销婚姻登记机关作出的陈某与田某的离婚登记。

【法律条文】

《婚姻登记条例》第十二条第二款 无民事行为能力人或者限制民事行为能力人,办理离婚登记的,婚姻登记机关不予受理。

【友情提示】

精神病人在患病期间所作的民事行为无效。通过协议的方式与精神病患者离婚是行不通的。与精神病患者离婚,最好通过法院判决的形式,这样才能保证双方的利益,尤其是对于处于弱势群体的精神病患者,法院在财产分配上会有一定照顾。实践中,要求民政部门对每一对协议离婚的当事人的精神状态进行专业的实质审查也是不现实的,因此关键要当事人自觉遵守法律规定。

16. 以"无性婚姻"为由起诉离婚，法院会支持吗？

【经典案例】

唐女士与张先生于2008年8月经人介绍认识并相恋，2009年2月登记结婚。婚前，唐女士与张先生之间没有发生过性关系。婚后，唐女士也曾尝试与张先生过正常的夫妻生活，但奇怪的是，几次尝试都以失败告终。唐女士对此很费解，张先生解释说他的精神压力比较大，多给他一些时间慢慢调整。但经过一段时间调理后，张先生不仅没有恢复的迹象，还拒绝与唐女士同房。唐女士怀疑丈夫身体可能有问题，在她的反复追问下，张先生才告诉唐女士隐藏在心中多年的秘密。原来张先生有生理缺陷，不能过夫妻生活。知道这个情况后，唐女士先后陪丈夫到多个医院治疗，但均未治愈，医院专家们都说以目前的医学水平还无法治愈这种生理缺陷，这让还抱有能治好丈夫病的唐女士彻底绝望了。2010年6月，在一次朋友小孩的周岁生日宴会上，唐女士触景生情，想到自己无法实现当妈妈的愿望，忍不住将自己多年无性婚姻的苦恼向朋友倾诉。朋友听后非常吃惊，鼓励唐女士与张先生离婚，经慎重考虑并向律师咨询后，唐女士正式向张先生提出离婚要求，但没有提出精神损害赔偿等要求。

【案情重温】

最高人民法院《关于人民法院审理离婚案件如何认定夫妻感情确已破裂的若干具体意见》规定：一方患有法定禁止结婚疾病的，或一方有生理缺陷，或其他原因不能发生性行为，且难以治愈的，视为夫妻感情确已破裂。一方坚决要求离婚，经调解无效，可依法判决准予离婚。根据该条规定，因生理缺陷导致的"无性婚姻"，人民法院是可以判决离婚的，但判决离婚必须具备两个前提要件：一是有证据证明对方存有生理缺陷；二是对方的生理缺陷是难以治愈的。由于丈夫的生理缺陷涉及他个人隐私，在诉讼过程中，如果丈夫不同意去医院检查，法院一般是不会强制他到医院接受检查的。因此，起诉前要注意搜集相关证据，如病历、诊断证明书等，否则很可能会因证据不足而被法院驳回起诉。

【处理意见】

本案中,唐女士的丈夫存有生理缺陷,到多家医院治疗均未治愈,且医学专家也称以目前的医学水平无法治愈,符合上述两个前提条件,法院是可以判决离婚的。

【法律条文】

最高人民法院《关于人民法院审理离婚案件如何认定夫妻感情确已破裂的若干具体意见》第一条 一方患有法定禁止结婚疾病的,或一方有生理缺陷,或其他原因不能发生性行为,且难以治愈的。

【友情提示】

因夫妻多年没有性生活而主张离婚者不乏少数。虽然我国《婚姻法》中没有将夫妻之间有无性生活作为判断夫妻感情是否破裂的情形,但夫妻生活中非常隐秘的性生活质量已成为评判夫妻感情是否和谐的一项重要指标。故如果一方以没有性生活为由主张离婚,人民法院一般会认定夫妻感情破裂而判决离婚。同时,鉴于无性婚姻案件的特殊性,人民法院在审理此类案件时,为了保护当事人的隐私,一般不会公开审理。

17. 离婚协议书能直接申请法院强制执行吗?

【经典案例】

李某大学毕业后在某大型国有企业上班,每天除了上班,就是回家,过着两点一线的单调生活,李某的感情也一直处于空白期。直到2005年的一次朋友聚会上,李某认识了年轻漂亮的刘某,两人很快陷入热恋,并于半年后登记结婚。婚后生育一女孩。因两人的性格差异太大,刘某性格活泼开朗,而李某性格孤僻、多疑,两人常因生活琐事发生摩擦,争吵打闹也成了家常便饭,最终导致两人的感情逐渐"由晴转阴"。考虑到两人都还年轻,早点结束这段不合适的婚姻对大家都是一种解脱,于是2011年,两人到婚姻登记机关办理了离婚登记,并签订了离婚协议书。协议约定:女孩由李某抚养,抚养费由李某承担;婚姻期间各自债务由各自承担;李某补偿刘某10万元。离婚后,刘某让李某履行离婚协议约定的10万元补偿费,但李某总以手头紧张为由,拒绝给付。刘某无奈,便向法院申请强制执行离婚协议,但被法官告知应另行起诉。

【案情重温】

《婚姻法司法解释(二)》第八条第一款规定:离婚协议中关于财产分割的条款或者当事人因离婚就财产分割达成的协议,对男女双方具有法律约束力。强制执行是人民法院的司法行为。在我国,能够作为强制执行根据的法律文书仅限于人民法院发生法律效力的民事判决书、裁定书、调解书及人民法院刑事判决、裁定中的财产部分;仲裁机构的裁决;公证机关依法赋予强制执行效力的债权文书;行政机关在职权范围内依据行政法规作出的具有强制执行内容的决定。因此,夫妻双方离婚时签订的离婚协议书不属于上述可以申请强制执行的法律文书。

【处理意见】

离婚协议书是离婚的当事人双方自愿达成的一种合意,虽然对当事人双方具有法律约束力,但它不属于可以申请法院强制执行的司法文书,因此,刘某不能就离婚协议书的财产内容向法院申请强制执行。但刘某可将自己与李某的财产纠纷,另行起诉至法院解决。

【法律条文】

《婚姻法司法解释(二)》第八条第二款 当事人因离婚协议书中的财产内容发生纠纷的,可以向人民法院起诉,通过诉讼途径解决问题。

【友情提示】

在实践中,经婚姻登记部门登记协议离婚的,一般不会发生要求强制执行的问题。对于个别婚姻当事人因急于离婚而达成的离婚协议书,致离婚后对协议内容中的财产、孩子抚养问题反悔的,当事人可以向人民法院另行提起诉讼。

18. 妻子结婚五年都未生育,丈夫起诉离婚能得到法律支持吗?

【经典案例】

2005年3月,任某与纪某经人介绍相识并确立了恋爱关系。恋爱期间双方相处得不错,在建立了感情的基础上,双方决定结婚。在婚前检查中,任某被查出患有子宫肌瘤,医生告知任某的妇科病可能会影响生育,但这丝毫没有影响两个年轻人结婚的热情。2006年5月,两人到民政部门办理了结婚登记,并在亲朋好友的祝福下举行了浪漫的婚礼。婚后一段时间内夫妻感情较好,为治疗妻子的病,纪某陪伴妻子四处寻医问药,虽然花了不少钱,但病情仍未见好转。一晃五年过去了,任某始终未有怀孕的迹象。而三代单传的纪某的父母早已盼着带孙子。为此,纪某与任某经常为无法生育的问题发生争执,夫妻感情出现了裂痕。为了能圆自己做父亲的梦,2011年8月,纪某向人民法院起诉,要求与任某离婚。

原告纪某诉称:"我与任某婚前体检时即发现其患有子宫肌瘤,影响生育,当时考虑到家里已为结婚花了不少钱,请柬也发出去了,如果突然不结婚会丢面子,于是我勉强与任某结了婚。婚后我也带任某四处求医,但无任何效果,而我的家庭又需要一个孩子来继承家业,思前瞻后,我决定起诉与任某离婚。"被告任某辩称:"结婚是我们自愿的,纪某明知我患有子宫肌瘤可能影响生育,但是他接受了这一事实并与我登记结婚,表明他很爱我,我们之间有很深的夫妻感情,请求法院驳回纪某的诉讼请求。"

【案情重温】

我国《婚姻法》规定男女都有生育的权利。但不是每个人都有生育的能力,当生育方面存在问题时,夫妻双方应冷静对待,积极想办法治疗疾病,通过离婚的方式来解决生育问题是不可取的。本案中纪某与任某婚前相处1年多,彼此相爱,在得知任某有子宫肌瘤可能影响生育的情况下双方登记结婚,可见婚前基础较好。婚后为治疗任某的疾病,双方四处求医,花了不少的精力和金钱,可见婚后夫妻感情尚好。在生育问题上夫妻间应该相互鼓励、相互支持,只要双方在今后的生活中加强沟通、互谅互让,夫妻关系是可以得到改善的。

【处理意见】

法院最后认定纪某与任某虽因生育问题产生矛盾,但夫妻感情并未彻底破裂,根据《婚姻法》第三十二条第二款的规定,判决驳回原告纪某要求与被告任某离婚的诉讼请求。

【法律条文】

《婚姻法》第三十二条　男女一方要求离婚的,可由有关部门进行调解或直接向人民法院提出离婚诉讼。

人民法院审理离婚案件,应当进行调解;如感情破裂,调解无效,应准予离婚。有以下情形之一,调解无效的,应准予离婚:

（一）重婚或有配偶与他人同居的;

（二）实施家庭暴力或虐待、遗弃家庭成员的;

（三）有赌博、吸毒等恶习屡教不改的;

（四）因感情不和分居满两年的;

（五）其他导致夫妻感情破裂的情形。一方被告失踪,另一方提出离婚诉讼的,应准予离婚。

【友情提示】

由于人类生存环境的恶化,夫妻不孕不育的情况日益增加,这也成为困扰夫妻关系的一大难题。因一方原因不能生育时,如果夫妻感情基础尚好,就应该相互扶持、冷静处理、积极应对、共渡难关,这才是婚姻的实质内涵,而不应以离婚的方式来解决。

19. 有过错的一方坚持要求离婚而对方不同意的,应如何处理?

【经典案例】

文某(男)与阮某(女)于2000年在上海登记结婚。2003年,文某被单位派到长沙主持并负责培训工作,这期间认识了参加培训的女青年李某。在两人相识的这一段时间,也正是妻子阮某出国留学的时期,此时的文某感觉孤独寂寞,便有意识地与李某接触,经过一段时间的交往,李某顺理成章地发展成为文某的情人。2005年单位培训工作完成后,文某也回到了北京,这期间,文某和李某一直过着双城生活。2006年阮某学成回国,成天也忙于自己的事业,加之李某的介入,导致夫妻关系出现裂痕,文某对阮某日益冷淡。当阮某发现后,一方面对丈夫的不忠实行为无法接受,另一方面也感觉自己对家庭确实没有太用心,为了保全自己的婚姻,阮某恳请丈夫回归家庭。但文某置若罔闻,继续与李某亲密交往。在李某的挑唆下,2008年1月文某提出离婚,阮某坚决不同意。同年3月文某向法院起诉与阮某离婚。法院以两人婚姻基础较好,夫妻感情尚未完全破裂,有和好可能为由,判决不准离婚。此后,文某与阮某分居并将李某接到北京工作,与之保持不正当两性关系。2009年3月,文某再次起诉离婚。但阮某提出,文某与婚外异性有不正当两性关系,在婚姻关系中有严重过错。但夫妻感情尚未破裂,从保护妇女合法权益的角度出发,请求人民法院驳回其离婚请求。

【案情重温】

我国《婚姻法》规定的法定的离婚条件是夫妻感情确已破裂。在本案中,文某在婚姻关系中有过错,但不能以此来剥夺其离婚的权利。判断是否准予离婚,应当以夫妻感情是否确已破裂为标准。如果夫妻感情确已破裂,有过错方提出离婚而无过错方不同意的,这种名存实亡的婚姻即便是强制维持下去,对夫妻双方都是痛苦的折磨。不但违背了"婚姻自由"(包括结婚自由和离婚自由)的原则,也不利于保护无过错方的合法权益。判决不准离婚后,有过错方往往会迁怒于无过错方,为了尽快摆脱婚姻关系,变本加厉地摧残无过错方,使其受到更大的伤害,产生负面影响。

【处理意见】

在本案中,文某与李某发生婚外恋情和通奸后,与阮某夫妻关系恶化,并提起离婚诉讼,经判决不准离婚后,仍不思悔改,反而变本加厉,与阮某分居并将李某调到自己所在城市工作,与之继续保持不正当的两性关系。并再次提起离婚诉讼。以上事实说明夫妻感情确已破裂,已没有和好可能,经调解无效,应当判决准予离婚。但文某在在经济上应给予无过错方更多的照顾。

【法律条文】

1.《婚姻法司法解释(一)》第二十二条 人民法院审理离婚案件,符合第三十二条第二款规定"应准予离婚"情形的,不应当因当事人有过错而判决不准离婚。

2.最高人民法院《关于人民法院审理离婚案件如何认定夫妻感情确已破裂的若干具体意见》第八条 一方与他人通奸、非法同居,经教育仍无悔改表现,无过错一方起诉离婚,或者过错方起诉离婚,对方不同意离婚,经批评教育,处分,或在人民法院判决不准离婚后,过错方又起诉离婚的,确无和好可能的。

【友情提示】

对于过错方提出的离婚,法院仍应坚持以感情是否破裂为标准决定是否判决离婚。凡双方感情尚未破裂的,过错方愿意接受调解和好,无过错方及其子女对有过错方能谅解的,法院应该判不准离婚。如果双方感情确实无法挽回,过错方坚持不接受和好的调解,则不能勉强其维持婚姻,否则,会违背两人的根本利益。

20. 丈夫因犯罪被判处长期徒刑,妻子的离婚请求能得到支持吗?

【经典案例】

2002年村民吴某经人介绍认识了邻村女青年何某,经过5年恋爱,两人于2007年登记结婚,不久后生下一个男孩。为了维持家庭生计,吴某外出打工,并按期给家里寄钱。妻子何某在家做些农活,省吃俭用,小日子过得也算滋润。慢慢地,手里有了存款,两人合计着在县城里买一套商品房。可是好景不长,2010年5月,吴某一时糊涂,跟随朋友去抢劫,最后被判处10年有期徒刑,关押在某监狱服刑。得知丈夫判刑的消息,农家妇女何某悲痛欲绝,顿时感觉家庭没了主心骨,想到自己才25岁,等吴某出狱自己也老了。在丈夫服刑的前两年中,何某渐渐心灰意冷,对婚姻彻底失望,含辛茹苦地拉扯着年幼的孩子,最终难以忍受生活的重压和心理的煎熬。2012年11月,何某将丈夫吴某诉上法庭,要求与他离婚。

法院受理后,主办法官认为双方有着浓厚的感情基础,希望他们有一个完整的家庭,于是想说服何某撤回起诉,但没有成功。因吴某在监狱服刑,法官考虑到吴某是重刑犯,案件处理稍有不慎,会引起吴某情绪波动,不利于其服刑改造,最后决定将法庭搬到监狱。

【案情重温】

对被监禁的人提起离婚诉讼的,一方面要坚持婚姻自由原则,考虑服刑人员配偶权益,另一方面还要考虑有利于服刑人员的劳动改造。一般对结婚时间较长、婚后生育子女、夫妻感情较好、服刑人员刑期不长、确有悔改表现、有可能提前释放的,法院会尽量做夫妻双方的调解工作。调解不成的,会依据一方被判刑致使夫妻感情确已破裂而判决准予离婚。本案中,因为被告吴某故意犯罪被依法判处长期徒刑,而原告坚决要求离婚的,经调解无效,可依法判决准予离婚。

【处理意见】

在法院主持调解下,被告吴某觉得自己愧对妻子,同意离婚。同时考虑了自己的情况,在孩子抚养和财产方面作出让步,儿子归吴某抚养,在吴某出狱前跟随吴某的父母生活,何某答应会定时回去看望儿子。

【法律条文】

最高人民法院《关于人民法院审理离婚案件如何认定夫妻感情确已破裂的若干具体意见》第十一条 一方被依法判处长期徒刑,或其违法、犯罪行为严重伤害夫妻感情的。

【友情提示】

　　无论是自由人,还是被监禁的人都有提出离婚的权利。因一方被依法判处长期徒刑,或其违法、犯罪行为严重伤害夫妻感情,导致夫妻关系名存实亡的,在考虑有利于服刑人员积极改造的情况下,可多做调解工作,但调解无效的,应依法判决准予离婚。

第四编

离婚财产纠纷处理指南

1. 被欺诈一方有权撤销离婚财产分割协议吗?

【经典案例】

2001年,王某与前妻胡某结婚,育有一女。2004年,胡某只身到武汉打工,丈夫王某一直在老家务农。2010年3月,胡某将8岁大的女儿带到武汉生活。后来,王某发现妻子在武汉购买了一套房产。在他的追问下,胡某才承认,自己确实于2011年1月在武汉市购买了一套房屋,但夫妻之前的积蓄仅够付房屋的首付款,自己是在银行办理了按揭贷款才买到房子。王某听后,没有继续过问。由于两人长期分居,感情渐趋冷淡,不久后,胡某提出离婚,两人达成离婚协议:武汉的房产系夫妻关系存续期间按揭贷款购买,为夫妻共同财产,登记在女方名下。离婚后该房屋归胡某所有,未还清的按揭贷款由胡某单独承担,与王某无关。

离婚半年后,王某却得知,胡某在武汉购买的房产是一次性付款,并无银行贷款。王某深感被骗,于是将前妻告上法庭,要求撤销离婚协议中有关房产分割的约定。

【案情重温】

《婚姻法司法解释(二)》第九条规定:"男女双方协议离婚后一年内就财产分割问题反悔,请求变更或者撤销财产分割协议的,人民法院应当受理。人民法院审理后,未发现订立财产分割协议时存在欺诈、胁迫等情形的,应当依法驳回当事人的诉讼请求。"此案中,王某签订房产归前妻胡某所有的财产分割协议,是因为自己误认为该房子是按揭贷款购买的,他之所以产生这样的误解完全是因为前妻故意告知其虚假情况的欺诈行为导致的。离婚半年后,王某在得知房产的真实情况后,对所签订的财产分割协议反悔。尽管该协议是王某与胡某共同签订的,离婚协议中关于财产分割的条款或者财产分割协议,对男女双方具有法律约束力。但本协议因为存在欺诈行为,使王某对房产的分割并非出于自己的真实意思表示,并且他起诉撤销该协议也是在离婚后一年内提出的,其主张能得到法院的支持。

【处理意见】

夫妻双方在离婚时一旦签订财产分割协议,就应该遵守。离婚后,如果一方对财产分割协议产生了反悔的意思,要求撤销一般是不能得到支持的,除非能举证证明另一方在签订该财产分割协议时存在欺诈、胁迫等违背他方真实意思的情形,使得该协议的签订违反了意思自治原则。并且必须不得超过一年的时效期间,才能获得法律的保护。

【法律条文】

《婚姻法司法解释(二)》第九条 男女双方协议离婚后一年内就财产分割问题反悔,请求变更或者撤销财产分割协议的,人民法院应当受理。人民法院审理后,未发现订立财产分割协议时存在欺诈、胁迫等情形的,应当依法驳回当事人的诉讼请求。

【友情提示】

离婚协议一旦签订,除特别情形外,对双方都有法律约束力,原则上当事人都应当遵守。所以在离婚协议签字前一定要慎重考虑,如果想事后反悔,难度将十分大。需要举证证明签协议时受到胁迫或欺诈等情形,而该证据的取得是比较难的,最好在当时有录音或录像,这样证明会容易一些。

2. 一方婚前财产,能否因婚姻关系的延续而转化为夫妻共同财产?

【经典案例】

黄某的舅舅生前立遗嘱把10万元财产遗赠给黄某(男),2007年5月15日,黄某的舅舅去世,同年5月20日,黄某表示接受10万元遗赠。贾某(女)于2007年8月与其父母共同购买一处房屋,在银行贷款10万元。房产证登记为贾某及其父母三人按份共有。

2008年3月8日,黄某与贾某登记结婚。婚后,贾某提出用黄某接受舅舅赠与的10万元偿还其与父母购房的10万元银行贷款,黄某同意并于2008年4月1日去银行办理了还贷手续。婚后不到两个月,贾某发现黄某在外与人同居,并且同居者也知道黄某已婚。两人矛盾激发,黄某提出离婚,要求贾某偿还10万元。贾某认为10万元是夫妻共同财产,并且黄某同意为其及父母偿还贷款,属于赠与性质,不同意偿还。黄某索要无果,提出贾某及其父母购买的房屋中,属于贾某的份额是夫妻共同财产,自己应分一半。自己没有赠与10万元于贾某父母的意思,因此,贾某必须偿还。

【案情重温】

夫妻个人财产,是指夫妻双方在婚前各自所有的财产及夫或妻个人特有的财产,如遗嘱或赠与合同中确定只归夫或妻一方的财产、一方专用的生活用品等,这些都属于夫妻个人财产。本案中,黄某婚前接受其舅舅赠与的10万元财产应属于个人财产,不能因为其婚后答应帮贾某及其父母偿还贷款就变成夫妻共同财产或者是赠与给贾某及其父母。同理,贾某与其父母在婚前购买的房屋也属于婚前财产,是贾某的个人财产,黄某提出分割份额的要求于法无据。婚姻法十九条第二款规定"夫妻对婚姻关系存续期间所得的财产以及婚前财产的约定,对双方具有约束力"。所以,无此约定仍应认定为一方个人财产而有权要求返还。

【处理意见】

本案中黄某的10万元与贾某的房屋产权都是婚前个人财产,未产生混同。黄某帮助贾某父母偿还的10万元贷款并没有赠与的意思表示,所以应认定为债权债务关系,债权人黄某可向债务人贾某及其父母要求清偿该10万元债务。

【法律条文】

1.《婚姻法》第十八条 有下列情形之一的,为夫妻一方的财产:

(一)一方的婚前财产;

(二)一方因身体受到伤害获得的医疗费、残疾人生活补助等费用;

(三)遗嘱或赠与合同中确定只归夫或妻一方的财产;

(四)一方专用的生活用品;

(五)其他应当归一方的财产。

2.《婚姻法司法解释(一)》第十九条 婚姻法第十八条规定为夫妻一方所

有的财产,不因婚姻关系的延续而转化为夫妻共同财产,但当事人另有约定的除外。

【友情提示】

一方婚前财产始终归一方所有,除非夫妻双方另有约定。但如果财产一直由婚前存续到婚后,那么个人财产与夫妻共同财产的划分问题,这就要看个人财产有没有发生混同,如果婚前个人财产未在婚后的共同生活中发生混同,仍应属于个人财产,而不会因为婚姻生活的年限而变更为夫妻共同财产。

3. 离婚时,妻子可以分割丈夫继承的遗产吗?

【经典案例】

2005年四川女青年王某离开家乡到浙江打工,下班后王某常在工厂附近的小餐馆吃饭,认识了当餐馆老板的浙江青年田某,田某喜欢上了纯洁朴实的王某,经过一段时间接触,两人感觉彼此适应、不能分离,于是双方在2007年登记结婚。婚后因田某生理上的问题而导致不能生育子女,这使得夫妻生活被蒙上了不愉快的阴影。2009年7月田某的父亲因病去世,生前亲笔书写了一份遗嘱,明确写明将自己仅有的财产——价值80万元的房产,留给独生子田某一人继承,事后田某的父亲还把该遗嘱拿到公证机关办理了遗嘱公证。

同年8月田某将该房产过户登记到自己名下。2010年3月,王某以夫妻感情破裂起诉与田某离婚,并要求依法分割田某在婚姻关系存续期间继承的房产。而田某答辩称,讼争房屋是自己的父亲指明留给自己的财产,这不是夫妻共同财产,王某无权请求分割。

【案情重温】

依据我国《婚姻法》规定,遗嘱或赠与合同中确定只归夫或妻一方的财产,为夫妻一方的个人财产。本案中,田某父亲生前所写的遗嘱里,明确将自己的房产留给田某一人继承,并办理了遗嘱公证,该遗嘱具有很强的证明力。这应确定为对田某一人的赠与,而不是对夫妻两人的赠与。同时,田某通过该公证的遗嘱到房管部门办理的房产过户登记手续,把房子过户到了个人名下,该房产转让行为是合法有效的,应确定为该房产的所有权也转移给了田某个人。

【处理意见】

因为争议房产为田某父亲的遗嘱中确定只归田某一个人的财产,且该房产也过户登记到了田某个人名下,该房产为田某的个人财产,王某在离婚时无权请求分割。

【法律条文】

《婚姻法》第十八条 有下列情形之一的,为夫妻一方的财产:

(一)一方的婚前财产;

(二)一方因身体受到伤害获得的医疗费、残疾人生活补助等费用;

(三)遗嘱或赠与合同中确定只归夫或妻一方的财产;

(四)一方专用的生活用品;

(五)其他应当归一方的财产。

【友情提示】

《婚姻法》虽然规定,夫妻在婚姻关系存续期间继承或赠与所得的财产,归夫妻共同所有,但是如果被继承人留有遗嘱,并在遗嘱中写明某财产只归夫或妻一方的,则该财产应该为个人财产。

4. 婚前一方所购房产,婚后共同还贷,离婚时如何分割该房产?

【经典案例】

2007年,刘先生花费70万余元购买了一套商品房,首付款20万余元,余款50万元向银行办理了十年期按揭贷款。2008年10月,刘先生和周女士结婚。2009年5月,房产证下发,该房产登记在刘先生名下。结婚初期两人感情尚可,但婚后两人隔阂越来越大,彼此无法容忍。2011年,走到婚姻尽头的两人协议离婚,但就财产分割问题产生争议。其争议焦点就是刘先生按揭购买的商品房的分割问题。该房产经房地产评估机构评估,市值为100万余元。至离婚时,两人共同还贷15万元,还剩余35万元贷款未还。周女士主张,房产证系婚后取得,婚后共同还贷,应属夫妻共同财产,要求平分房产。而刘先生则认为,房产是他个人的婚前财产,夫妻共同还贷部分不能改变房屋归自己所有的性质。

【案情重温】

《婚姻法司法解释(三)》第十条规定,夫妻一方婚前签订不动产买卖合同,以个人财产支付首付款并在银行贷款,婚后用夫妻共同财产还贷,不动产登记于首付款支付方名下的,离婚时该不动产由双方协议处理。依前款规定不能达成协议的,人民法院可以判决该不动产归产权登记一方。本案中,刘先生以个人财产支付首付款并向银行办理了按揭贷款,房产证上登记的也是刘先生,从房产所有权法律性质来看,该房产应属于刘先生的个人财产。

另外,《婚姻法司法解释(三)》第十条规定,双方婚后共同还贷支付的款项及其相对应财产增值部分,离婚时应根据《婚姻法》第三十九条第一款规定的原则,由产权登记一方对另一方进行补偿。本案争议房产的按揭贷款虽然是以刘先生的个人名义向银行办理的,但是却以夫妻共同财产还贷,因此,应视为周女士对于房产的财产权益也有贡献,刘先生应给周女士一定的补偿。剩余的35万元银行贷款则为刘先生的个人债务,以后由其偿还。同时,本案房产价值在夫妻存续期间增值30多万元,对该财产的增值部分是双方共同努力的结果,刘先生也应对周女士进行财产补偿,以平衡夫妻间的财产关系。

【处理意见】

夫妻一方婚前签订不动产买卖合同,以个人财产支付首付款并在银行贷款,婚后用夫妻共同财产还贷,不动产登记于首付款支付方名下的,离婚时该不动产的归属问题首先由夫妻协议处理。如果不能达成协议的,根据物权公示公信原则,该不动产应归登记名义人所有。但对于共同还贷部分,不能单纯认定为债权债务关系,不仅要补偿非所有人一方共同还贷的部分,还要补偿该不动产的增值部分,以维护各方的利益。

【法律条文】

《婚姻法司法解释(三)》第十条 夫妻一方婚前签订不动产买卖合同,以个人财产支付首付款并在银行贷款,婚后用夫妻共同财产还贷,不动产登记于首付款支付方名下的,离婚时该不动产由双方协议处理。

依前款规定不能达成协议的,人民法院可以判决该不动产归产权登记一方,尚未归还的贷款为产权登记一方的个人债务。双方婚后共同还贷支付的款项及其相对应财产增值部分,离婚时应根据婚姻法第三十九条第一款规定的原则,由产权登记一方对另一方进行补偿。

【友情提示】

我们对《婚姻法》的理解不能拘泥于条文,还要掌握其精神。夫妻婚后购买的房产不能一概认定为夫妻共同财产,如果夫妻一方能够证明购房款的来源是其婚前个人财产,且所有权登记于个人名下,那么该房产应认定为一方婚前个人财产而非夫妻共同财产,否则会陷入一方用婚前财产在婚后购买房产后立刻"贬值"一半的怪圈,这也容易引发婚姻道德危机。

5. 夫妻闪婚闪离后,彩礼是否应返还?

【经典案例】

村民姚某(女)和刘某(男)虽在同村长大,但互不往来,后经家人安排见面相识并谈婚论嫁。按照农村的习俗,刘某给女方彩礼款8000元。收到彩礼两天后,二人闪电在民政局办理结婚登记。婚后二人一同到南方某工厂打工,生活在一起近三个月。共同生活期间,由于刘某患有男科疾病(阳痿),二人未发生性关系,刘某多次到医院治疗,但都没有效果。二人为此事经常发生争吵,且越吵越烈,关系日趋紧张。不堪忍受无性生活的姚某于是向刘某提出离婚,刘某表示同意,但要求妻子姚某返还8000元彩礼款。姚某认为两人都领了结婚证,还住在了一起,不同意返还,双方争执不下。一方以结婚为目的给付的彩礼款,结婚后还能要求另一方返还吗?

【案情重温】

根据《婚姻法司法解释（二）》第十条之规定，当事人请求返还按照习俗给付的彩礼的，如果查明属于以下情形的，人民法院应当予以支持：……（二）双方办理结婚登记手续但确未共同生活的。本案中，彩礼返还能否适用该情形关键在于对共同生活的认定。而关于共同生活如何认定，应以什么为标准的问题，目前我国法律尚无相关规定。根据立法本意一般理解为，共同生活应该是两个人真正走到一个家庭中，在经济上互相扶养、生活上互相照顾、精神上互相抚慰，为了共同的生活和发展而进行的各种活动。要求夫妻双方以共同生活为目的较为长期、稳定地生活在一起，要求双方事实居住在一起，共同承担生活的义务等。

【处理意见】

姚某和刘某婚后虽以夫妻名义一起生活，但考虑到其婚前相识时间短暂，婚后又未加深了解，共同生活时间较短，且一起生活期间无性生活，导致双方未建立起夫妻感情，因而不能认定姚某和刘某有共同生活。刘某诉求返还彩礼，应予以支持。

【法律条文】

《婚姻法司法解释（二）》第十条　当事人请求返还按照习俗给付的彩礼的，如果查明属于以下情形，人民法院应当予以支持：

（一）双方未办理结婚登记手续的；

（二）双方办理结婚登记手续但确未共同生活的；

（三）婚前给付并导致给付人生活困难的。

适用前款第（二）、（三）项的规定，应当以双方离婚为条件。

【友情提示】

从立法本意来看，认定共同生活时应包括以下几个方面：一是夫妻之间是否有共同生活目的；二是是否以一般夫妻共同生活的形式共同生活，并被公众认可其为夫妻；三是夫妻之间有无性生活；四是生活在一起时间是否达到一定长度；五是夫妻之间是否建立起夫妻感情。这五个方面必须综合考虑，缺一不可。

6. 因给付彩礼致给付人生活困难的,离婚时能要求返还彩礼吗?

【经典案例】

李某(男)与蔡某(女)于2011年4月建立恋爱关系,由于李某是再婚,蔡某是初婚,所以李某非常珍惜这段恋情。为了能迎娶娇妻,李某先后给蔡某彩礼共计4万元,为此也赢得了姑娘的芳心。2011年8月13日两人办理了登记结婚。其实,李某家境贫寒,不能维持正常生活,尚依靠单位给予经济帮助,4万元彩礼完全是从亲戚朋友处筹借的。婚后,蔡某嫌弃李某经济收入少,家庭条件差,并且当蔡某知悉李某因借彩礼钱而负债累累时,对李某不再有往日的温柔,双方矛盾也不断升级,相互不能容忍,甚至因感情不和分居两年多。蔡某不想继续跟李某过苦日子,于是向法院起诉要求与丈夫离婚。而丈夫李某直到离婚时,尚有3万多元彩礼钱未清偿,因经济陷入困难要求蔡某返还彩礼4万元。

【案情重温】

婚姻法规定因感情不和分居满二年的,如果调解无效,法院应准予离婚。本案中李某与蔡某因感情不和分居两年多,足以证明夫妻感情确已破裂,符合离婚的法定条件。彩礼,是男方以结婚为目的而向女方赠送的钱物,根据《婚姻法司法解释(二)》之规定,离婚后,婚前给付彩礼并导致给付人生活困难的,当事人请求返还彩礼的,人民法院应当予以支持。本案中,李某家庭经济状况原本就很差,给付彩礼后其生活更加困难,依靠个人财产无法维持当地基本生活水平。据此,应认为被告的这种生活状况,属于因给付彩礼导致生活困难的情形。

【处理意见】

彩礼是为达到结婚目的而为的赠与,虽然双方已经结婚,但离婚时,因赠送彩礼而让给付方生活困难的,根据公平合理原则,该彩礼应适当返还,以保证给付方维持基本生活水平。但该返还彩礼的请求,只能以双方离婚为适用前提。

【法律条文】

1.《婚姻法》第三十二条　男女一方要求离婚的,可由有关部门进行调解或直接向人民法院提出离婚诉讼。人民法院审理离婚案件,应当进行调解;如感情确已破裂,调解无效,应准予离婚。

有下列情形之一,调解无效的,应准予离婚:

(一) 重婚或有配偶者与他人同居的;

(二) 实施家庭暴力或虐待、遗弃家庭成员的;

(三) 有赌博、吸毒等恶习屡教不改的;

(四) 因感情不和分居满二年的;

……

2.《婚姻法司法解释(二)》第十条　当事人请求返还按照习俗给付的彩礼的,如果查明属于以下情形,人民法院应当予以支持:

(一) 双方未办理结婚登记手续的;

(二) 双方办理结婚登记手续但确未共同生活的;

(三) 婚前给付并导致给付人生活困难的。

适用前款第(二)、(三)项的规定,应当以双方离婚为条件。

【友情提示】

当引发彩礼纠纷时,当事人举证比较困难,一般需要提供生活困难的证据,以及所给付的礼金证据。一些地方实行的司法鉴证工作对解决此类问题有所帮助,即由基层司法所对婚约当事人双方的礼金进行司法鉴证,如果出现纠纷,当事人可以持司法鉴证书向人民法院举证彩礼情况。

7. 夫妻离婚时,如何确定知识产权收益?

【经典案例】

董某是一个爱好文学创作的青年,工作之余喜欢写网络小说。2009年3月,他创作的网络小说在网上发表,得到几家出版社的青睐。2009年7月董某与女同事陈某结婚。婚后,他开始与出版社协商,最终董某与北京一家出版社签订出版合同,将自己网络小说的版权以10万元的价格转让给该出版社。拿到稿费后,董某的创作热情更加浓厚。每天下班后,就埋头创作自己的新小说,经过半年多的努力,董某的第二部小说也创作完成了,并与浙江某出版社签订了出版合同。由于董某在创作上投入了太多的时间和精力,逐渐疏忽了妻子,两人感情出现了问题。2010年8月,妻子陈某向他提出了离婚。董某多次试图挽回,但是妻子态度坚决。同时,妻子提出董某在婚前发表网络小说的10万元稿费是婚后得到的,自己有权分割一半。此外,丈夫婚后创作完成的第二部小说,已经签订了出版合同。一旦支付稿费后,不管他们离婚与否,都应该作为共同财产分割。可是,董某不同意妻子的观点。他表示,为什么要将自己的知识产权收益作为夫妻财产来分割?第一部网络小说是他在婚前创作的,应该是他的婚前财产,而第二部小说的稿费他还没拿到,如果现在离婚,稿费就是他离婚后的财产,陈某都无权分割。

【案情重温】

知识产权的收益,是指由于智力成果而取得的一定财产性收益,是基于智力创造性活动所产生的由法律赋予知识产权所有人对其智力成果所享有的某些专有权利。本案争议的问题是:离婚时,对于知识产权的收益应如何分割?对于知识产权收益应认定为夫妻共有财产还是夫妻个人财产,关键是看知识产权收益取得的时间,根据《婚姻法司法解释(二)》第十二条规定,作为夫妻共有财产的知识产权的收益,是指婚姻关系存续期间,实际取得或者已经明确可以取得的财产性收益。本案中,第一部网络小说虽然是在婚前发表的,但稿费是在婚后实际取得的;第二部小说是在婚姻关系存续期间创作完成的,虽然还没有实际取得稿费,但是该作品已经签订了出版合同,是婚后已经明确可以取得的财产性收益。

【处理意见】

本案中,董某创作的第一部网络小说稿费是在婚姻关系存续期间取得的,应作为夫妻共同财产。第二部小说是在婚姻关系存续期间创作完成并签订了出版合同,其稿费在婚姻关系存续期间是已经明确可以取得的,尽管稿费要在离婚后才能实际取得,但也应属于夫妻共同财产。因此,李某在离婚时,对两部小说的知识产权收益都有权分割。

【法律条文】

《婚姻法司法解释(二)》第十二条 婚姻法第十七条第三项规定的"知识产权的收益",是指婚姻关系存续期间,实际取得或者已经明确可以取得的财产性收益。

【友情提示】

离婚时,知识产权收益的分割问题一直都是司法实践中存在的一个难题。离婚时,如果发生知识产权收益的归属纠纷,应当以该知识产权收益实际取得或者已经明确可以取得的时间点来界定,以准确划分夫妻个人财产或共同财产,保护婚姻当事人的合法权益。

8. 卖婚前旧房所得而购买的新房,离婚后该如何分割?

【经典案例】

原告老马与被告方女士于2009年7月经婚介所介绍认识,同年8月便登记结婚,当时二人都是再婚。早在1996年9月,原告老马就与前妻离婚,坐落在市中心区的一处房产判归老马所有。再婚后,老马对该处房产重新装修,因为该房屋装修不适宜居住,老马和方女士都暂时住在各自的子女家中,并未共同居住。考虑到郊区空气清新,环境污染少,为了两人的身体健康长寿,老马决定将装修好的房产旧房出售,然后用所得价款在郊区买一套新房。2010年12月市中心的房产装修完毕,老马以75万元的价格将其出售。为此,老马支付了中介费及契税共计1.3万余元。2011年2月,老马以60万元的价格在郊区购买了一套房产,房屋产权登记在老马个人名下。同年6月老马与方女士搬到郊区的新房里,开始了共同居住生活。同居之后,老马与方女士因生活习惯不同、性格不合等原因,经常发生争吵,一直分房居住。2012年4月,老马以夫妻感情已经破裂为由向法院诉请与方女士离婚。

【案情重温】

老马认为,虽然市郊区的房产在夫妻双方婚后购买,但是全部购房款来源于他出售婚前个人房产所得价款,方女士没有出资,该房产应视为老马婚前个人房产在形态上的转移、延续,不属于夫妻共同财产,方女士无权分割。方女士则认为,市郊区房产是他们双方在婚姻关系存续期间共同购买的,虽然登记在老马个人名下,但是应属于夫妻共同财产。且婚后老马的收入均是夫妻共同财产,使用老马账户中的款项购买的房产就应当视为夫妻共同财产。原市中心的房产虽为老马婚前个人财产,但是婚后夫妻双方对该房产进行装修,方女士对装修投入了3万元,原被告的财产在该房产上发生了混同。退一步说,在郊区的房产认定为老马个人财产的情况下,老马应当返还方女士对原市中心房产的装修款。

【处理意见】

市中心区的房产为老马与方女士结婚前的个人财产,虽然在婚后双方共同对其进行了装修,但装修并不能改变房屋的权属,该房产仍然是老马的个人财产。老马将其个人财产出售后,用所得售房款中的60万元购买了市郊区的房产,由于购房款来源于老马婚前的个人财产,用该房款购买的市郊区房产应视为老马婚前个人财产在形态上的转化和延续,仍然是其个人财产。市中心区房产的装修发生在原被告夫妻关系存续期间,装修的价值应视为夫妻共同财产。该房产在装修后出售,装修价值包含在售房款中,现售房款全部由老马占有,老马应返还方女士装修款3万元。

【法律条文】

《婚姻法司法解释(一)》第十九条 婚姻法第十八条规定为夫妻一方所有的财产,不因婚姻关系的延续而转化为夫妻共同财产。但当事人另有约定的除外。

【友情提示】

再婚夫妻一般在婚前都有各自不同的人生经历,积累下一定的个人财产,再婚后夫妻婚前财产与婚后财产容易发生转化与混同,因此再婚夫妻离婚时对夫妻共同财产的甄别与分割就尤为重要。夫妻婚后购买的房产不能一概认定为夫妻共同财产,如果夫妻一方能够证明购房款的来源是其婚前个人财产,且所有权登记于个人名下,那么该房产应认定为一方婚前个人财产在形态上的转化。

9. 夫妻离婚时,养老保险金如何分割?

1987年初,25岁的苏某(男)与23岁的李某(女)经人介绍相识,于1987年5月1日自愿登记结婚。婚后双方感情尚可,平平淡淡的日子偶尔也有磕磕碰碰的时候,但是夫妻两人都是床头打架床尾和,一直共同生活了二十多年。2010年以来,李某发现苏某举动异常、经常与其他女人联系,李某多次要求苏某解释清楚,但苏某都予以否认,双方因此经常吵闹。2012年6月份,苏某认为李某怀疑自己在外有第三者,是对自己的不信任,于是自行搬出另住。并以李某怀疑自己有第三者等原因导致矛盾产生,且双方缺乏沟通和谅解,影响了夫妻感情为由向法院起诉请求离婚。李某则认为:自己与苏某共同生活二十多年,感情一直很好。在这二十多年间,自己恪守妇道,任劳任怨,勤俭持家,为家庭付出了一切。而如今苏某却背叛家庭,让自己也没有了和他共同生活下去的勇气和意愿,遂同意离婚。但除了要求分割夫妻共有的两套房产以外,还要求分割苏某的养老保险金。苏某则认为,养老保险金是国家和社会在劳动者年老丧失劳动能力的情况下,为了使其老有所养、安度晚年而给予劳动者本人的经济帮助和社会保险,应属于个人财产,李某无权分割。

【案情重温】

本案中,苏某和李某都同意离婚,争议的问题是养老保险金的分割问题。养老保险金尽管具有人身依附性质,但其实质为职工工资的一部分,包括自己缴纳的部分及单位缴纳的部分,在经过一定年限或退休时按一定的标准领取,兼具储蓄和保障性,故仍属于共同财产。《婚姻法司法解释(三)》第十三条规定,离婚时夫妻一方尚未退休、不符合领取养老保险金条件,另一方请求按照夫妻共同财产分割养老保险金的,人民法院不予支持;婚后以夫妻共同财产缴付养老保险费,离婚时一方主张将养老金账户中婚姻关系存续期间个人实际缴付部分作为夫妻共同财产分割的,人民法院应予支持。

【处理意见】

本案中,因离婚时苏某尚未退休、不符合领取养老保险金条件,李某请求按照夫妻共同财产分割养老保险金的,人民法院不予支持;但苏某养老金账户中,实际缴费的金额可以作为夫妻共同财产予以分割。

【法律条文】

1.《婚姻法司法解释(二)》第十一条 婚姻关系存续期间,下列财产属于婚姻法第十七条规定的"其他应当归共同所有的财产":

(一)一方以个人财产投资取得的收益;

(二)男女双方实际取得或者应当取得的住房补贴、住房公积金;

(三)男女双方实际取得或者应当取得的养老保险金、破产安置补偿费。

2.《婚姻法司法解释(三)》第十三条 离婚时夫妻一方尚未退休、不符合领取养老保险金条件,另一方请求按照夫妻共同财产分割养老保险金的,人民法院不予支持;婚后以夫妻共同财产缴付养老保险费,离婚时一方主张将养老金账户中婚姻关系存续期间个人实际缴付部分作为夫妻共同财产分割的,人民法院应予支持。

【友情提示】

"男女双方实际取得或者应当取得的养老保险金",属于夫妻双方共同财产。然而,如果还没有达到退休年龄或者不符合领取养老保险金的条件,离婚时,一方主张将对方还没有取得或者根本就无法取得的养老保险金,作为"应得"的夫妻共有财产进行分配,是不公平的,甚至会削弱国家对公民基本的社会福利保障。

10. 以儿子名义买的房,夫妻离婚怎么分?

【经典案例】

因嫌过户麻烦,王林(化名)两口子购买新房时,直接写上10岁儿子的名字。

如今,王林正和妻子闹离婚,如何分割房产成了他最烦心的事情,"现在怎么才能改得回来?"

1990年某国有企业职工王林和同厂女工张红(均为化名)结婚。1993年,儿子出生。尽管两口子经常为日常生活琐事吵闹,但看在可爱的儿子面上,"火山"始终没有爆发。因工厂效益不好,夫妻俩一直蜗居在单位分的筒子楼里。看着长大的儿子,两人决定攒钱买房子。经过十年多的省吃俭用,终于攒下一笔积蓄。2005年两人倾其所有,在市区某楼盘购置了一套商品房。想到儿子已经十多岁了,以后这房子迟早都是他的,为避免过户麻烦以及减少税费,两口子购买新房时,直接写上10岁儿子的名字。他们当时自觉很聪明的决定,却给他们离婚时候带来了无尽的烦恼。因为从2006新房装修开始,王林和妻子张红的矛盾不断升级,最终导致这沉寂了十多年的"火山"终于爆发。王林一气之下向法院起诉离婚,并请求分割用夫妻共同财产购买,现登记在儿子名下的那套房产。

【案情重温】

房屋的产权以房产管理部门登记为准。本案中王林和张红以儿子的名义买房,意味着父母对儿子的赠与。赠与是赠与人把自己享有处分权的财物无偿地给予受赠人的行为。不动产经过办理登记即为实际交付履行,赠与关系成立。因此,他们的儿子是该房屋的产权所有人,该房屋不属于夫妻共同财产。作为儿子的监护人,父母除了为儿子的利益外,不得处理儿子的财产。本案中,因为父母离婚并不是为了儿子的利益,因此父母也不能随意处分属于儿子所有的这套房屋。

【处理意见】

本案中王林和张红用夫妻共同财产购买的房子,因登记在儿子名下,该房子应属于儿子所有。王林要求分割的房产,现在已经成为其儿子的个人财产,是不能作为夫妻共同财产分割的。

【法律条文】

1.《物权法》第九条　不动产物权的设立、变更、转让和消灭,经依法登记,发生效力;未经登记,不发生效力,但法律另有规定的除外。

2.《民法通则》第十八条　监护人应当履行监护职责,保护被监护人的人身、财产及其他合法权益,除为被监护人的利益外,不得处理被监护人的财产。

【友情提示】

近年来,父母以未成年子女名义购房的越来越多,然而父母登记在未成年子女名下的房屋,不能随意转让。在父母只能作为未成年子女的监护人的情况下,为了未成年人的利益,如身患重大疾病、出国留学等,才能代理子女处分该房产,房产部门一般要求提供合法的证据(如对有关事项进行公证)。

11. 婚后关于婚前财产约定的保证书有效吗?

【经典案例】

2008年6月,吴某(男)与雷某(女)经人介绍认识,于同年9月办理了结婚登记,约定农历腊月16日按农村习俗举行婚礼。吴某虽然对雷某疼爱有加、倍加呵护,但临近结婚时,吴某却仍玩兴不减,责任心不强。为了约束吴某的放纵行为以及保持婚姻的稳定,雷某要吴某在婚前约定财产分割事项并写下保证书。内容为:如果婚后吴某继续放纵,不尽丈夫职责导致离婚的,则吴某婚前的一栋房屋及其他财产的一半必须分给雷某。在双方签名盖章该保证书后,雷某就如同吃了一颗定心丸。本想到吴某结婚后会收敛自己的行为,哪知道这丝毫不影响吴某对玩的热情。吴某还是经常在外玩到深夜才回家,完全丧失家庭责任感。雷某苦苦相劝多次均无效果,致使双方矛盾激化,经常争吵,夫妻感情逐渐淡薄。2012年6月,雷某向法院起诉离婚,庭审中雷某出示了分割财产协议及吴某的保证书,并请求法庭予以确认。吴某则认为,该保证书是在雷某以结婚为要挟的条件下,自己被迫签订的,该财产约定的保证书无效。

【案情重温】

我国《婚姻法》规定的夫妻财产制包括法定夫妻共同财产制和约定夫妻共同财产制,夫妻之间可以通过协议约定确定财产的权属问题,其主要特征就是在遵循法律规定的前提下,夫妻之间真实的意思表示。本案中,吴某与雷某婚前写下保证书对财产归属进行一定的约定,属于夫妻约定财产制的内容,受法律的保护,因而该保证书具有法律效力。同时,吴某在写下保证书之前具有选择权,他可以选择不写保证书,也可以选择不与雷某结婚,吴某明知该保证书对他具有重大的利益关系,最后为了实现自己的结婚利益而选择了写,却放弃了不写,所以吴某是自愿为之的,并不存在受胁迫而为的情形。

【处理意见】

该保证书是双方当事人在法律范围内,根据意思自治原则对婚前财产作出的约定,属于合法有效的行为。当前,随着社会的发展,夫妻约定财产制终将达到与法定财产制同等重要的地位,因而司法实践中,应该从自愿、平等原则出发,充分尊重当事人的意思自治,以体现法律最大限度维护当事人财产权益的重大价值。

【法律条文】

《婚姻法》第十九条 夫妻可以约定婚姻关系存续期间所得的财产以及婚前财产归各自所有、共同所有或部分各自所有、部分共同所有。约定应当采用书面形式。没有约定或约定不明确的,适用本法第十七条、第十八条的规定。

【友情提示】

约定婚前财产的保证书是双方对离婚后财产的分割所做的事先安排。该约定不能有违反和规避法律的内容,否则,会导致该约定无效。

12. 签离婚协议后未登记离婚,该离婚协议还有效吗?

【经典案例】

大龄单身青年吕某(男)与王某(女)在一次朋友的生日宴会上一见钟情,不想再次错过婚姻的两人闪电般结婚。婚后,吕某发现妻子王某就像变了一个人似的,再也找不到当初恋爱的感觉,常因家庭琐事发生矛盾。在一次激烈争吵后,双方决定协议离婚,并签订了离婚协议。协议约定,双方去婚姻登记机关办理离婚登记,夫妻共同财产中,市价40万元的住房归王某所有,家庭银行存款20万元归吕某所有。在冷静了一段时间后,夫妻双方又重归于好,两人就没有再去办理离婚登记手续,不过,离婚协议被心机较重的王某保留了下来。一年后,双方矛盾再次激化。在协议离婚未果的情况下,吕某向法院诉请离婚,要求平均分割夫妻共同财产。王某则以双方一年前签订的财产分割协议为据,要求财产分割应按此离婚协议的内容执行。

【案情重温】

《婚姻法司法解释(三)》第十四条规定:"当事人达成的以登记离婚或者到人民法院协议离婚为条件的财产分割协议,如果双方协议离婚未成,一方在离婚诉讼中反悔的,人民法院应当认定该财产分割协议没有生效,并根据实际情况依法对夫妻共同财产进行分割。"本案中,吕某与王某当初是在争吵后打算协议离婚时签订了这份协议,而后双方和好,并未解除婚姻关系。如果该离婚协议是附延缓条件的合同,条件成立时,合同才生效,而该条件是未到婚姻登记机关办理离婚手续。因此,在双方未能办理离婚登记的情况下,离婚协议所附条件并未成立,该离婚协议还没有生效,对夫妻双方均不产生法律约束力。

【处理意见】

吕某与王某打算协议离婚时签订的离婚协议,因未解除婚姻关系而不能生效。在之后吕某向法院起诉与王某解除婚姻关系时,离婚协议不能作为人民法院处理离婚案件和分割夫妻共同财产的直接依据。如果当事人一方采用诉讼离婚途径,则只能适用诉讼离婚的一般规则,即是否准予离婚、财产如何分割、子女抚养归属确定等,均需适用《婚姻法》的相关规定。事先达成的离婚协议因为未生效,不能成为当事人诉请履行的依据。

【法律条文】

1. 《民法通则》第六十二条 民事法律行为可以附条件,附条件的民事法律行为在符合所附条件时生效。

2. 《婚姻法司法解释(三)》第十四条 当事人达成的以登记离婚或者到人民法院协议离婚为条件的财产分割协议,如果双方协议离婚未成,一方在离婚诉讼中反悔的,人民法院应当认定该财产分割协议没有生效,并根据实际情况依法对夫妻共同财产进行分割。

🏠 【友情提示】

　　办理离婚登记前签订的离婚协议，因未离婚而不能生效，法院不能把离婚协议作为民事判决的依据，但该协议在诉讼离婚中仍具有一定的证据效力，对当事人的感情状况及财产状况等有一定的证明效力，所以日常生活中应注意保留这些证据。

13. 婚姻期间所得住房补贴都是共同财产吗？

🔍 【经典案例】

　　彭某于1997年3月在某企业上班，在1998年出差途中认识了在另一城市上班的王某，双方相谈甚欢，一见如故。在双方的交往过程中，彭某表示出对王某的爱恋，王某也认为彭某为人还不错。虽然两人的工作地点相距甚远，但这丝毫不影响两人互定终身的决定，于是两人在2002年12月登记结婚，婚后无子女。2004年3月，彭某工作的企业按照七年工龄发给彭某住房补贴49654.26元。因为两人婚后长期两地分居，恋爱中曾经不在乎的事情，在婚后却变成两人之间无法逾越的鸿沟，导致感情逐渐淡漠。2008年两人决定好聚好散，协商离婚，终因财产分割问题，而不能达成协议。2009年1月，彭某向法院提起离婚诉讼，要求与王某离婚。王某同意离婚，但要求分割彭某的住房补贴49654.26元。彭某认为住房补贴属于单位福利，而且也是自己婚前应当取得的，应属于个人所有，不同意分割该财产。

📁 【案情重温】

　　由于住房补贴、住房公积金一般由国家、单位和个人三方按照一定比例定期缴纳，职工只有达到规定的条件才能领取，因此，本条中的"实际取得"指的是夫妻双方已经拿到手中实际控制的这部分资金，而"应当取得"指的是根据规定已经确定最终会得到只因未达到领取条件而暂时没有拿到手中的那部分资金。在离婚时具体处理住房补贴问题时，首先应严格区分款项取得于婚前还是婚后,离婚时分割的只是婚姻关系存续期间的住房补贴。在具体操作上,可以先计算出双方婚姻关系存续期间所得的住房补贴总额,再按照比例分割。

【处理意见】

具体到本案,彭某所在企业根据七年工龄发给住房补贴款49654.26元,其中有部分(42560.79元)系彭某婚前财产,应归其个人所有,另一部分即彭某、王某婚后一年应得部分(7093.47元)属于夫妻共同所有,只有这一年的住房补贴属于夫妻共同财产。

【法律条文】

《婚姻法司法解释(二)》第十一条 婚姻关系存续期间,下列财产属于婚姻法第十七条规定的"其他应当归共同所有的财产":

(一)一方以个人财产投资取得的收益;

(二)男女双方实际取得或者应当取得的住房补贴、住房公积金;

……

【友情提示】

所谓"住房补贴",是指单位停止住房实物分配后,采取货币分配方式,向职工发放的用于住房消费的专项资金。目前,行政机关和事业单位已经实施,企业根据自身的条件参照执行。单位发给职工住房补贴资金时,要注意保留发放时间的证据,以便发生财产纠纷时以此来确定该财产的归属。

14. 离婚时隐匿财产,离婚后发现的可要求再次分割吗?

【经典案例】

2003年6月邓某与丈夫黄某因婚前感情基础薄弱,婚后感情不和,双方协议离婚。离婚当时对各自名下的财产进行了分割,其中分割了包括某信托投资公司登记在黄某名下的财产共10万元。2005年8月离婚两年后,邓某经与前夫黄某一起做生意的朋友的好意提醒下,通过调查发现了前夫黄某在该信托投资公司的财产总额实际为30万元,而不仅仅只有10万元。于是,邓某在同年10月向法院提起诉讼,声称离婚时,黄某故意隐瞒了另外20万元信托财产,该财产应为夫妻共同财产,因此要求依法分割剩余的20万元财产。但前夫黄某认为双方在离婚时已经分割了10万元的信托财产,另外20万元的信托财产是朋友的,而且从2003年6月双方离婚到2005年10月邓某向法院起诉分割该财产,已经超过了两年的诉讼时效,不应该得到法律的支持。

【案情重温】

本案中虽然邓某与黄某协议离婚时已经分割了黄某认可的10万元信托投资财产,事后邓某发现了黄某隐瞒的另外20万元夫妻共同财产,虽然黄某辩称这20万元为朋友所有,但无相应的证据证明,只能认定为夫妻共同财产,因离婚时未对该财产进行分割,邓某有权在离婚后向人民法院起诉要求再次分割该财产。另外,根据《婚姻法司法解释(一)》第三十一条规定:"当事人依据婚姻法第四十七条的规定向人民法院提起诉讼,请求再次分割夫妻共同财产的诉讼时效为两年,从当事人发现之次日起计算。"

【处理意见】

本案中邓某虽然与黄某是在2003年6月离婚,但邓某是在2005年8月才发现了尚未分割的夫妻财产,所以应从2005年8月开始计算,邓某还有两年的诉讼时效,故邓某在2005年10月向法院起诉并没有超过诉讼时效,仍可以从其发现未分割财产之次日起两年内向法院请求重新分割该财产。

【法律条文】

1.《婚姻法》第四十七条 离婚时,一方隐藏、转移、变卖、毁损夫妻共同财产,或伪造债务企图侵占另一方财产的,分割夫妻共同财产时,对隐藏、转移、变卖、毁损夫妻共同财产或伪造债务的一方,可以少分或不分。离婚后,另一方发现有上述行为的,可以向人民法院提起诉讼,请求再次分割夫妻共同财产……

2.《婚姻法司法解释(一)》第三十一条 当事人依据婚姻法第四十七条的规定向人民法院提起诉讼,请求再次分割夫妻共同财产的诉讼时效为两年,从当事人发现之次日起计算。

【友情提示】

夫妻离婚时,一般由双方向法庭提供证据证明现时可供分割的财产,当事人及其诉讼代理人确实因客观因素无法获取财产证据时,可提供基本财产信息,申请法院调查取证。离婚时没有分割的财产,离婚后可要求再次分割。

15. 离婚时,一方隐藏、转移财产怎么处理?

【经典案例】

1996年,女青年常某与邻村的刘某以夫妻名义同居,次年补办结婚登记。10年后,因感情不和,女方常某向法院起诉离婚。2006年7月12日,法院开庭审理此案,庭审中,常某否认手中有存款。同年8月,法院判决准许离婚,并对查明的财产进行了分割。之后于同年11月,男方刘某察觉,在2006年7月13日,也就是离婚案开庭的第二天,前妻常某将原先存于某银行的6笔定期存款共计16780元提前支取。刘某认为,这6笔存款属夫妻共同财产,在先前的离婚案中并未进行分割。于是在2007年3月,刘某向法院起诉,要求对前妻隐藏、转移的6笔定期存款重新分割。常某却认为,这些存款是自己打工挣来的,属个人财产,不应进行分割。

【案情重温】

因双方未对婚姻关系存续期间所得财产的归属问题进行约定,故在婚姻关系存续期间所获得的正当收入,均应属共同财产。本案中,常某在离婚案审理中否认有存款,又在庭审次日暗自将6笔定期存款提前支取。常某将夫妻共同财产独自占有、拒绝分割给刘某的行为,侵害了刘某的合法权益,属隐匿、转移夫妻共同财产的行为。

【处理意见】

按照我国婚姻法的相关规定,离婚后,一方发现另一方有隐藏、转移、变卖、毁损夫妻共同财产的行为,可以向人民法院提起诉讼,请求再次分割夫妻共同财产。女方隐藏夫妻共同财产有过错,这样的行为可以少分或不分财产。法院遂判决男方分得1万元,女方分得6780元,并让女方承担相关诉讼费用。

【法律条文】

《婚姻法》第四十七条 离婚时,一方隐藏、转移、变卖、毁损夫妻共同财产,或伪造债务企图侵占另一方财产的,分割夫妻共同财产时,对隐藏、转移、变卖、毁损夫妻共同财产或伪造债务的一方,可以少分或不分。离婚后,另一方发现有上述行为的,可以向人民法院提起诉讼,请求再次分割夫妻共同财产……

【友情提示】

离婚诉讼前一方为了防止另一方故意转移、隐匿、毁损夫妻共同财产,一方面要注意收集能证明夫妻共同财产的证据,另一方面可向法院申请财产保全,在预感另一方有可能转移隐匿财产时,要及时向婚姻方面的专业人士寻求法律帮助,以保护自己的合法财产权益。

16. 该房屋到底是赠与还是买卖?

【经典案例】

林大爷和黄婆婆是某县农村一对普通的老夫妻,膝下二女一子。20世纪60年代,夫妻俩在宅基地上建起了平房。1997年12月,两位老人的儿子小林与梁某自由恋爱并登记结婚。婚后,小两口感情一直较好。孙女的出生更为这个四口之家带来欢声笑语,但也使得仅有一层的老房子更显拥挤。林大爷和妻子琢磨,反正这份家业迟早也是儿子的,干脆现在一并转给儿子。考虑到房产赠与手续繁多,一家人决定以买卖的名义办理房产过户。2000年1月18日,林大爷夫妻以3.6万元的价格以买卖名义将房产过户到儿子小林名下,实际并无资金往来。2000年4月到8月期间,小林对房屋加建,林大爷也出资6.3万余元购买建材。2001年3月20日,小林拿到了两层半楼房的房产证。2009年,梁某发现丈夫小林与婚外异性长期保持不正当关系。两人随后开始争吵,夫妻关系坠入冰点。2010年4月20日,梁某向法院起诉离婚,以小林对婚姻不忠以及恶意转移财产为由,请求法院判决包括林某二老的房产在内共计70万元资产归其所有。

【案情重温】

本案离婚财产纠纷案中,争议焦点是涉案房屋转让的性质是买卖,还是赠与?由于该案涉案房屋转让发生在小林与梁某婚姻存续期间,该定性会影响争议房屋所有权的归属。林大爷夫妇为简化房屋过户手续,选择以买卖的名义过户给儿子,事实上并未有任何资金来往,因而应认定是林大爷夫妇的赠与行为。根据《婚姻法司法解释(三)》第七条规定,婚后由一方父母出资为子女购买的不动产,产权登记在出资人子女名下的,视为只对自己子女一方的赠与。因争议房屋已过户于小林名下,则该房屋应属于小林的个人财产。小林夫妻后来共同对涉案房屋进行加建,加建部分应视为两人的共有财产。老林出资支付了部分建房材料款,但其未明确表示该出资仅是赠与给其子小林个人,则应视为对小林与梁某的共同赠与。

【处理意见】

鉴于小林是导致夫妻离婚的过错方,且存在恶意转移夫妻共同财产的行为,故应根据其过错及照顾女方原则,确定对于加建部分按3:7的比例(男方占30%,女方占70%)进行分割。结合房屋具有不可分割性、房屋现由小林及其父母共同居住等客观因素,最终裁决该房屋归小林所有,由小林向梁某支付房屋补偿款9万多元。

【法律条文】

《婚姻法司法解释(三)》第七条　婚后由一方父母出资为子女购买的不动产,产权登记在出资人子女名下的,可按照婚姻法第十八条第(三)项的规定,视为只对自己子女一方的赠与,该不动产应认定为夫妻一方的个人财产。

【友情提示】

在我国农村普遍流行以低于市场价的买卖为名将房产转给儿子的做法,这虽然能避免了赠与的烦琐手续,但也存在一定的法律风险,由于房产证上明确写明是以买卖所得,老人必须举证证明房屋名为买卖实为赠与,而此举证又是非常困难的,往往会因为举证不能,导致法院认定属于儿子、媳妇的夫妻共同财产。

17. 离婚时双方对尚未取得所有权的房屋应如何处理?

【经典案例】

田女士与赵先生于1997年登记结婚,婚后育有一女。双方因感情不和于2005年调解离婚。在双方婚姻关系存续期间,赵先生单位分配住房两套,该两套住房是在田女士与赵先生婚姻关系存续期间,计算双方工龄后以成本价购买的。在双方离婚时,两套房屋的所有权均未发放,无法进行分割。为了解决这个问题,离婚时两人口头约定,上述两套房屋待房屋所有权证下发后再进行分割。现田女士得知两套房屋的所有权证已经下发,要求分割其中的一套住房,赵先生不同意。赵先生称,他们在婚姻关系存续期间共有三套房屋,要求分割的这两套房产是单位卖给他的,另外一套是田女士与赵先生在婚姻关系存续期间,田女士单位分配给她的。该房现由田女士承租并实际使用居住。离婚时自己没有要求分割田女士的这套房屋,田女士现也无权分割自己单位分配的两套房屋。

【案情重温】

此问题涉及在离婚时,如果当时没有取得房产证,在取得房产证时如何分割的问题?首先,田女士与赵先生两人协议离婚时,房屋的所有权还没有取得,因此根据法律的规定,由于没有取得所有权,不能判决房屋所有权的归属,当事人对前款规定的房屋取得完全所有权后有争议的,可以另行向人民法院诉讼。因此,可以在取得所有权证后对房产进行分割。

【处理意见】

本案中,赵先生单位分配的两套住房由于是在婚姻关系存续期间计算双方的工龄后购买的,因此应当按照夫妻共同财产进行分割。由于离婚时双方对该房屋尚未取得所有权,人民法院不宜判决房屋所有权的归属,应当根据实际情况判决由当事人使用。对于赵先生主张的田女士承租的单位房屋,田女士只有承租权,没有所有权,故不能主张分割。

【法律条文】

《婚姻法司法解释(二)》第二十一条 离婚时双方对尚未取得所有权或者尚未取得完全所有权的房屋有争议且协商不成的,人民法院不宜判决房屋所有权的归属,应当根据实际情况判决由当事人使用。

【友情提示】

在实践中经常遇到夫妻有共同使用权但无完全所有权的房屋类型,离婚时如果双方能够就房产的归属问题协商一致,则依协议;如果双方不能协商一致,而通过法院起诉解决,则由于该房屋尚未取得产权证,因此法院不会就房产的归属作出判决。在取得房产证后,再单独就房产分割问题向人民法院起诉,法院届时会对该房产的归属作出判决。

18. 离婚时,夫妻一方名下的有限责任公司的股权应如何分割?

【经典案例】

2010年4月,翟某与黄某经人介绍相识后结婚,婚后翟某为发展自己的事业,决定利用自己的客户资源和专业爱好,开设一家餐饮公司。因为开公司需要一定的注册资本,手头资金不是很充裕的翟某便想到让母亲邓某一起投资。于是在2010年8月,翟某与母亲邓某共同设立某餐饮有限责任公司,邓某持有该公司80%的股权,翟某持有20%的股权。由于公司成立后业务非常繁忙,翟某一心扑在自己的生意上,无暇顾及家庭,对妻子黄某也逐渐冷落。2010年11月,翟某与黄某协议离婚,离婚协议约定:"某餐饮有限责任公司中男方翟某名下20%的股权,女方分得10%"。该协议签订后,某餐饮有限责任公司尚未形成股权变更的股东会议决定,也未进行过股权变更登记。2011年2月,在黄某起诉翟某要求将某餐饮有限责任公司10%(黄某注明价值3万元)的股权变更至黄某名下时,大股东邓某才知悉股权转让的事实。后邓某将翟某、黄某起诉至法院,要求确认二者签订的离婚协议中就某餐饮有限责任公司10%股权转让约定无效。

【案情重温】

涉及分割夫妻共同财产中以一方名义在有限责任公司的出资额,另一方不是该公司股东的,该股权仍应作为夫妻共同财产,在夫妻双方离婚时当然可以分割。但有限责任公司具有人合性质,夫妻分割夫妻共同财产时,不应侵犯其他股东的优先购买权。本案某餐饮有限责任公司作为依法成立的公司,其股东与公司之间、股东之间的权利义务关系应受到公司法以及公司章程的约束。根据公司法的规定,有限责任公司股东之间可以自由转让股权,但对外转让股权应受到限制。本案中翟某要将自己持有的10%的股权分割给妻子黄某,而黄某并不是公司股东,对外转让应当经其他股东过半数同意。应就其股权转让事项书面通知其他股东征求同意,其他股东自接到书面通知之日起满三十日未答复的,视为同意转让。其他股东半数以上不同意转让的,不同意的股东应当购买该转让的股权;不购买的,视为同意转让。因此,翟某在转让公司股权时,应征得其他股东过半数同意,并通知其他股东,保证股东的优先购买权。

【处理意见】

本案中,翟某与黄某在离婚协议中,约定女方黄某分得某餐饮有限责任公司10%的股权,其实质是将股权转让给不具有股东身份的第三人,在此情况下,作为股东的邓某享有在同等条件下的优先购买权,但翟某并未通知邓某转让股权的事实,也未征得邓某同意,侵犯了邓某的优先购买权,违反了公司法以及公司章程的相关规定,应依法认定股权转让行为无效。同时,邓某请求得到法院支持的另一个关键因素是,邓某曾起诉过翟某要求办理10%的股权的过户手续,并认可该10%的股权对应价格为3万元人民币,且邓某在庭审过程中,明确表明愿意以3万元的价格购买分割给黄某的股权,进而确定了优先购买的"同等条件"。

【法律条文】

1.《中华人民共和国公司法》(简称《公司法》,后同)第七十二条 有限责任公司的股东之间可以相互转让其全部或者部分股权。股东向股东以外的人转让股权,应当经其他股东过半数同意……

2.《婚姻法司法解释(二)》第十六条 人民法院审理离婚案件,涉及分割夫妻共同财产中以一方名义在有限责任公司的出资额,另一方不是该公司股东的,按以下情形分别处理:(一)夫妻双方协商一致将出资额部分或者全部转让给该股东的配偶,过半数股东同意、其他股东明确表示放弃优先购买权的,该股东的配偶可以成为该公司股东……

【友情提示】

当夫妻共同财产是有限责任公司的股权时,夫妻双方在离婚分割股权时一定要注意通知其他股东,并确认其他股东是否行使优先购买权,否则,签订的离婚协议会因侵犯其他股东的优先购买权而被确认无效,引发不必要的纠纷。

19. 离婚时,夫妻共有的股票应如何分割?

【经典案例】

2006年文某(男)与蒋某(女)经人介绍相识后建立恋爱关系,2007年8月28日双方办理结婚登记手续。2008年9月,文某用婚后两人的积蓄以个人名义与张某等五人发起设立某股份有限公司,其中文某出资40万元,占有公司40%的股份。公司成立后,经营状况良好,每年都有盈利。因文某与蒋某婚前相识时间短,彼此缺乏深入了解,性格不合,常因家庭琐事产生矛盾,双方自2009年2月开始分居。2010年4月初,蒋某以夫妻感情破裂为由向法院提起诉讼,请求与丈夫文某离婚,并要求对文某所持有的某股份有限公司40%的股票进行分割。文某表示不同意,认为公司是以自己的名义与朋友共同成立的,妻子蒋某从未参与公司的经营管理,不同意分割自己所持有的股票。

【案情重温】

本案中,文某设立某股份有限公司的40万元出资来源于夫妻共同财产,文某将这40万元钱投资到公司取得40%的股份,该股份以及由股份所得的收益则应属于夫妻共同财产,即使蒋某从未参与公司的经营管理,也不影响该股份属于夫妻共同财产的性质。法院在审理该类案件时,应尽量争取当事人双方协商解决,如协商不成或按市价分配有困难的,可以根据数量按比例分配。而且,对于法律法规限制转让的股票或股份,人民法院不宜分割处理,可告知当事人在符合转让条件后,再向人民法院起诉进行分割。

✏️ 【处理意见】

蒋某有权要求分割丈夫文某持有的某股份有限公司40%的股票,如果按市价分配有困难的,人民法院可以根据数量按比例分配。

📋 【法律条文】

《婚姻法司法解释(二)》第十五条 夫妻双方分割共同财产中的股票、债券、投资基金份额等有价证券以及未上市股份有限公司股份时,协商不成或者按市价分配有困难的,人民法院可以根据数量按比例分配。

🏠 【友情提示】

股票作为一种有价证券,它代表一定价值、一定数额的财产。在夫妻关系存续期间,除另有约定外,以一方名义购买的股票,应属于夫妻共同财产。因此,在夫妻离婚时,股票应和夫妻其他财产一起予以分割。但是,股票所代表的这部分财产有其特有的属性,决定其在分割时也有其特点。

20. 离婚时,以夫妻一方名义投资的个人独资企业应如何分割?

🔍 【经典案例】

原告谢某(男)与被告尹某(女)于2000年登记结婚。2002年,谢某以其个人名义出资10万设立了一家独资企业,该企业的经营范围是儿童服装和玩具。由于产品设计新颖、质量上乘,投入市场就引起良好的反响,深受家长和儿童的喜爱,销路一直不错,每年都有盈利,到2009年底该独资企业的实力和规模都上了一个新的台阶,其产品在市场上也占有不错的份额。2010年,谢某与尹某因感情不和协议离婚,因双方经过多年的企业经营积累了丰厚的财产,在分割夫妻共同财产时,夫妻两人对其他共同财产的分割没有争议,主要是对独资企业的分割争议较大,因为该独资企业效益不错,双方均想取得该企业的经营权,两人对此相持不下。为解决纠纷,谢某现起诉至法院,法院该如何判决?

【案情重温】

夫或妻以一方个人名义用夫妻共同财产作为个人出资设立的个人独资企业,性质上仍然属于夫妻共同财产。但是,由于夫妻双方在知识经验、管理能力、兴趣爱好等方面的差异,这种以夫妻共同财产投资的个人独资企业实际上是处于夫或妻一方的经营控制下。当离婚时,应当按照以下情形分别处理:1.一方主张经营该企业的,对企业资产进行评估后,由取得企业一方给予另一方相应的补偿;2.双方均主张经营该企业的,在双方竞价基础上,由取得企业的一方给予另一方相应的补偿;3.双方均不愿意经营该企业的,按照《中华人民共和国个人独资企业法》(简称《个人独资企业法》,后同)等有关规定办理。

【处理意见】

本案中,因为谢某和尹某均主张经营该个人独资企业,由夫妻双方进行竞价,在双方竞价的基础上,考虑双方当事人对企业的经营能力、专业知识、工作兴趣等因素,由取得企业的一方给予另一方相应的补偿。

【法律条文】

《婚姻法司法解释(二)》第十八条 夫妻以一方名义投资设立独资企业的,人民法院分割夫妻在该独资企业中的共同财产时,应当按照以下情形分别处理:

(一)一方主张经营该企业的,对企业资产进行评估后,由取得企业一方给予另一方相应的补偿;

(二)双方均主张经营该企业的,在双方竞价基础上,由取得企业的一方给予另一方相应的补偿;

(三)双方均不愿意经营该企业的,按照《中华人民共和国个人独资企业法》等有关规定办理。

【友情提示】

夫或妻以一方个人名义用夫妻共同财产作为个人出资设立的个人独资企业,虽然《个人独资企业法》规定投资人对个人独资企业拥有财产所有权,但是根据夫妻之间的特殊家事代理关系及法律赋予的夫妻对家庭财产的平等处分权特点,这种个人独资企业仍应认定为夫妻共同财产。

第五编

婚姻赔偿纠纷处理指南

1. 一方在婚姻关系存续期间遭受家庭暴力,能否要求婚内赔偿?

【经典案例】

程某(女)与朱某(男)均系某国有企业的技术工人。两人由于工作接触频繁,互有好感,2003年两人建立了恋爱关系。因为朱某出身农村,脾气暴躁,程某父母一直反对两人结婚。直到2009年8月,两人才偷偷办理了结婚登记手续。结婚初期,夫妻感情较好,但随着时间的流逝,热恋激情渐渐退去,夫妻生活日趋平淡,经常为琐事发生口角。程某从小身体不好,结婚后,一直由父母为其煎药的事便转移给了朱某。朱某内心的不满与日俱增,甚至辱骂、殴打妻子。程某碍于面子,一直不向外透露生活实情,忍辱负重。一天,同事告诉程某,朱某可能有外遇。程某回家后便质问朱某,却遭到了朱某的殴打直至被朱某重重推到墙角倒地昏迷。程某为此在医院进行了输液、缝针等治疗,花费医疗费近千元。伤愈后,程某将丈夫起诉至法院,要求其赔偿医疗费900元、误工损失费300元、交通费30元及精神损害赔偿金3000元,合计4230元。

【案情重温】

根据《婚姻法司法解释(一)》第二十九条第三款规定:"在婚姻关系存续期间,当事人不起诉离婚而单独依据该条(指《婚姻法》第四十六条)规定提起损害赔偿请求的,人民法院不予受理。"程某起诉朱某殴打致伤,要求其赔偿损失,因为双方的婚姻关系仍在存续期间,她未提出离婚诉讼请求,单独起诉民事损害赔偿请求,不符合起诉条件,裁定驳回起诉。

【处理意见】

构成婚姻过错赔偿,应该具备四种要件:1.存在《婚姻法》第四十六条规定的四种情形之一的侵权行为;2.该四种情形的侵权行为是一方的过错;3.侵权行为与损害事实有因果关系;4.还要具备一项特殊的要件——离婚。因此,在不离婚的情况下单独提起损害赔偿,是不能得到法律支持的。

【法律条文】

《婚姻法司法解释(一)》第二十九条 承担婚姻法第四十六条规定的损害赔偿责任的主体,为离婚诉讼当事人中无过错方的配偶。人民法院判决不准离婚的案件,对于当事人基于婚姻法第四十六条提出的损害赔偿请求,不予支持。在婚姻关系存续期间,当事人不起诉离婚而单独依据该条规定提起损害赔偿请求的,人民法院不予受理。

【友情提示】

法律不支持夫妻之间婚内损害赔偿,并不是否认对当事人的一切救济措施。当事人可到公安机关报案,依法追究侵害者的刑事责任。也可以提起离婚诉讼,追究侵害者的民事赔偿责任。当然,除了运用追究施暴配偶方的法律责任这一刚性武器外,也可采取调解、所在单位批评教育等柔性方式,以缓和家庭矛盾。

2. 丈夫对妻子实施家庭暴力,妻子要求离婚并索赔能否获准?

【经典案例】

林某(男)与郑某(女)于2004年10月结婚。由于林某与郑某恋爱时间很短,双方缺乏深入了解。婚后,林某一改婚前温顺体贴的性格,经常因一些家庭琐事或酗酒后对郑某大打出手。2005年11月23日的晚上,林某喝酒后再次对郑某进行疯狂殴打,将她打得遍体鳞伤直至昏厥过去。在床上休养了近一个星期,郑某的伤痛才痊愈。两家的亲朋好友对林某酗酒殴打妻子的恶行给予严厉谴责和批评,但林某却置若罔闻。之后,只要他心中稍有不快,就依然对郑某施暴。郑某每天过着如地狱般的生活,不堪忍受之际离家出走。在朋友的劝说下,郑某决定与林某离婚,结束这段令人恐怖的婚姻。2006年1月3日,郑某与林某达成离婚协议,并到婚姻登记机关办理了离婚手续。2006年1月16日,郑某以在婚姻存续期间,林某对其实施家庭暴力,使其身心遭受巨大创伤为由,向法院起诉,要求林某赔偿精神损害抚慰金1万元。林某接到法院的应诉通知书后,感到很惊讶:既然已经协议离婚,何来精神损害赔偿? 所以林某拒绝赔偿精神损失抚慰金1万元。

【案情重温】

《婚姻法司法解释(二)》第二十七条规定,当事人在婚姻登记机关办理离婚登记手续后,以婚姻法第四十六条规定为由向人民法院提出损害赔偿请求的,人民法院应当受理。但当事人在协议离婚时已经明确表示放弃该项请求,或者在办理离婚登记手续一年后提出的,不予支持。本案中林某在婚姻存续期间,对郑某实施家庭暴力的行为,导致婚姻解体,林某存在很大过错。尽管双方已经协议离婚,但在离婚协议中郑某并没有明确放弃损害赔偿请求权,其起诉的时候也没有超过一年的除斥期,其诉讼请求应予得到支持。

【处理意见】

实施家庭暴力行为是法院判决离婚的情形之一,该行为不仅给受害方造成身体损害,还会造成一定程度的精神损害,因此,可要求过错方给予一定的精神损害赔偿,并在财产分割时适当多分。但家庭暴力具有极大的隐蔽性,因此取证比较困难,受到家庭暴力一定要勇敢地说出来,并保留好证据,并在离婚时或者办理离婚登记后一年内提出该赔偿请求权。

【法律条文】

1.《婚姻法》第四十六条　有下列情形之一,导致离婚的,无过错方有权请求损害赔偿:

(一) 重婚的;

(二) 有配偶者与他人同居的;

(三) 实施家庭暴力的……

2.《婚姻法司法解释(二)》第二十七条　当事人在婚姻登记机关办理离婚登记手续后,以婚姻法第四十六条规定为由向人民法院提出损害赔偿请求的,人民法院应当受理。

【友情提示】

家庭暴力受害者要增强法制意识,在遭受家庭暴力时,应及时与公安、妇联、街道办事处等部门取得联系,并积极寻求周围目击者的帮助,同时保护好事故现场和涉案证据,以作为日后维护自己的合法权益的有力证据。如果伤情严重需到医院就诊,还应保存医疗机构出具的诊断证明、病历等相关证据。事后还应注意在法律规定的期间内及时提出索赔请求。

3. 判决离婚后妻子能否要求前夫赔偿?

【经典案例】

陈某与丈夫黄某于1999年结婚,婚后生有一子。2002年8月,陈某发现丈夫有了外遇,并在外租房与第三者同居。知道丈夫不忠行为的陈某回家后,与丈夫黄某大吵了一架。黄某见事情败露,也不想再维持婚姻关系,便要求与陈某离婚,但陈女士不甘心自己苦心经营的家庭就这样散了,对婚姻生活还抱有幻想和留恋,坚决不同意离婚。2003年元旦过后,去意已决的黄某向法院提起诉讼,要求与陈某离婚。经过法院审理,判决二人离婚,儿子由黄某抚养。收到离婚判决书的三天后,陈女士忽然想起,法院在审理地夫妻二人离婚过程中,审判人员曾经告诉过她,可以要求有过错的黄某予以损害赔偿,可当时陈女士并未主张。在目前情况下,陈女士还能否找前夫要求赔偿?

【案情重温】

人民法院受理离婚案件时,应当将婚姻法第四十六条等规定中当事人的有关权利义务,书面告知当事人。也就是无过错方请求过错方赔偿的权利是法定的。从本案中可以看出,是因陈女士的丈夫黄某与第三者同居,才导致他们的婚姻破裂,陈女士作为离婚案件中的无过错一方,完全有权向黄某提出损害赔偿的要求。在目前情况下,因为作为无过错方的陈女士成为了离婚案件的被告,而陈女士在一审中既不同意离婚,也未向有过错的原告提起损害赔偿请求,那么在收到一审判决之后,陈女士才想到法院告知请求丈夫黄某赔偿的权利,该权利是可以得到救济的。

【处理意见】

无过错方作为被告的离婚诉讼案件,一审时被告未基于婚姻法第四十六条规定提出损害赔偿请求,如果判决未生效可以在二审期间提出,人民法院应当进行调解,调解不成的,告知当事人在离婚后一年内另行起诉;如果判决已经生效,则只能在离婚后一年内另行提起诉讼。

【法律条文】

《婚姻法司法解释(一)》第三十条 人民法院受理离婚案件时,应当将婚姻法第四十六条等规定中当事人的有关权利义务,书面告知当事人。在适用婚姻法第四十六条时,应当区分以下不同情况:

(一)符合婚姻法第四十六条规定的无过错方作为原告基于该条规定向人民法院提起损害赔偿请求的,必须在离婚诉讼的同时提出。

(二)符合婚姻法第四十六条规定的无过错方作为被告的离婚诉讼案件,如果被告不同意离婚也不基于该条规定提起损害赔偿请求的,可以在离婚后一年内就此单独提起诉讼。

(三)无过错方作为被告的离婚诉讼案件,一审时被告未基于婚姻法第四十六条规定提出损害赔偿请求,二审期间提出的,人民法院应当进行调解,调解不成的,告知当事人在离婚后一年内另行起诉。

【友情提示】

无过错方作为原告基于离婚过错规定向人民法院提起损害赔偿请求的,必须在离婚诉讼的同时提出,否则,就会丧失请求权。但是无过错方作为被告在庭审时未提出赔偿请求的,还有其他可救济的途径。所以,提醒大家注意维权的时效性,避免维权失败。

4. 妻子擅自流产,丈夫能否以侵犯生育权为由要求赔偿?

【经典案例】

宁某(男)和余某(女)于2008年夏天登记结婚,婚后生活一直很美满。两人都有很强的事业心,想在事业上有所成就,因此一直没有要孩子的打算。妻子余某时任某上市公司高管,为了不影响自己的事业,更是以各种理由不想生孩子。2010年7月,余某告诉宁某自己意外有了身孕,这让已近中年的宁某顿时惊喜万分,然而余某单位正好有一次派驻国外总部工作的机会,余某不想放弃。于是在同年的9月,余某在未与丈夫宁某商量的情况下,擅自去医院做了终止妊娠的手术。当知道妻子做了人流手术后,宁某万念俱灰,非常生气,于2010年10月宁某向法院提起诉讼,认为余某的行为侵犯了自己的生育权,要求妻子余某向自己赔礼道歉,并支付精神损害抚慰金3万元。

【案情重温】

男女的生育权是平等的,但对于女性来说,生育权的实现在于自身的人身权,对于男性来说,其生育权的实现只能取决于配偶一方。《妇女权益保障法》明确规定,妇女有按照国家有关规定生育子女的权利,也有不生育的自由。该条规定不但在实务上明确了妻子堕胎不会侵犯丈夫的生育权,而且在法律上也使生育权是人格权的观点得以确立,使女性在家庭中的法律地位得到进一步提高。

【处理意见】

《婚姻法司法解释(三)》第九条规定,夫以妻擅自中止妊娠侵犯其生育权为由请求损害赔偿的,人民法院不予支持。因此,本案中,妻子余某有选择是否生育的自由,妻子怀孕后是否生育,应由妇女本人决定。余某在怀孕后,未经丈夫宁某同意而去医院打掉胎儿,不构成侵犯宁某的生育权。

【法律条文】

《婚姻法司法解释(三)》第九条 夫以妻擅自中止妊娠侵犯其生育权为由请求损害赔偿的,人民法院不予支持;夫妻双方因是否生育发生纠纷,致使感情确已破裂,一方请求离婚的,人民法院经调解无效,应依照婚姻法第三十二条第三款第(五)项的规定处理。

【友情提示】

夫妻之间有平等的生育权,当夫妻双方因生育权而发生冲突时,应首先保护女方的生育权。如果夫有生育愿望,但妻子不同意而产生重大分歧,致使感情破裂的,可请求法院判决离婚。

5. 离婚后发现丈夫以前"包二奶",还能要求赔偿吗?

【经典案例】

钟某(男)与胡某(女)于2007年结婚后,争吵不断,感情逐步恶化。胡某感到丈夫不愿意再和自己共同生活,便提出和钟某离婚,哪知这正合钟某的心意。2009年11月,双方就孩子抚养、财产分割等问题达成协议,事后到民政部门办理了离婚手续。离婚后不久,胡某听说前夫钟某与一个年轻女子结婚了,且现在已怀孕7个月。将信将疑的胡某找到钟某质问,他承认在离婚前就与该女子同居,并说离婚已成事实,胡某无权再过问。胡某知道真相后非常生气,觉得这一切都是前夫钟某事先设好的圈套,自己被骗走的不仅是感情,还有自己的青春。这时朋友告诉她可以起诉前夫要求精神损害赔偿,于是,胡某于2010年3月向法院提起诉讼,要求钟某赔偿3万元。

【案情重温】

《婚姻法》第四十六条虽然规定了有四种过错情形之一时,无过错方有权请求损害赔偿,但是该条也明确规定了既要有此类过错存在,同时还必须是因此类过错而导致离婚。因此,离婚时就知道对方存在这些过错情形是适用婚姻法第四十六条的前提。《婚姻法司法解释(二)》第二十七条规定的目的是考虑到协议离婚途径中婚姻登记机关没有义务告知当事人婚姻法第四十六条的规定,当事人对自己享有的权利可能不够了解,为了更好地保护无过错方而作了不同于诉讼离婚的规定,放宽了对无过错方的要求,允许其在离婚后一年内单独就损害赔偿问题提起诉讼,但这是有条件的,要求当事人在离婚时必须知道自己是否是过错方,必须知道对方有无过错情形。如果在协议离婚后才发现对方原来曾存在过错情形而向人民法院提起损害赔偿请求的,人民法院依法不能支持当事人的诉讼请求。

【处理意见】

就本案而言,胡某在和丈夫钟某协议离婚时并不知道丈夫在离婚前和其他女性同居的事实,钟某的过错不是导致两人离婚的直接原因,不能适用婚姻法第四十六条过错赔偿的情形。因此,即使胡某在离婚后一年内提出损害赔偿请求,人民法院也不会支持其诉讼请求。

📋【法律条文】

《婚姻法司法解释(二)》第二十七条 当事人在婚姻登记机关办理离婚登记手续后,以婚姻法第四十六条规定为由向人民法院提出损害赔偿请求的,人民法院应当受理。但当事人在协议离婚时已经明确表示放弃该项请求,或者在办理离婚登记手续一年后提出的,不予支持。

🏠【友情提示】

司法实践中,无过错方要求过错方赔偿的条件是,过错是离婚的直接原因,如果离婚后才知道对方是有过错的,则不能要求损害赔偿,但是离婚时知道对方有过错,当时没有提出赔偿请求的,可在办理离婚登记手续后一年内提出。

6. 无过错方离婚时应给予丧失劳动能力的过错方适当帮助吗?

🔍【经典案例】

1996年2月,原告赖某、被告刘某办理登记结婚,同年生育一子。原被告婚后夫妻关系一度尚可。1999年6月12日,赖某发现刘某有外遇,夫妻间发生争吵。刘某作出书面保证,承诺此后不再与第三者往来,并请求赖某谅解。2004年9月26日,刘某因驾驶摩托车发生车祸跌伤致残。在刘某住院治疗期间,赖某查阅刘某2002年、2003年的日记时,发现刘某仍与第三者保持不正当关系,遂导致夫妻矛盾激化。2005年3月12日,赖某向法院起诉要求与刘某离婚。经刘某申请,法医对其劳动能力及生活自理能力作出鉴定结论:"被鉴定人刘某颅内血肿、脑外伤后综合征诊断成立,目前已完全丧失劳动能力及生活自理能力。"法院经审理,判决驳回赖某要求离婚的诉讼请求。之后,刘某被接回其父母处居住,一直与赖某分居生活,互不履行夫妻义务。2006年7月29日,赖某再次起诉要求与刘某离婚。被告刘某辩称,"我现在丧失了劳动能力和生活自理能力,且无经济来源、生活困难。故赖某应当依法给予经济帮助。"

【案情重温】

《婚姻法》第四十二条规定:"夫妻离婚时,如一方生活困难,另一方应从其住房等个人财产中给予适当帮助。具体办法由双方协议;协议不成时,由人民法院判决。"本案中刘某虽然有重大过错,但由于刘某目前无生活自理能力,且无经济来源,生活困难,因此,为了能够妥善安置其生活,根据我国《婚姻法》的规定,应由赖某酌情给予刘某一定的经济帮助,数额则应当结合赖某个人的给付能力、当地平均生活水平等因素综合考虑,酌情确定。不能将离婚过错责任运用到一方生活困难时,另一方应当给予适当帮助的场合。

【处理意见】

刘某确已丧失劳动能力,又无经济来源,显然符合生活困难这一标准,因此,赖某应当依法给予刘某适当帮助。当然,如果赖某有个人财产,则应当首先考虑以其个人财产给予刘某适当帮助;在没有个人财产时,可以采取金钱给付的方式。

【法律条文】

1.《婚姻法》第四十二条 夫妻离婚时,如一方生活困难,另一方应从其住房等个人财产中给予适当帮助。具体办法由双方协议;协议不成时,由人民法院判决。

2.《婚姻法司法解释(一)》第二十七条 婚姻法第四十二条所称"一方生活困难",是指依靠个人财产和离婚时分得的财产无法维持当地基本生活水平……

【友情提示】

一方生活困难,另一方应从其住房等个人财产中给予帮助。一方离婚后没有住处的,属于生活困难。离婚时,一方以个人财产中的住房对生活困难者进行帮助的形式,可以是房屋的居住权或者房屋的所有权。此外,给予帮助并非是当事人的法定义务,更多地含有扶危济困的道德内容,因此只能是"适当"的帮助。

7. 儿子非亲生,妻子拒做亲子鉴定,男方离婚能索赔吗?

【经典案例】

2000年大龄男青年何某经人介绍与李女士认识,两人接触一段时间后感觉比较投缘,于2001年登记结婚。婚后妻子生下儿子,何某中年喜得贵子,对儿子倍加呵护。但当儿子长到4岁后,何某及周围邻居都发现孩子长得一点都不像自己,开始何某也没当回事,但说的人多了,他自己也开始留意,发现这个聪明调皮的儿子的确长得越来越不像自己了。2008年3月,何某一咬牙,委托法大法庭科学技术鉴定研究所做了一个亲子鉴定。虽然有了心理准备,但鉴定结果还是让他大吃一惊,继而感到羞辱和愤怒,因为鉴定结论上赫然写着:何某不是儿子的生物学父亲。2012年3月,李某起诉至法院,以夫妻感情破裂要求与何某离婚。被告何某在答辩中称,同意与原告李某离婚,但在结婚时支付给李某的礼金31600元、婚后给李某买保险支付的10000元、李某生产住院支付医疗费3757元以及鉴定费2388元,共计47745元应由李某赔偿给自己,并提交了相关证据。李某表示认可。何某还提出离婚是因李某与他人生育一子,要求李某支付5万元精神损害抚慰金。李某对鉴定结论不予认可,认为是何某单方委托的,没有法律效力。针对李某的辩解,法院组织双方再做亲子鉴定,李某拒绝。

【案情重温】

本案中,何某遭受的精神损害存在两方面的因素:一方面,儿子出生后,何某完全当亲生孩子抚养,为孩子的成长付出了真心与心血,与孩子建立了深厚的感情,一旦知道真相后,对其精神的伤害是难以承受的;另一方面,妻子李某对丈夫感情的不忠和欺骗,严重违反夫妻间的忠实义务,极大地伤害了何某的感情,应当以金钱赔偿方式对何某的精神损害给予抚慰。

【处理意见】

本案男方单方面委托做的亲子鉴定,但鉴定出自权威机构,且女方拒绝再做亲子鉴定,故人民法院可以推定请求确认亲子关系不存在一方的主张成立,即何某不是李女士所生儿子的亲生父亲。因此,法院对原告提出离婚诉讼请求予以支持。在赔偿方面,女方在主观上存在欺骗何某的意图,并在婚姻关系中存在较大过错,法院支持男方要求的精神损害抚慰金请求,但将赔偿数额降低为10000元。

【法律条文】

1.《婚姻法》第四条 夫妻应当互相忠实,互相尊重;家庭成员间应当敬老爱幼,互相帮助,维护平等、和睦、文明的婚姻家庭关系。

2.《婚姻法司法解释(三)》第二条 夫妻一方向人民法院起诉请求确认亲子关系不存在,并已提供必要证据予以证明,另一方没有相反证据又拒绝做亲子鉴定的,人民法院可以推定请求确认亲子关系不存在一方的主张成立……

【友情提示】

在现实生活中自己付出太多精力和情感抚育的孩子,但经过亲子鉴定后却为非己亲生的,除了可以要求精神损害赔偿外,还可以要求补偿为孩子支付的抚养费,但是对于孩子日常生活中的花销很难取证,因此确定孩子抚养费成为一个非常关键的问题。

8. 对非亲生子女尽抚养义务后,能要求赔偿吗?

【经典案例】

周某(女)与白某(男)短暂相识后于2007年6月登记结婚,其实周某在认识白某之前,一直爱着初恋情人徐某,后因徐某出国留学,两人的关系才渐渐冷却,最终因距离的遥远而导致分手。为了减轻对前男友的爱意和思念,周某才在负气之下迅速与白某结婚。但在与白某结婚之前,周某和前男友徐某曾发生过多次婚前性行为。2008年4月周某生下一子白甲。后因周某仍无法忘记优秀的前男友,不能容忍白某在工作上的不思进取,并对白某的脾气和行为越来越反感,导致夫妻感情破裂。周某于2009年1月21日向法院提起离婚诉讼,同年9月30日被法院判决准予离婚。诉讼期间,周某对白甲进行亲子鉴定,结论认为前男友徐某与白甲之间存在亲生血缘关系。2009年10月白某得知事情真相,认为周某和徐某欺骗了自己的感情,因为自己一直把白甲当作自己的亲生儿子对待,为此付出不少的金钱和精力,于是2009年11月白某提起诉讼,要求周某、徐某共同赔偿其抚育费损失2万元、精神损害赔偿金5万元。

【案情重温】

周某在婚前与徐某发生婚前性行为导致怀孕并生育一子。周某与白某结婚后直至双方离婚前,周某隐瞒了与徐某性行为的事实,从而使白某在与周某婚姻存续期间履行了法律上应当由徐某履行的抚养义务,使得周某与徐某少支付了抚养白甲的费用,而使白某的财产直接减少,故周某与徐某的获利没有法律或约定的根据,应属不当得利。另外,周、徐两人的婚前性行为,既未违反法律明文设定的义务,也未违反法律基本原则。因此,两人的婚前性行为不属侵权行为,也不存在过错,不应承担侵权责任。白某的精神损害赔偿请求也就不应得到法院的支持。

【处理意见】

据此,一审法院依照民法通则的有关规定判决:1.周某、徐某赔偿白某抚育费人民币8633元;周某、徐某互负连带清偿责任。2.驳回白某要求周某、徐某赔偿精神损失费的诉讼请求。

【法律条文】

1.《民法通则》第九十二条 没有合法根据,取得不当利益,造成他人损失的,应当将取得的不当利益返还受损失的人。

2.《侵权责任法》第六条 行为人因过错侵害他人民事权益,应当承担侵权责任……

【友情提示】

不当得利,是指没有法律或约定上的根据,有损于他人而自己获得利益。不当得利之债的成立须具备一定的条件:(一)必须是一方受益; (二)使他方利益受到损害;(三)受益和受损之间存在因果关系;(四)受益没有合法根据。

9. 离婚协议探望时间,拒绝探望能要求赔偿违约金吗?

【经典案例】

2006年9月,丁某(女)与杨某(男)在某区民政局登记结婚,婚后一年丁某生育一个女儿。由于杨某封建思想严重,多次催促丁某生育二胎。按照当地的计划生育法规,还可以再生一胎,不久,丁某再次怀孕,生下来的果真是个男孩。虽然杨某心愿满足了,但是夫妻二人在子女的抚养和教育问题上分歧很大,经常为这些事吵闹打架。2011年3月两人协议自愿解除婚姻关系,杨某为了争得对子女的抚养权,提出一定会配合丁某对孩子的探视权利,为了让丁某放心,杨某还反复强调自己一定会履行协助丁某行使探望权的义务,否则将支付给丁某违约金。得到对方保证后,丁某做出了让步,让杨某取得了对两个孩子的抚养权。但是丁某考虑到口头承诺没有法律效力,为了约束双方的行为,方便以后取证,杨某和丁某友好协商,签订了有关对子女探望权的书面协议。协议中明确约定:婚生的两个子女随杨某生活,丁某有权探望子女,且每月探望时间不少于4天,若杨某不让探望,则应向丁某支付违约金1万元。离婚后,杨某多次拒绝丁某探望子女的要求因探望子女问题而与丁某经常发生矛盾。丁某遂向法院起诉,要求杨某按协议约定的探望方式协助行使探望权,并支付违约金1万元。

【案情重温】

离婚后,不直接抚养子女的父或母,有探望子女的权利,另一方有协助的义务。探望权系法定权利,原告丁某主张的探望权及要求被告杨某给予协助的诉讼请求予以支持。双方为完全民事行为能力人,签订离婚协议是其真实意思表示,不违反法律强行性和禁止性规定,因此双方签订的协议应确认有效。双方对婚生子女的探视方式及违约情形有明确约定,根据婚姻法的立法精神,在处理探视子女问题时应以双方约定优先。

【处理意见】

本案中被告杨某未按照协议约定履行协助原告丁某行使探望权的义务,

已构成双方约定的违约情形,故对原告的违约金请求予以支持,但考虑到当地的经济状况及被告的经济条件,酌情予以减少,故判令被告杨某协助原告丁某行使探望权,探望方式按照离婚协议书约定;被告杨某支付违约金5000元。宣判后,双方均未提出上诉。

📋 【法律条文】

《婚姻法》第三十八条 离婚后,不直接抚养子女的父或母,有探望子女的权利,另一方有协助的义务。行使探望权利的方式、时间由当事人协议;协议不成时,由人民法院判决……

🏠 【友情提示】

离婚后不与子女共同生活的一方,为了保证另一方能协助履行探望的义务,可以通过订立违约金条款的协议来约束对方。但是这样的做法也不是万能的,可能会在一定程度上伤害彼此原本已经很脆弱的情感纽带。

10. 离婚时妻子放弃继承权,丈夫能索赔吗?

🔍 【经典案例】

2001年文某(女)与严某(男)登记结婚。2008年3月文某的父亲因病去世,去世时在市内留下一套100多平方米的住房,文某的母亲健在。文某是家里的独女,她和她的母亲是这套住房的合法继承人。由于这套房子还由文某的母亲一直居住着,所以她们没有对继承的这处房产进行分割。因为文某和严某长期感情不和,2010年7月8日,严某向法院起诉离婚,17日文某即去公证处做了公证,明确表示放弃继承父亲遗留下的房产。2010年8月3日双方经法院调解离婚。离婚后,严某认为该套住房本应是夫妻存续期间继承的,文某放弃继承权的行为侵害了自己的权利,"她放弃继承房产损害了我的利益,我难道不能跟她讨回一点损失吗?"因此,严某虽然和文某离了婚,可严某对妻子擅自放弃继承权的行为却耿耿于怀,一有空闲就纠缠着前妻文某,要让文某补偿自己的损失,而文某却毫不理会,甚至觉得他是无理取闹、贪图便宜。于是2010年9月严某向法院起诉,请求确认前妻放弃继承权的行为无效,并对争议房产进行分割以赔偿自己的损失。

【案情重温】

作为继承人的文某放弃对父亲遗产的继承权,是她对自己权利的合法处分,无须取得配偶的同意。如果文某接受继承,则在夫妻关系存续期间取得的遗产份额应当作为夫妻共同财产,在离婚时严某是可以请求分割的。但分割的前提是文某必须同意接受该遗产。文某有权独立决定接受遗产,还是放弃遗产,这种处分权不受具有丈夫身份的严某限制,相反,丈夫如果坚持要继承该遗产,则是越权行为。

【处理意见】

文某放弃继承权的行为,虽然会影响到丈夫严某可以分割的夫妻共同财产的数额,但这涉及的仅是文某对自己权利的处分,不存在文某不履行对丈夫的法定义务,属于合法有效的民事行为,应驳回原告的诉讼请求。

【法律条文】

《中华人民共和国继承法》(简称《继承法》,后同)第二十五条 继承开始后,继承人放弃继承的,应当在遗产处理前,作出放弃继承的表示,没有表示的,视为接受继承。

【友情提示】

夫妻关系存续期间,任何一方都可以放弃对被继承人遗产的继承权,继承权是与继承人的人身有密切联系的一项权利,他人无权干预,但是一定要在遗产分割前,作出放弃继承的表示。如果是在遗产分割之后才表示放弃的,则放弃的是对分割所得遗产的所有权,而不是继承权。

11. AA制夫妻离婚后，配偶一方可以要求另一方经济补偿吗？

【经典案例】

2003年朱某（女）与王某（男）登记结婚，由于结婚当时双方都经营着自己的事业，为了保持各自经济上的独立性，双方约定婚后各自的收入归各自所有。婚后生活还算甜蜜，一年后又生育了一个小孩。为了能全心照顾孩子，朱某辞去了工作，一改往日女强人的形象，一心扑在照顾孩子和家庭上，还把患病的婆婆接到家里细心照顾。由于朱某完全被家务缠身，没有精力打扮自己，终日的操劳使朱某渐渐失去往日的光彩。相反，丈夫王某有妻子在背后的大力支持，事业上取得了巨大成功，升职为公司的副总裁，还聘任了一名年轻漂亮的女秘书。春风得意的王某遇到了心有所图的女秘书，两人的关系也渐渐从工作关系发展为情人。在女秘书的软磨硬泡下，王某在2008年为这个女秘书买了一套房子，开始和她同居。2009年3月朱某发现丈夫已经在外与情人同居达一年多，想到自己多年的付出竟是这样的不堪，多年的积怨让朱某无法忍受丈夫对自己的背叛，于是在同年4月向法院起诉离婚，要求分割丈夫购置的财产，给予一定的经济补偿，并因为丈夫的过错给予精神损害赔偿。

【案情重温】

根据《婚姻法》第四十条规定："夫妻书面约定婚姻关系存续期间所得的财产归各自所有，一方因抚育子女、照料老人、协助另一方工作等付出较多义务的，离婚时有权向另一方请求补偿，另一方应当予以补偿。"由于本案中，朱某与王某有夫妻关于婚姻存续期间所得的财产归各自所有的约定，离婚分割财产时应依约定。妻子朱某辞去工作，毫无怨言地为孩子和家庭牺牲，丈夫事业有成，此时一旦离婚，如果只能按约定财产各归各，那么朱某除了自己的个人财产和孩子外，将一无所有，这样的结局对于付出牺牲的一方是极为不公平的。为使得广大妇女的家务劳动和默默奉献在离婚时转化为适当的物质补偿，法律应支持朱某向丈夫提出经济补偿的要求。

【处理意见】

因为朱某与王某约定财产各自所有,所以朱某要求分割婚后丈夫购置财产的要求不能得到法院支持,但是朱某因抚育子女、照料老人、协助另一方工作等付出较多义务的,离婚时有权向王某请求补偿,同时,因为王某的过错导致离婚,朱某作为无过错方还可以要求王某给予精神损害赔偿。

【法律条文】

《婚姻法》第四十条 夫妻书面约定婚姻关系存续期间所得的财产归各自所有,一方因抚育子女、照料老人、协助另一方工作等付出较多义务的,离婚时有权向另一方请求补偿,另一方应当予以补偿。

【友情提示】

法律承认家务劳动是有社会价值的,从事较多家务劳动的一方对创造家庭财产进行了无形的投入,这对于保护从事较多家务劳动的女方或男方的合法权益都是有意义的。家庭中因从事家务劳动付出较多义务的一方如果要求对方给予经济补偿,应当在离婚时提出,一旦离婚后,该项权利就不再存在了。

12. 婚内保证赔偿是否具有法律效力?

【经典案例】

2009年1月底,妻子彭某在查看丈夫罗某QQ聊天记录时,发现丈夫和一个女性的裸体视频聊天截图,还有很多肉麻的留言。为此,彭某与罗某发生打闹后跑回娘家。一连几天罗某打电话妻子都不接。起初,罗某觉得自己又没有做对不起妻子的事情,妻子跑回娘家太小题大做了。但经过几天冷静思考后,罗某意识到自己确实不应该精神出轨,也不应该打妻子,愧疚之下,决定诚心向妻子赔礼道歉,并去接妻子回家。但彭某及其父母、兄弟要求罗某认错并书面保证"如今后再欺打彭某,罗某自愿赔偿彭某2万元",否则就不让彭某跟罗某回去,还要把他和别人的裸体聊天视频发布出去。罗某迫于无奈,只好按彭某及其亲属的意思作了保证,并修改多次至彭某及其亲属满意为止。2010年2月18日双方再次发生吵闹,罗某无法控制自己的情绪,狠狠地踢了彭某一脚,让没有任何防备的彭某重重摔倒在地,当场昏过去。在亲友的指责和劝解下,罗某为了表明痛改前非的决心,写了第二份保证书"如再次与彭某发生打架现象,彭某可以对罗某罚款3万元"。2012年3月9日,双方又发生打闹,随后彭某向法院起诉离婚,并请求罗某按保证书承诺赔偿3万元。彭某的赔偿请求能得到法律支持吗?

【案情重温】

彭某的赔偿请求能否得到法律支持,取决于罗某所写的婚内赔偿保证书是否有效。根据我国《民法通则》规定,一方以欺诈、胁迫的手段或者乘人之危,使对方在违背真实意思的情况下所为的民事行为,属于无效民事行为,从行为开始就没有法律约束力。同时,以给公民及其亲友的生命健康、荣誉、名誉、财产等造成损害,或者以给法人的荣誉、名誉、财产等造成损害为要挟,迫使对方作出违背真实的意思表示的,可以认定为胁迫行为。本案罗某到彭某娘家接人,而彭某及其父母、兄弟以不让彭某回去和发布罗某的裸体聊天视频相要挟,迫使罗某违背其真实意思而作保证书,承诺赔偿2万元,其应认定为胁迫行为而无效。另外,按照我国的法律规定,公民个人是没有罚款的权力,只有那些经过法律、法规或者规章授权的行政机关或部门才有罚款的权力,所以彭某无权对罗某罚款,而罗某自愿受罚款3万元的承诺也无效。

【处理意见】

由于罗某写的两份保证书都是无效的,所以彭某要求罗某赔偿3万元的请求不能得到法律的支持。但是如果能证明罗某的行为构成家庭暴力,则彭某可在离婚的同时,根据婚姻法的规定,要求有过错的罗某给予赔偿。

【法律条文】

1.《民法通则》第五十八条 下列民事行为无效:

(一)无民事行为能力人实施的;

(二)限制民事行为能力人依法不能独立实施的;

(三)一方以欺诈、胁迫的手段或者乘人之危,使对方在违背真实意思的情况下所为的……

2.最高人民法院《关于贯彻执行＜中华人民共和国民法通则＞若干问题的意见》第六十九条 以给公民及其亲友的生命健康、荣誉、名誉、财产等造成损害,或者以给法人的荣誉、名誉、财产等造成损害为要挟,迫使对方作出违背真实的意思表示的,可以认定为胁迫行为。

【友情提示】

婚内保证赔偿如果是夫妻双方真实的意思表示,并且不违反法律、法规的禁止性规定,该保证就是有效的,夫妻双方应该遵守。但如果夫妻一方是在欺诈、胁迫、乘人之危等情形下作出的保证,则因违背了当事人的真实意思而无效。

13. 婚姻保证协议书能否作为赔偿依据?

【经典案例】

2006年春天,楚某与宋某在一次春游活动中相识,经过一年的交往两人终于确定了关系,并于2007年6月办理了结婚登记。在领取结婚证的第二天晚上,双方想到目前离婚率很高,为了保证彼此能不离不弃、白头偕老,提高婚姻的保险系数,宋某提出签订一份婚姻保证协议书,以约束双方的行为,增强婚姻的保鲜度,楚某也深有同感,于是两人一拍即合。双方在协议书中约定:"彼此要相互关心爱护,精心呵护这份感情,永远相伴相依。如果任何一方提出离婚,都要向另一方赔偿20万元,并于离婚当日付清。"婚后两年,在该协议的提醒和约束下,两人还能在产生矛盾后控制情绪,心平气和地分析原因,及时沟通并解决矛盾。但两年后,两人也渐渐漠视该协议的存在,矛盾和怨气日积月累,终于爆发了一次次的夫妻大战,宋某在又一次的家庭战争后,毅然向法院提起离婚诉讼。楚某在成为被告后,却提出要求宋某按协议规定向自己赔偿20万元。

【案情重温】

《婚姻法》第二条规定,实行婚姻自由、一夫一妻、男女平等的婚姻制度。而婚姻自由既包括结婚自由,也包括了离婚自由。这是法律的强制性、禁止性规定,任何人不得违反。而约定婚姻保证赔偿金的实质是用金钱的方式把双方限制在婚姻关系内,以协议方式限制对方的离婚自由。本案中宋某和楚某的协议将婚姻永续、不得离婚作为赔偿条件,无疑为夫妻任何一方的离婚自由设置了障碍。

【处理意见】

本案中,楚某和宋某的婚姻保证协议违反了我国法律关于婚姻自由的基本原则,也侵犯了夫妻任何一方应享有的人身自由权,所以该协议无效,不能作为离婚时的赔偿依据。

【法律条文】

1.《宪法》第三十七条 中华人民共和国公民的人身自由不受侵犯。

2.《婚姻法》第二条 实行婚姻自由、一夫一妻、男女平等的婚姻制度。

【友情提示】

在夫妻感情确已破裂的情形下,离婚是对双方最好的解脱。如果不幸的婚姻,一定要用协议来勉强维持,并将一方提出离婚作为向另一方赔偿的条件,不仅是对人身自由的极大损害,更是对我国婚姻自由制度的挑衅。

14. 丈夫偷查妻子话费单,妻子能否以侵害隐私权要求赔偿?

【经典案例】

2002年10月37岁的李某与比自己小15岁的妻子程某登记结婚。婚后一个月,李某发现妻子程某经常背着自己打电话。每天晚饭后,程某都以散步为由外出。有次雨下得特别大,程某仍要外出散步,李某悄悄跟踪,却发现妻子竟躲在楼下打手机!一次,李某半夜醒来,竟发现妻子躲在被窝里用手机发短信!因对妻子程某的行为产生了怀疑,李某拿着自己及妻子的身份证原件、两人的结婚证原件来到了某通讯公司,并按照电信服务业的行业习惯书写了曾经与妻子手机通话的5个电话号码,该通讯公司办理了程某手机号码的密码修改业务,并提供给李某新密码。在取得了妻子的手机号密码后,李某通过营业厅内的自助查询设备打印了妻子手机号码2002年11月的用户账单。经比对,发现程某与一个手机号码联系频繁,经核实,机主为男性。李某强忍心中的怒火等待妻子回家向他摊牌。晚上8点程某刚进家门,李某就把电话账单往门口一摔,让妻子解释她与那男子的关系。见自己的通话记录居然被丈夫打印出来,程某气得浑身发抖,第二天便以侵犯隐私权为由,将丈夫推上了被告席,并要求赔偿精神损害抚慰金5万元。

【案情重温】

本案争议的焦点就是婚内夫妻个人隐私权与配偶知情权的冲突问题,那么,丈夫偷查妻子话费清单是否侵犯了对方的隐私权?夫妻关系是一种特殊的民事法律关系,在这种法律关系中,双方当事人都对对方的相关信息享有一定的知情权。同时,夫妻双方作为独立的民事主体,都享有隐私权,任何一方都无权侵犯对方的隐私权,更不得以自己应该享有知情权为由侵犯对方的隐私权。然而,对配偶隐私权的保护并非毫无限制,《婚姻法》中明文规定夫妻之间有相互忠实的义务。本案中,李某对程某反常行为的怀疑符合配偶身份的自然反应,李某有权知道自己作为配偶所享有的专属身份利益是否受到威胁或侵犯。且李某在获悉清单的内容后并没有散布或丑化,其所获取的信息在其配偶身份的合理知情权范围之内,并没有超过必要的限度。

【处理意见】

本案中,李某获取用户通话清单的手段虽然不合法,但其所获取的信息属其合理知情范围。李某的违法行为所指向的并非程某的隐私权。因此,李某擅自变更程某手机密码、调取用户账单的行为并不构成对程某隐私权的侵犯。但该信息不能向第三人传播、丑化,否则,就会因为超越了合理的限度,而构成侵权行为。

【法律条文】

1.《婚姻法》第四条 夫妻应当互相忠实,互相尊重;家庭成员间应当敬老爱幼,互相帮助,维护平等、和睦、文明的婚姻家庭关系。

2.《最高人民法院关于贯彻执行＜中华人民共和国民法通则＞若干问题的意见(试行)》第一百四十条 以书面、口头等形式宣扬他人的隐私,或者捏造事实公然丑化他人人格,以及用侮辱、诽谤等方式损害他人名誉,造成一定影响的,应当认定为侵害公民名誉权的行为。

🏠 【友情提示】

　　夫妻应相互忠实是婚姻法的规定,也是一个原则性的规定,该规定并不能推出夫妻任何一方有权利获得对方的所有信息。每个人都有自己的生活领域,都有不希望别人知道的隐私,即使是配偶也不能侵犯。夫妻相互忠实是从道德层面上升过来的法律规定,该规定更多的是强调对人们的内心规制。夫妻应当相互忠实,但不能代表夫妻一方享有获得对方所有信息的权利,配偶知情权应控制在合理限度范围之内。

🍃 15. 夫妻双方签订了"忠诚协议",一方违约后应赔偿吗?

🔍 【经典案例】

　　沈某(男)与宋某(女)于2010年通过网络认识,同年11月登记结婚,婚后育有一子。为保证婚姻的长久,双方在结婚登记当日签订夫妻"忠诚协议"一份,约定双方在夫妻关系存续期间,任何一方必须忠诚于婚姻,如果一方存在不忠诚于婚姻的情形而导致离婚,应主动放弃夫妻共同财产。婚后很长一段时间沈某都夜不归宿,细心的宋某经过调查,发现沈某居然与情人在一个小区租房同居。经过宋某多次恳求,沈某根本没有回心转意的意思,甚至把家中所有的个人生活用品都搬到了与情人租住的房子里。无奈的宋某打电话与丈夫沟通,但沈某根本不再接听妻子的电话。对婚姻失去希望的宋某以沈某搞婚外恋为由,于2012年8月向法院提起离婚诉讼,并依据双方签订的"忠诚协议"请求法院判令夫妻共同财产归自己所有。

📁 【案情重温】

　　《民法通则》第五十五条规定,只要行为人具有相应的民事行为能力,意思表示真实,内容不违反法律、法规的强制性规定和社会公共利益,这样的民事法律行为就有效。显然,本案的"忠诚协议"符合以上三要件,应受法律保护。《婚姻法》也允许夫妻双方可以自己约定财产的处理方式,允许夫妻双方拥有对财产的处理权。本案中,沈某与宋某签订的"忠诚协议",其法律性质属于夫妻双方对财产的约定。从社会伦理角度而言,夫妻相互保持忠诚是婚姻关系最本质的要求,虽然从表面上看"忠诚协议"是对一方的自由和权利作出了限制,但"忠诚协议"符合社会伦理道德所倡导的诚实信用的价值观,实际上是对《婚姻法》抽象的夫妻忠实责任的具体化。

✎【处理意见】

夫妻忠实义务虽然不是法律强制必须履行的义务,但为了使夫妻之间能恪守忠诚的行为准则,也允许当事人之间通过约定"忠诚协议",将忠实义务与经济利益联系起来,督促双方能切实履行义务。只要是在真实自愿的基础上签订的"忠诚协议",应认可该协议的合法效力。

▱【法律条文】

《婚姻法》第十九条 夫妻可以约定婚姻关系存续期间所得的财产以及婚前财产归各自所有、共同所有或部分各自所有、部分共同所有。约定应当采用书面形式。没有约定或约定不明确的,适用本法第十七条、第十八条的规定。夫妻对婚姻关系存续期间所得的财产以及婚前财产的约定,对双方具有约束力。

⌂【友情提示】

夫妻双方在签订"忠实协议"时,应注意协议的内容要合法,可以将忠实协议的违反与支付经济赔偿联系,但不能以限制婚姻自由、人身权利等为协议的内容。另外,还要保证签订协议时,不存在欺诈、胁迫和乘人之危等情形,以保证"忠实协议"合法有效。

16. 妻子收集丈夫与第三者的不忠证据,第三者能要求侵权赔偿吗?

🔍【经典案例】

何某与妻子邱某曾是恩爱夫妻,有一个懂事的儿子,一家人相处融洽。虽然夫妻双方为生活琐事偶有纠纷发生,但尚未影响到夫妻感情。从2006年起,妻子感觉丈夫渐渐对家庭开始冷漠,经过仔细观察和打听,发现丈夫在外竟然有了第三者！为了顾全自己的家庭，邱某苦苦哀求丈夫能回心转意，可丈夫竟然变本加厉，从2008年起，干脆在外租房与第三者李某同居，彻底与邱某分居了。2010年5月，一直盼望丈夫能浪子回头的邱某突然收到了法院送达的离婚起诉书，这让对挽回婚姻还抱有一线希望的邱某深感痛心和失望。为了让有过错的丈夫在离婚时能够赔偿自己，无奈的邱某决定收集丈夫有过错的证据。在接到法院开庭传票的当晚，邱某便邀约自家亲戚共三人，带上照相机强行闯入第三者李某的租住房内，将丈夫与李某同居抓了个"现行"，并拍摄下了他们的裸照。气急败坏的邱某还狠狠打了李某几耳光。第二天，邱某将这些照片作为证据交到了法庭。但事发后第五天，第三者李某一纸诉状将邱某告上法庭，她认为邱某带人夜闯民宅，强行拍摄她的裸体，将她的身体隐私暴露在众目睽睽之下，其行为严重侮辱了她的人格，侵犯了她的隐私权，请求判令被告邱某赔礼道歉，并赔偿精神损失费5000元。

【案情重温】

隐私权的范围有两个方面，即私生活秘密和私生活安宁。本案中从被告对照片的使用情况看，被告拍照的目的是为证明其丈夫存在过错，这里的他人是不特定的，被告主观上没有披露原告隐私的意图，客观上也没有向外传播，仅将其拍摄的照片提交法庭作为证据使用，因此被告的拍照行为不属于宣扬他人隐私的行为。但是，被告邱某未经原告许可且无法律的授权，而带人强行进入原告的住宅，扰乱了原告的生活安宁，并且当着众人的面打李某的耳光，该行为侵犯了李某的隐私权，构成侵权行为，应当向原告赔礼道歉。

【处理意见】

本案中，被告邱某为达到取证目的，未经原告许可擅自强行进入原告的住宅，扰乱了原告个人生活的安宁，侵犯了原告的隐私权，构成侵权行为，应当向原告赔礼道歉。

【法律条文】

1.《中华人民共和国宪法》第三十九条 中华人民共和国公民的住宅不受侵犯。禁止非法搜查或者非法侵入公民的住宅。

2.《最高人民法院关于贯彻执行＜中华人民共和国民法通则＞若干问题的意见(试行)》第一百四十条 以书面、口头等形式宣扬他人的隐私，或者捏造事实公然丑化他人人格,以及用侮辱、诽谤等方式损害他人名誉,造成一定影响的,应当认定为侵害公民名誉权的行为……

3.《最高人民法院关于民事诉讼证据的若干规定》第六十八条 以侵害他人合法权益或者违反法律禁止性规定的方法取得的证据,不能作为认定案件事实的依据。

【友情提示】

在司法实践中,如果离婚是由一方有"婚外情"导致的,在考虑离婚时,出于心理平衡,另一方必然想方设法取得对方"有奸情"的证据,以求在离婚时,得到心理的慰藉及财产分割权益的最大化。但是,以侵害他人合法权益或者违反法律禁止性规定的方法取得的证据,不能作为认定案件事实的依据。因此,证据收集是否合法,限制在是否侵犯了他人合法权益或者违反了法律的禁止性规定上。所以一定要注意合理合法收集证据,才能维护自己的合法权益。

17. 丈夫遗弃妻子,妻子能要求赔偿吗?

【经典案例】

1994年2月单某与文某相识,虽然文某患有癫痫病,但这丝毫不能阻挡单某追求文某的决心。在单某的爱情攻势下,文某答应了单某的求婚,并于1995年3月登记结婚。婚后初期,夫妻感情尚好,1996年7月生育一女儿。1998年开始,单某与文某常为家庭生活琐事发生矛盾,2002年3月,单某离家外出一直未归,双方遂开始分居,女儿随母亲文某共同生活。2006年7月,单某以夫妻感情破裂,从2002年起双方互不尽夫妻义务为由,向法院提起诉讼,要求判决准予原被告离婚,依法分割财产,解决女儿抚养问题。被告文某辩称,虽然原告婚前了解被告患癫痫病,但仍主动追求被告,可见两人婚姻基础很好。婚后双方感情一直很好。2002年3月,原告离家外出后,就再无音讯,所有的生活重担都压在了被告一人身上,因被告癫痫病时有发作,不能正常生活和工作,也不能很好地照顾女儿,致使被告与女儿的生活陷入困境。于是,被告文某向法院提起反诉,认为原告不尽夫妻间的扶养义务,构成遗弃行为,导致双方离婚,故要求原告单某给予精神损害赔偿1万元。

📁【案情重温】

遗弃,是指家庭成员中负有赡养、扶养、抚养义务的一方,对需要赡养、扶养和抚养的另一方,不履行其应尽的义务的违法行为。如父母不抚养未成年子女;成年子女不赡养无劳动能力或生活困难的父母;配偶不履行扶养对方的义务等。《婚姻法》规定夫妻之间有相互扶助的义务。在法院审理过程中,原告单某对自己从2002年3月离家出走后长期未归,对患癫痫病不能正常工作、生活的被告和未成年的女儿长期不承担生活费,在生活上不予扶助照顾的事实予以承认。原告的行为系遗弃行为,依法构成了离婚损害赔偿的事由,原告依法应赔偿被告精神损害抚慰金。

✏️【处理意见】

在法院主持调解下,原告单某与被告文某对离婚、夫妻共同财产分割、精神损害赔偿等达成了调解协议。单某依协议当即支付了抚养费和赔偿费共计1.4万元。

📋【法律条文】

《婚姻法》第四十六条 有下列情形之一,导致离婚的,无过错方有权请求损害赔偿:

(一)重婚的;

(二)有配偶者与他人同居的;

(三)实施家庭暴力的;

(四)虐待、遗弃家庭成员的。

🏠【友情提示】

有虐待、遗弃家庭成员的情形,导致离婚的,无过错方有权要求损害赔偿。夫妻间的扶养义务是基于婚姻效力和特定的身份而发生的。当夫或妻一方因病、因身体伤残丧失劳动能力和生活自理能力时,当一方失业没有经济收入和其他生活来源时,另一方伸出援助之手,不仅是道德上的要求,也是法律上必须履行的义务。

18. 前夫未告知其儿子死讯，前妻能要求精神损害赔偿吗？

【经典案例】

原告田某与被告柳某曾是夫妻，婚后生有一儿一女。2009年11月27日，双方因感情破裂协议离婚。女儿随原告田某生活，儿子随被告柳某生活。儿子出生100天后因发烧导致脑瘫，不会说话，不会走路，其智力也明显低于正常儿童。虽然儿子患上重病，但毕竟是自己的亲骨肉，无论如何都难以割舍，所以离婚后原告每隔一、二个月就要去探望儿子。2011年8月4日傍晚，原告的弟弟告诉田某，其儿子已经死亡，并在殡仪馆火化了。得知这个消息后，田某感觉如同晴空霹雳，因承受不了丧子的沉重打击，一下子昏了过去。但当田某苏醒过来后，除了内心的伤痛外，还有对前夫柳某行为的寒心和愤怒。于是，一气之下田某将柳某告上法院。原告田某认为，儿子是双方的，其不因离婚而丧失做母亲的权利。儿子死后，被告本应该通知原告，让做母亲的见上最后一面。被告在没有通知原告的情况下就擅自把儿子火化掉，严重侵犯了做母亲的权利，给原告带来了巨大的精神痛苦，起诉要求被告向原告当面赔礼道歉，并赔偿精神抚慰金2万元。

【案情重温】

本案争议的焦点是前夫柳某的行为是否侵犯了前妻的合法权益？受害人能否要求精神损害赔偿？首先，原、被告虽然离了婚，但死者仍然是双方的儿子。在儿子病情加重的情况下，被告理应告知原告，被告存在过错，并侵犯了原告的合法民事权益，应向原告赔礼道歉。其次，依据法律规定，因侵权致人精神损害，但未造成严重后果，受害人请求赔偿精神损害的，一般不予支持，本案原告未能举证证明被告的行为已造成原告精神损害及其后果，故对其要求精神损害赔偿的诉请，法院不予支持。

【处理意见】

由于本案中被告的行为已经构成侵权行为，但该侵权行为并未造成原告严重的精神损害,所以法院可以根据情形判令被告赔礼道歉。

【法律条文】

1.《侵权责任法》第二条　侵害民事权益,应当依照本法承担侵权责任。本法所称民事权益,包括生命权、健康权、姓名权、名誉权、荣誉权、肖像权、隐私权、婚姻自主权、监护权、所有权、用益物权……

2.《最高人民法院关于确定民事侵权精神损害赔偿责任若干问题的解释》第八条　因侵权致人精神损害,但未造成严重后果,受害人请求赔偿精神损害的,一般不予支持,人民法院可以根据情形判令侵权人停止侵害、恢复名誉、消除影响、赔礼道歉。

【友情提示】

在司法实践中,认定某一行为构成侵权行为,一般需要具备四个构成要件:1.行为的违法性;2.损害事实的存在;3.违法行为与损害后果之间存在因果关系;4.行为人主观上有过错。当然在法律有特殊规定的情形下,行为人主观上没有过错,但其违法行为造成了损害后果,仍应承担侵权责任。

19. 丧偶妇女回原籍后,其征地补偿金能得到保护吗?

【经典案例】

1996年陕西省某县A镇村民邬某出嫁到B镇某村,与该村男青年肖某结婚,邬某的户口也从A镇迁出,而迁入B镇。婚后邬某和肖某两人夫唱妇随,勤劳致富,小日子过得虽然有些清贫,但也充满了希望。可是,天有不测风云,1998年5月,邬某的丈夫在工地打工时,因脚手架不合格,从高处摔下,当场身亡。丧偶后,当地村民都指责邬某"克夫",公婆对她也恶语相加。邬某只得回到原户籍所在的农村,并办理了户籍回迁手续。回到原籍后,邬某拿着户籍迁移证明找到村长,要求分配承包地,以保证自己的基本生存需求。但村长敷衍说,今年村里不再调整土地,等以后再说。

但第二年土地调整时,村里召开村民大会。会上,大家投票反对分配土地给邬某,认为邬某作为外嫁女,就不再是本村村民了,所谓"嫁出去的女儿泼出去的水",虽然邬某丧偶迁回了本村,但以后还是要嫁人的,当然不应该分给她土地。2002年因为该县县城扩建和修建国道,征收了该村大部分土地,征收单位按照国家法律法规的规定,给村里支付了一大笔土地补偿金,然后村委会按照村民人头计算,把征地补偿金分发到每个人,唯独没有分给邬某。邬某靠着父母的那一点薄田辛苦维持生活,不仅没有让父母晚年过上幸福的生活,还让他们受自己的拖累。为了争回属于自己的幸福和权利,2003年,邬某将村委会告上法庭,要求他们确认自己的土地承包经营权,并赔偿征地补偿金。

【案情重温】

在城市化、工业化进程中,农村外嫁女受"男娶女嫁""从夫居"等传统观念和习俗的影响,经常被所在村集体组织排除在集体成员之外,其获得土地征收补偿费、拆迁安置等权益往往被漠视、被侵犯,甚至无法获得平等的土地征收补偿费。对此,我国现行法律明确了在农村土地承包中,发包方应坚持男女平等原则,坚决保障农村妇女享有一份承包地,且农村妇女不论是否婚嫁、离婚、丧偶,皆应与相同条件的男性村民享有同等权利,任何组织和个人不得以任何形式非法剥夺其合法的土地承包权及其他相关经济权益。本案中,虽然邬某出嫁到外乡,但丧偶后又迁回原户籍所在的农村,应属该村集体经济组织成员。但村委会分配土地补偿费的时候却因出嫁将她排除在外,认为她不具备集体经济组织成员资格,故无权主张分配承包地和征地补偿金的理由是不合法的。

【处理意见】

本案中,邬某虽然外嫁异乡,但因其户籍已迁回了原户籍所在农村,应认定其取得本村集体经济组织成员资格,应与其他村民一样平等享有相应份额的土地权益。故其要求村委会支付征地补偿金的诉请应予以支持。同时在该村调整土地时,应分配给原告相应份额的承包地。

【法律条文】

1.《农村土地承包法》第三十条 承包期内,妇女结婚,在新居住地未取得承包地的,发包方不得收回其原承包地……

2.《中华人民共和国妇女权益保障法》(简称《妇女权益保障法》,后同)第

三十二条 妇女在农村土地承包经营、集体经济组织收益分配、土地征收或者征用补偿费使用以及宅基地使用等方面,享有与男子平等的权利。

3.《妇女权益保障法》第三十三条第一款 任何组织和个人不得以妇女未婚、结婚、离婚、丧偶等为由,侵害妇女在农村集体经济组织中的各项权益。

【友情提示】

农村妇女土地权益受侵害问题是一个有着多种原因的复杂问题,而随着社会的发展不断出现新情况和新问题。农村妇女离婚或者丧偶,仍在原居住地生活或者不在原居住地生活但在新居住地未取得承包地的,发包方不得收回其原承包地。

20. 对婚内的亲权侵权能要求赔偿吗?

【经典案例】

姚先生与龙女士于2003年登记结婚,婚后生育了一个聪明健康的男孩。自从孩子出生后,龙女士的生活却一步步发生变化。丈夫缺乏责任心和家庭责任感,养家、抚养孩子的重担都落在龙女士一个人身上,此外丈夫还有很多让她无法接受的恶习。2007年4月,龙女士向法院起诉离婚,法院认为夫妻感情尚未破裂,判决二人不能离婚。之后夫妻就分居了,儿子随龙女士生活。除了询问儿子的学习生活情况外,姚先生也很少给龙女士打电话。2009年3月4日龙女士又打算向法院起诉离婚时,发现丈夫在未通知自己的情况下,将5岁多的儿子从幼儿园接走并藏匿起来,不仅不让儿子上幼儿园,也不让龙女士见儿子。没有了孩子的踪影,龙女士内心的恐慌无法描述,心急如焚的龙女士急忙向公安机关报警,可民警表示,因为是父亲接走的孩子,不能作为案件出警。她又找到某市妇联反映情况,妇联负责人也表示同情和理解,但解释说父亲带走自己的亲生孩子并未触犯法律,无法帮助龙女士解决问题。

龙女士认为,丈夫姚先生将儿子控制起来,不让儿子上幼儿园,严重影响了儿子的身心健康,同时,姚先生不让自己见儿子,侵犯了自己对儿子的监护权。于是2009年8月4日,龙女士以丈夫侵犯其对儿子的监护权为由向法院起诉。

【案情重温】

此案为监护权被侵害的问题。监护权是监护人对被监护人进行抚养、教育、管理和保护的权利和义务。父母双方皆为未成年子女的法定监护人,父母对未成年子女的监护权完全平等,并由父母双方共同行使。但父母双方准备离婚尚未解除婚姻关系,又已经实行分居的,监护权仍应由双方共同行使。鉴于父母分居的实际情况,应由双方协商由一方承担监护职责,也可以由双方轮流行使监护权。但不管采取何种方式,任何一方都不能独享监护权,妨碍另一方行使权利,否则,就构成了对另一方监护权的侵害。

【处理意见】

法院应受理龙女士提起的监护权被侵害之诉,可以在进行法律解释的基础上判决:在目前配偶双方分居的情况下,男方停止侵害女方监护权的侵权行为,并承担其他民事责任,如赔偿精神损失、赔礼道歉,协助女方实现监护权。

【法律条文】

1.《妇女权益保障法》第四十九条 父母双方对未成年子女享有平等的监护权。

2.《最高人民法院关于确定民事侵权精神损害赔偿责任若干问题的解释》第二条 非法使被监护人脱离监护,导致亲子关系或者近亲属间的亲属关系遭受严重损害,监护人向人民法院起诉请求赔偿精神损害的,人民法院应当依法予以受理。

【友情提示】

在民法包括亲属法理论上,男女平等包括夫妻平等,是宪法、民法、婚姻法的基本原则。夫妻享有平等的监护权,婚内监护权被侵害的情况下,可以直接向法院起诉寻求法律保护,而不需要提起离婚诉讼。如果正处于离婚诉讼的进行中,则对子女亲权行使的问题可与离婚诉讼一并解决,无需单独立案。

第六编

夫妻债务纠纷处理指南

1. 婚前债务能否因结婚而消灭?

【经典案例】

段某(女)与黄某(男)于2009年经人介绍相识。同年12月2日,黄某因做服装生意向段某借款4000元并为其出具借条一张,约定还款时给付利息1000元。后双方确定恋爱关系,并于2010年6月登记结婚。2011年11月8日,黄某与段某因感情破裂协议离婚,协议约定:轿车一辆归女方所有;债务归男方所有;家中物品合成人民币3000元归女方,男方自愿放弃所有财产。2011年12月1日,段某为黄某出具收条一张,内容为:收到轿车一辆及人民币3000元。从此两人再无任何关系。2012年4月,段某持借条向法院起诉,要求黄某偿还借款4000元及利息1000元。对此,黄某答辩称:自己与段某因结婚产生债的混同,段某的债权已归于消灭,应驳回段某的诉讼请求。

【案情重温】

混同为债的消灭原因之一,混同是债权债务同归于一人,合同的权利义务终止,也就不存在债权人和债务人了。段某与黄某之间婚前债权债务关系是否因双方登记结婚而消灭?现行婚姻法规定的是夫妻约定财产制,而且依照现行《婚姻法》及相关司法解释规定,婚姻双方当事人均具有独立的个人财产,夫妻各自以自己的个人财产承担相应债务。段某用婚前财产借给黄某,黄某应用个人财产清偿。且两人结婚后,其人格并未合为一体,仍是两个具有独立人格的平等主体,两人之间的债仍然是存在的,并不会因结婚而消灭。

【处理意见】

段某与黄某虽然是夫妻关系,但原被告之间的借贷关系是发生在婚前,由此形成的5000元债权应属原告段某婚前个人财产,应属于段某个人所有,且双方于婚后对该项借贷的性质也未作约定,因此,段某有权要求黄某偿还。

【法律条文】

《合同法》第一百零五条 债权和债务同归于一人的,合同的权利义务终止,但涉及第三人利益的除外。

【友情提示】

婚前债务的存在需要保留借条等证据,当借款期限届满后,应积极主张自己的债权,避免超过两年的诉讼时效,而导致其债权不能得到法律的支持,但只要有向债务人提出偿债请求的行为,都可以导致诉讼时效中断,而重新计算诉讼时效。

2. 一方婚前个人债务,另一方应承担吗?

【经典案例】

2007年1月陈某(男)与郑某(女)经朋友介绍认识,双方相处认识半年后登记结婚。2008年,陈某接受公司的派遣任务出国培训,妻子郑某在家操持家务。不久,王某来到陈某家,要求还钱,但是只看见郑某一个人在家,王某遂要求郑某立即还钱。郑某询问借钱的原因时,王某从包里拿出一张借条,郑某接过借条一看才知,原来陈某曾于2006年3月6日向王某借款10万元,还款期限为2007年3月6日。由于借款到期后,经多次催促,陈某迟迟未还,王某便上门讨债。因为家中的存款都由丈夫保管的,郑某一时也无法还清欠款。得知陈某要出国培训一年,等陈某回来还钱会耽搁很多时间,于是2008年12月,王某将陈某的妻子郑某告上法庭,要求其偿还丈夫的欠款10万元。

【案情重温】

夫妻一方婚前所负个人债务是其与债权人之间因特定法律事实而形成的债权债务关系。根据债权相对性原理,债权人只能向特定的债务人主张权利,而不能在债务人结婚后向其配偶主张权利,因为债的发生必须基于当事人之间的意定或法律规定。债的相对性不会因为其他事由而发生移转。夫妻一方在婚前所负的个人债务,如另一方在婚后没有向债权人作出承诺,便不会在原债务人的配偶与债权人之间产生合意,债权人无权向债务人的配偶主张债权。因此,夫妻一方婚前个人所负债务不能因婚姻关系的发生而转移,债权人亦不得就一方婚前个人债务向债务人配偶主张债权。

【处理意见】

由于陈某所欠债务为婚前个人债务,且债权人王某不能证明该债务用于陈某与郑某的婚后家庭共同生活,所以其不能要求由陈某的妻子郑某偿还。

【法律条文】

《婚姻法司法解释(二)》第二十三条 债权人就一方婚前所负个人债务向债务人的配偶主张权利的,人民法院不予支持。但债权人能够证明所负债务用于婚后家庭共同生活的除外。

【友情提示】

在司法实践中,夫妻债务是个人债务还是共同债务的区别在于是否用于家庭共同生活。如果一方婚前所负债务与婚后夫妻共同生活具有必然的联系,即若一方债务或婚前所负债务中的资金、财物已转化为婚后夫妻共同财产或已成为婚后夫妻共同的物质生活条件的,则婚前一方所负债务即转化为夫妻共同债务,应当由夫妻共同连带偿还。但该转化事实的证明责任,根据"谁主张谁举证"的原则应由债权人承担举证责任。

3. 婚后一方借的债,另一方应承担吗?

【经典案例】

2006年外企白领万某与公务员周某经人介绍认识,并于2007年国庆节举办了订婚仪式,随后两人办理了结婚登记手续。2008年6月9日,万某在妻子周某不知情的情形下,向朋友王某借款1万元归个人使用,借款期限为一年。2009年6月10日借款期限届满,王某要求万某归还借款,但因无力还款,经双方友好协商,万某就前述借款向债权人王某出具了《还款计划书》,约定:万某于2009年12月偿还王某借款2000元,2010年3月偿还王某借款3000元,同年6月偿还王某借款5000元。出具了《还款计划书》后,万某于2010年4月30日偿还原告借款2000元,此后,经王某多次催债,万某都以各种理由推脱,拒不偿还王某的借款。无奈之下,王某将万某及妻子周某告上法院,主张万某向其借款是被告婚姻关系存续期间所借,应按夫妻共同债务处理,应由万某和妻子周某共同偿还。

【案情重温】

虽然万某向王某借款是在婚姻关系存续期间所借,借款时,万某没有表明其借款是用于个人消费,但从王某向万某催收借款时,由万某写给王某的《还款计划书》来看,万某已表明其借款由其个人偿还,王某也接受了该还款计划,因此,万某向王某借款应视为个人消费所负的债务。另外,借款期间,万某与周某夫妇家庭中没有购房、经商等大笔数目的开支,而周某是国家公务员,有自己正常工资收入并用于家庭日常开支,无须向外举债。因此,该借款周某不知情,不是夫妻合意举债,是被告万某的个人行为。

【处理意见】

法院审理认为,被告万某向原告王某借款1万元,事实清楚,合法、有效,应按《还款计划书》履行还款义务。该案现有证据已证明该笔贷款并未用于夫妻关系存续期间的家庭共同生活消费或生产经营,且能证明债权人与债务人明确约定该借款为万某的个人债务,妻子周某不承担还款责任。

【法律条文】

《婚姻法司法解释(二)》第二十四条 债权人就婚姻关系存续期间夫妻一方以个人名义所负债务主张权利的,应当按夫妻共同债务处理……

【友情提示】

《婚姻法司法解释(二)》第二十四条规定"债权人就婚姻关系存续期间夫妻一方以个人名义所负债务主张权利的,应当按夫妻共同债务处理",此规定将该债务是否用于夫妻共同生活或生产的举证责任分配给夫妻,并且已明确表示债务人夫妻无举债合意。根据举证责任规则,这一规定适用的前提条件是当事人双方均无法证明该笔债务是否用于债务人夫妻共同生活或生产。

4. 债务人离婚后,债务人的配偶还应承担清偿责任吗?

【经典案例】

2004年1月,张某给侯某新买的房屋搞装修,张某则雇佣了农民工李某,双方签订了雇佣合同,由李某负责装修房屋的具体业务,劳务费为1.5万元。6个月后,装修工程全部完工,侯某支付给了张某全部费用,但张某一直未支付李某劳务费用1.5万元。2004年10月,张某与其妻子文某经法院判决离婚,法院对双方财产依法进行了分配。李某年底找张某要求支付劳务费,但张某以无钱为由推脱不给。2005年5月,李某将张某和文某作为共同被告起诉到法院,要求张某与文某共同清偿劳务费1.5万元。在诉讼过程中,文某提出,她与原告李某既不相识,也没有发生任何经济往来,如果他签了雇佣合同也是与前夫之间的雇佣合同,因此她与本案没有任何关系,不是本案适格的被告,故请求法院驳回对她的起诉。

【案情重温】

《婚姻法司法解释(二)》第二十五条规定,当事人的离婚协议或者人民法院的判决书、裁定书、调解书已经对夫妻财产分割问题作出处理的,债权人仍有权就夫妻共同债务向男女双方主张权利。在诉讼过程中,主张非共同债务的一方除非能够证明债权人与债务人明确约定为个人债务,或者能够证明债权人知道其夫妻对婚姻关系存续期间所得的财产约定归各自所有的,夫或妻一方对外所负的债务,以夫或妻一方所有的财产清偿。如果主张非共同债务的一方证明不了上述事实,则即使夫妻双方约定了婚姻关系存续期间所得财产归各自所有,法院也只能认定为共同债务。本案中,文某提出的理由不足以认定张某所欠的劳务费不是共同债务。

【处理意见】

本案中张某欠李某的劳务费应为共同债务,尽管法院判决已经对夫妻财产分割问题作出了处理,前妻文某仍应对该债务承担连带清偿责任。文某就共同债务承担连带清偿责任后,可以基于离婚协议或者人民法院的法律文书向另一方主张追偿。

【法律条文】

1.《婚姻法司法解释(一)》第十八条 婚姻法第十九条所称"第三人知道该约定的",夫妻一方对此负有举证责任。

2.《婚姻法司法解释(二)》第二十四条 债权人就婚姻关系存续期间夫妻一方以个人名义所负债务主张权利的,应当按夫妻共同债务处理……

【友情提示】

夫妻婚姻关系的解除与对共同债务连带责任的承担是两个独立的法律关系,不可混为一谈。夫妻对共同债务承担的连带责任并不因婚姻关系的解除而消灭。因此,债权人可以保留债权证据,向夫妻任何一方主张自己的债权,以保证债权的实现。

5. 婚内关于离婚后一方承担债务的约定有效吗?

【经典案例】

原告金某与被告韩某于2002年在广东某厂打工期间相识并建立恋爱关系,于2002年8月15日办理了结婚登记。2003年春节双方到男方的老家,按当地农村风俗举行了一场非常热闹的婚礼。2003年5月7日生育女儿朱玉洁。为维持家庭基本生活开支,夫妻俩又回到广东打工,女儿主要随金某父母生活。2008年2月7日韩某发现金某与他人有婚外情,让金某亲笔写了保证书,保证以后绝无此类事情发生,但从此以后夫妻感情出现裂痕。2009年春节期间,金某回韩某娘家过年,期间向韩某父亲借款6万元,当时未出具借条,随后金某带着这笔借款独自一人回到广东,而韩某则留在老家操持家务和农活。期间两人很少联系,金某也没有给家里寄回钱财。2010年3月7日因考虑到夫妻感情不稳定,韩某父亲要求金某向自己补写借条,同日,夫妻俩达成书面协议,金某承诺,就上述6万元借款,如果两人离婚,则6万元的债务由金某一个人承担。现金某到法院起诉离婚,但韩某要求由金某一个人承担6万元的债务。

【案情重温】

《婚姻法司法解释(二)》第八条规定,离婚协议中关于财产分割的条款或者当事人因离婚就财产分割达成的协议,对男女双方具有法律约束力。财产分割既指对货币或实物的分割,也包括对债权债务的分割,因此,男女双方在婚姻期间对财产的约定具有法律约束力,应受到法律保护。同时婚姻法规定,离婚时夫妻共同债务应当用共同财产来偿还。本协议的效力还要看金某将借款用于何处,如果其将以个人名义所负的债务用于维持家庭共同生活,则此债务应视为夫妻共同债务,则此情形下约定婚姻关系存续期间的一切债务由原告韩某承担的条款违反婚姻法的规定,应属于无效条款。如果韩某所负债务6万元确未用于维持家庭共同生活,则属其个人债务,应当用其个人财产进行偿还。

【处理意见】

签订协议时,原被告都是成年人,具有完全的民事行为能力,原告对需要承担债务具有足够的识别能力,而且是双方处于自愿情况下签订协议,同时该协议内容也不违反法律的强行性规定,是合法有效的协议。虽然该协议对第三人没有约束力,但是对签订协议的双方具有法律约束力。所以原告金某应由个人来承担该6万元债务。

【法律条文】

《婚姻法司法解释(二)》第八条 离婚协议中关于财产分割的条款或者当事人因离婚就财产分割达成的协议,对男女双方具有法律约束力。

【友情提示】

离婚时,原为夫妻共同生活所负的债务,应当共同偿还。但是夫妻关系存续期间,一方以个人名义所负的债务并非都是夫妻共同债务,如果该债务并未用于家庭生产经营或生活的,或者夫妻无共同举债的合意,则属于一方的个人债务,只能由债务人独自承担,离婚时,另一方并不承担连带清偿责任,这是婚姻法贯彻权利义务一致原则的体现。

6. 夫妻共同债务应如何认定？

🔍【经典案例】

2010年8月17日，被告王某的表哥陈某请王某向李某借款。并于同日，以王某为借款人与李某为出借人签订了一份借款协议，该协议约定："今借到李某人民币5万元整，用于家庭经营生活，借款月利率为2%，借款期限为2010年8月17日开始至2010年11月16日止；保证人庄某承担连带责任保证；违约责任约定借款人逾期还款，则应继续给付约定以中国人民银行同期贷款月利率标准四倍的利息，必须承担每逾期一天万分之十三的违约金。"2010年8月17日，王某又在与协议相连的借款借据上签名，签字后即离去，其哥哥陈某又请保证人庄某在借款协议及借款借据上签名，对表弟王某的借款提供担保。王某事后得知表哥陈某已取得5万元借款。借款到期时，实际用款人陈某已不知去向。2010年12月16日，保证人庄某向李某还款本息5.3万元后，要求被保证人王某偿还自己代还的5.3万元，但是王某拒绝偿还。于是庄某遂向法院提起诉讼。要求王某及其配偶夏某连带偿还借款本息5.3万元。被告王某辩称，"借款协议是我在我表哥的门市上签的，因表哥陈某请我向李某借款，我签了名就走了，当时夏某并不在场，也不知道我借款的事情。"被告夏某辩称，"我和王某已于2010年12月29日登记离婚，对借款事宜我是一无所知，该笔借款并非夫妻共同债务，我不应当承担还款责任。"

📁【案情重温】

夫妻共同债务，是指婚姻关系存续期间，夫妻双方或一方为维持共同生活的需要，或出于共同生活的目的从事经营活动所引起的债务。夫妻共同债务首先要发生在婚姻关系存续期间，既包括生产性债务也包括经营性债务。综合到本案，保证人庄某代债务人王某偿还债务以后，就取得了向债务人王某追偿的权利，这一点是没有疑义的。关键是王某的债务是个人债务还是夫妻共同债务的认定问题。第一，庄某无证据证明，王某与夏某存在共同借款的合意；第二，庄某无证据证明王某的借款是用于家庭共同生活；第三，庄某无证据证明夏某分享了王某借款所获得的利益。故应当认定为王某的借款是其个人债务，应以王某的个人财产负责偿还。

✏️ 【处理意见】

本案中，被告王某的借款虽发生在与夏某夫妻关系存续期间，但该借款并未用于两被告的家庭的生产经营或生活所需，原告也无证据证明被告夏某参与借款或同意王某为其表哥陈某向李某借款，因此该债务不能认定为王某与夏某的夫妻共同债务，被告夏某不应承担还款义务。

📄 【法律条文】

《婚姻法》第四十一条 离婚时，原为夫妻共同生活所负的债务，应当共同偿还。共同财产不足清偿的，或财产归各自所有的，由双方协议清偿；协议不成时，由人民法院判决。

🏠 【友情提示】

夫妻共同债务的判断标准：一是夫妻有无共同举债的合意，如夫妻双方共同在借据上签字或事后认可，并对该笔债务知情；二是夫妻是否共享举债所带来的利益；三是夫妻双方内部约定共同承担一方婚前或婚后所负的个人债务。

7. 交通肇事所负的债务，是否属于夫妻共同债务？

🔍 【经典案例】

原告张某与被告李某于2004年9月登记结婚，婚后育有一子。为了增加家庭收入，2006年7月13日，李某购买一辆货车。该车一直由李某支配、营运和管理。2007年5月3日，李某在营运中因疲劳驾驶发生交通事故，致一人死亡、两人受伤。由于丈夫李某触犯刑律，可能面临刑罚处罚，张某对丈夫和家庭也心灰意冷，为了冷静处理和丈夫的感情，并断绝和这个家庭的关系，同年11月，张某带着小孩回娘家居住。同年12月19日，法院判决李某犯交通肇事罪、判处有期徒刑两年，并赔偿被害人各项经济损失38万余元。2011年3月28日，张某起诉要求与李某离婚。诉讼中,原告张某主张交通肇事犯罪所负债务为被告李某个人债务,应由李某个人承担。而被告李某主张该债务为共同债务,应由双方分担。但双方在庭审中均未举证证明涉案车辆的运行收益是否用于夫妻共同生活。

【案情重温】

本案争议焦点为,李某因交通肇事犯罪行为所负赔偿之债应否认定为夫妻共同债务以及证明责任分配问题。本案中,交通肇事犯罪的行为人是李某,故不可能判决张某承担刑事责任。判决李某承担交通肇事犯罪产生的民事责任,该判决解决的是对外赔偿的问题,而不是张某李某内部责任的问题,不排除张某承担民事责任的可能性。夫妻关系存续期间夫妻一方以个人名义所负债务,除夫妻双方有明确约定且第三人知道该约定的外,应当按夫妻共同债务处理。也即,夫妻关系存续期间以任何一方名义所负债务具有被推定为夫妻共同债务的效力,但此推定允许提供证据推翻。本案中,张某否认争议债务属夫妻共同债务,张某即负有证明争议债务不属夫妻共同债务而属李某个人债务的证明责任,如果不能举证,则就应推定为该交通肇事所负债务为夫妻共同债务。

【处理意见】

涉案车辆系双方婚后购买,属夫妻共同财产。张某未能举证证明夫妻关系存续期间双方无购车合意,亦未举证证明涉案车辆营运收益未用于夫妻共同生活,未能举证推翻推定效力,故李某交通肇事所产生的赔偿之债应认定为夫妻共同债务,由原被告对受害人承担连带赔偿责任。

【法律条文】

《婚姻法司法解释(二)》第二十四条 债权人就婚姻关系存续期间夫妻一方以个人名义所负债务主张权利的,应当按夫妻共同债务处理。但夫妻一方能够证明债权人与债务人明确约定为个人债务,或者能够证明属于婚姻法第十九条第三款规定情形的除外。

【友情提示】

肇事车辆致人损害时,作为车辆共有权的夫妻任何一方,对共有物致人损害承担民事责任符合侵权法法理。同时,如车辆运行利益用于夫妻共同生活,夫妻双方则属利益共同体且共享了车辆营运利益,根据"权利义务相一致"和"利之所在,损之所归"之原理,另一方亦应承担相应的民事责任。

8. AA制夫妻一方所负的债务,另一方有义务偿还吗?

【经典案例】

2006年,李先生与王女士经人介绍相识,经过一段时间的彼此了解,两人决定组成家庭。为了减少今后生活中出现不必要的纠纷,在商量办理结婚登记时,两人书面约定:结婚后在财产方面实行AA制,两人经济分别独立,各自的财产仍为个人财产,各自的债务由个人偿还。2008年6月,李先生看中了一套二手房,与卖方签订了《房屋买卖合同》,以自己的个人存款支付了房屋的首付款,并与某银行签订了《借款合同》和《抵押合同》,贷款支付了剩余购房款。

2010年3月,李先生因经济犯罪被检察院依法逮捕,不能按时偿还银行借款。银行将李先生及王女士作为共同被告起诉到法院,请求法院判决二人共同偿还借款,并要求确认对抵押房产享有优先受偿权。法院审理后,判决支持了银行的诉讼请求。

李先生和王女士对法院的判决均表示非常不理解。王女士认为,自己与丈夫约定了各自的财产为个人财产,各自的债务仅由个人偿还,并且丈夫对该约定的内容在诉讼中已经表示了承认。李先生购买的房产既然是李先生的个人财产,与王女士无关,为什么还要与丈夫共同偿还这笔债务呢?

【案情重温】

根据《婚姻法》第十九条第三款的规定:"夫妻对婚姻关系存续期间所得的财产约定归各自所有的,夫或妻一方对外所负的债务,第三人知道该约定的,以夫或妻一方所有的财产清偿。"本案中,王女士与李先生对夫妻财产采取的是约定财产制,该夫妻间的内部约定是否具有对于第三人(主要是债权、债务人)的效力,以具体事件中与该夫妻中某人有权利义务关系的第三人是否知道该约定为关键。如该第三人知道该夫妻之间的相关约定,则约定财产制对其有效,债务由个人承担;如该第三人不知道该夫妻之间有相关约定,则约定财产制对其无效,夫妻任何一方不得以夫妻有约定拒绝承担另一方个人债务。

【处理意见】

本案中原告银行能否要求王女士与李先生对债务承担连带责任,关键是看银行作为第三人是否"知道"该夫妻二人对婚后财产的 AA 制约定,是否"知道"应由两被告夫妻负举证责任,因两被告无法举证证明银行知道该约定,所以两被告的约定只有对内效力,而不具有对外效力,银行可要求王女士和李先生共同偿还该借款。

【法律条文】

1.《婚姻法》第十九条 夫妻可以约定婚姻关系存续期间所得的财产以及婚前财产归各自所有、共同所有或部分各自所有、部分共同所有……

2.《婚姻法司法解释(一)》第十八条 婚姻法第十九条所称"第三人知道该约定的",夫妻一方对此负有举证责任。

【友情提示】

约定财产制产生对外效力的前提,是夫妻以外享有权利的第三人知道该夫妻之间具有关于财产的约定,并明确知道与其权利有关的内容。而第三人对此情况"知道"与否,则需要该夫妻举证证明,这样的证据可以是夫妻一方与第三人签订合同时在合同中注明的内容,或者第三人出具的知道该约定的声明书等等。

9. 夫妻一方约定将婚前个人房产赠与另一方后,能否撤销?

【经典案例】

龙某(男)与杨某(女)于 2000 年在民政局办理了结婚登记手续,婚后生育一儿子龙飞。婚前龙某用经商所得全款购买了两套三居室的商品房,并将两套房产登记在自己名下。其中一套房子作为婚房,而另一套在郊区的房子作为休假房。在婚姻关系存续期间,龙某为了表达对妻子深切的爱意,亲笔书写了一份赠与协议,将自己位于市郊区的一套商品房赠与妻子杨某。杨某非常感动,双方均在协议上签名,但没有到房管部门办理过户登记手续。一年后,龙某与杨某因感情不和协议离婚,民政局经审查,为双方办理了离婚手续。离婚后,杨某要求龙某将房屋过户到自己名下,但龙某却反悔不肯办理房屋过户手续。二人因此酿起纠纷,龙某诉至法院要求撤销赠与协议,理由是房屋尚未过户,房屋所有权尚未转移,赠与人有权单方撤销赠与。

【案情重温】

《婚姻法司法解释(三)》第六条规定,婚前或者婚姻关系存续期间,当事人约定将一方所有的房产赠与另一方,赠与方在赠与房产变更登记之前撤销赠与,另一方请求判令继续履行的,人民法院可以按照合同法第一百八十六条的规定处理。而《合同法》第一百八十六条规定,赠与人在赠与财产的权利转移之前可以撤销赠与。本案中,龙某约定将个人所有的房产赠与妻子杨某,但是因为该房产并没有办理产权变更登记,其房屋产权并没有转移给杨某。

【处理意见】

本案中,虽然龙某将个人所有的房产赠与杨某是自己的真实意思表示,但因为赠与合同的无偿性,龙某可以在赠与房产变更登记之前撤销赠与。

【法律条文】

1.《婚姻法司法解释(三)》第六条 婚前或者婚姻关系存续期间,当事人约定将一方所有的房产赠与另一方,赠与方在赠与房产变更登记之前撤销赠与……

2.《合同法》第一百八十六条 赠与人在赠与财产的权利转移之前可以撤销赠与。

【友情提示】

夫妻一方将个人房产赠与给另一方,是自己行使处分权的体现,但是因为房产属于不动产,其产权的转移需要办理过户登记手续,才会发生所有权转移的法律效果。所以在没有转移权利之前可以撤销赠与,但是具有救灾、扶贫等社会公益、道德义务性质的赠与合同或者经过公证的赠与合同,不能撤销。

10. 离婚协议中对共同债务的分割有效吗?

【经典案例】

小兰与小磊系夫妻,为维持家庭生活,两人共同经营一小卖部。从2002年起,丈夫小磊经常去批发商李刚处提货,有时付现钱,有时赊账,截至2003年12月1日,小磊因资金紧张,累计欠李刚货款5900元,小磊给李刚出具了欠条一张。2003年12月11日,在债权人李刚不知情的情况下,小兰与小磊在某县民政局协议离婚,并约定:一切外债均由小兰归还。之后,李刚多次向小兰与小磊催要该款,但小兰说不知道这事,现在她与小磊已经协议离婚,谁写的欠条你跟谁要。于是李刚手持欠条找小磊还钱,而小磊振振有词地说,"我与小兰已协议离婚,约定一切外债由小兰归还,外债问题与我不相关,所以该债务我不能还",并向李刚出示了离婚协议。因小兰与小磊互相推诿,李刚迫于无奈将两人起诉至人民法院。

【案情重温】

本案涉及的债务系夫妻共同债务是显而易见的,此债务的形成是在两被告婚姻关系存续期间,且为家庭共同生活所欠,因此夫妻应对共同债务承担连带责任。对该共同债务的偿还,应首先是以其共有财产来偿还,共有财产不足时,或没有可供执行的共有财产的,夫妻双方任何一方均负有对该项债务足额清偿的义务。具体到本案,两被告协议离婚时对共同债务作出了约定,婚姻登记机关对当事人的离婚协议做了形式审查后,根据相关规定进行了离婚登记,所以该离婚协议有效。但因该协议中涉及共同债务的承担的约定,由于没有征得债权人李刚的同意,故不对债权人发生效力,仅在两被告间产生约束力,是其内部约定,所以两被告离婚后该连带债务不因夫妻关系解除而免除。

【处理意见】

在本案中,两被告仍为共同债务的连带责任承担的主体,由于离婚而引起的身份关系的解除并不影响当事人在此连带共同债务关系中的地位。该案离婚协议中有关共同债务承担的约定仅为夫妻间的内部约定,不能对抗债权人。所以,李刚可以要求小兰和小磊承担连带责任,任何一个人都无权拒绝履行该债务。

【法律条文】

1.《婚姻法》第四十一条 离婚时,原为夫妻共同生活所负的债务,应当共同偿还。共同财产不足清偿的,或财产归各自所有的,由双方协议清偿;协议不成时,由人民法院判决。

2.《婚姻法司法解释(二)》第八条 离婚协议中关于财产分割的条款或者当事人因离婚就财产分割达成的协议,对男女双方具有法律约束力。

【友情提示】

现实生活中,为了躲避一些债务,原本恩爱的夫妻双方,试图通过协议或假离婚来逃避债务的情况屡见不鲜。在此笔者想告诫读者,通过协议约定或离婚的方式,从法律角度而言,是无法逃避债务的。债权人仍有权向离婚后的原夫妻双方或其中一方要求偿还,而且夫妻双方对共同债务承担连带清偿责任。

11. 离婚时造假债务的,应如何处理?

【经典案例】

2002年春天,39岁的张华认识比他小7岁的秦兰(均为化名)。由于两人都刚从一段失败的婚姻中走出来,初次见面互生好感,但两人交往还是非常谨慎。经过两年的考验期,2004年春天,秦兰终于答应了张华的求婚,两人再次步入婚姻殿堂。婚前交往的两年,两人的关系一直很融洽。但结婚之后,夫妻渐渐不和。秦兰嫌张华在家的时间越来越少,不关心自己;张华责怪秦兰事事自作主张,自己越来越没有自由。就这样,夫妻俩关系越来越僵。2009年秋天,一场大吵之后,张华离家出走,秦兰打电话也不接,夫妻矛盾恶化。2010年9月,张华向法院起诉,要求与秦兰离婚,并要求秦兰承担夫妻共同债务17万余元。秦兰应诉后表示同意离婚,但对张华提出的共同债务不予认可,反而要求张华承担自己对外所欠夫妻共同债务29.9万余元。法庭上,张华与秦兰分别对自己主张的夫妻共同债务进行举证。张华表示,17万余元的债务均为银行信用卡欠款,其中6.6万余元是秦兰直接用他的信用卡消费所欠的。秦兰则说,近30万元债务中,向姨妈借款9万元,向朋友借款17万元,另有近4万元是自己名下信用卡的欠款。秦兰还向法庭提供了经过公证的姨妈的证言。

【案情重温】

张华与秦兰各自主张的夫妻共同债务,其中信用卡欠款部分,由于双方提供的证据都不能反映欠款发生的时间及原因,不足以证明是夫妻共同债务。被告秦兰提供的姨妈证言,因证人与被告是亲属关系,且没有出庭作证,该证人证言应不予采信。虽然该证言经公证机关公证,但公证机关仅对证言形成过程进行公证,并未对真实性予以证明。被告秦兰提出向朋友借款17万元的主张,并没有对这些欠款提供证据原件支持,也无债权人出庭作证。

【处理意见】

我国民事诉讼法规定,"谁主张,谁举证"。本案中,张华和秦兰各自主张的共同债务,因双方提供的证据都不足以证明各自的主张,法庭均不予采信。遂判决准予原被告离婚,并对这些共同债务不予认定。

【法律条文】

《婚姻法司法解释(二)》第二十四条 债权人就婚姻关系存续期间夫妻一方以个人名义所负债务主张权利的,应当按夫妻共同债务处理。但夫妻一方能够证明债权人与债务人明确约定为个人债务,或者能够证明属于婚姻法第十九条第三款规定情形的除外。

【友情提示】

担心对方造假债务,是离婚诉讼中当事人最大的顾虑之一。针对这一现象,法院对夫妻债务的审理持审慎态度,如果一方当事人对债务不予认可,通常对债务不予实质审理,而是建议债权人另案起诉。同时,"造假"要面临鉴定、质证的考验,还要接受婚姻法规定的不分、少分的后果,甚至参与人还要承担伪证罪的刑事后果。

12. 判决确认夫妻共同债务由一方承担的,能否要求双方共同偿还?

【经典案例】

2008年3月,原告方某与被告焦某经人介绍相识并确立恋爱关系,于同年7月登记结婚。在婚姻存续期间,方某曾向赵某借款3万元,装修登记在方某父母名下的房屋,该房屋经装修后用于出租,租金收益用于方某父母的生活费及家庭生活日常支出。婚后,方某与焦某常为家庭琐事争吵且互不相让,导致夫妻感情不和。2010年4月,方某以夫妻感情破裂为由,向法院提起离婚诉讼。法院于2011年3月判决不准原被告双方离婚。判决书送达后,原被告继续分居生活,互不履行夫妻义务。2011年4月,原告再次向法院提起离婚诉讼。法院经审理认为,原被告夫妻感情确已破裂,应准予原告离婚。由于原被告无法认定有夫妻共同财产,而确认夫妻共同债务是经原告签名向赵某借款3万元,该借款是用于装修原告父母的房屋,后该房屋用于出租,租金收益用于原告父母的生活费及家庭生活日常支出,该3万元债务应由原告偿还为宜。最后,法院依法判决欠赵某的3万元借款属于夫妻共同债务,由原告方某负责偿还。判决生效后,赵某要求方某偿还借款,因方某确实无力偿还,赵某只好将方某及前妻焦某告上法院,要求双方共同偿还。但焦某认为法院已判决该债务由方某偿还,自己不应承担该债务。

【案情重温】

人民法院认定为夫妻共同债务的,应当以夫妻共同财产清偿。夫妻共同财产不足清偿或没有共同财产的,由双方协议清偿,协议不成时,人民法院可根据公平原则进行判决。当事人有证据证明共同债务是婚姻存续期间用于投资,投资收益是用于家庭的生活日常支出及一方父母生活费用的,人民法院可判决由一方承担该债务的清偿责任。本案双方是为装修房屋而借款,该款已经添附在房屋的价值上,由于该房屋登记在方某的父母名下,并且该房出租后所取得租金也是由方某的父母在使用,所以在方某与焦某没有共同财产,且对债务清偿不能达成协议时,法院判决由方某个人偿还3万元的借款并无不妥。法院虽然判决由方某个人承担该债务,但是前妻焦某仍应对债权人赵某承担连带责任。

【处理意见】

《婚姻法司法解释(二)》第二十五条规定,当事人的离婚协议或者人民法院的判决书、裁定书、调解书已经对夫妻财产分割问题作出处理的,债权人仍有权就夫妻共同债务向男女双方主张权利。所以,本案中虽然法院判决赵某的3万元借款应由方某承担,但赵某仍有权向焦某主张权利。

【法律条文】

《婚姻法司法解释(二)》第二十五条 当事人的离婚协议或者人民法院的判决书、裁定书、调解书已经对夫妻财产分割问题作出处理的,债权人仍有权就夫妻共同债务向男女双方主张权利。

【友情提示】

夫妻离婚时认定为共同债务的,应用共同财产偿还。如果夫妻共同财产不足清偿或没有共同财产的,可由夫妻双方协商如何偿还债务,不能协商一致的,可向法院起诉,由法院依公平原则对债务的偿还问题作出裁决。如果判决由一方承担债务时,债权人仍有权要求夫妻双方共同承担该债务。

13. 夫妻离婚将财产赠与儿子,未清偿债务时能撤销该赠与吗?

【经典案例】

辛先生与唐女士于2007年登记结婚,由于两人婚前缺乏深入了解,婚后因两人性格差异大,经常为小事争吵,互不相让。2008年在两人的婚姻关系存续期间,辛先生因购买营运车辆需要一笔钱,向朋友吴先生借款30万元,借款期限为一年。吴先生于2008年3月25日,在农业银行某支行以异地存款的方式,向唐女士的账户上存入30万元。2008年6月22日,辛先生与唐女士协议离婚。双方在离婚协议中约定,将位于某小区的一套房屋及屋内所有电器和其他设施等所有夫妻共同财产都赠与其儿子小辛。2008年10月25日,辛先生就该借款给吴先生出具了借条。由于借款期限届满,辛先生不能偿还借款,经多次催要无果后,吴先生于2009年4月向人民法院起诉,请求辛先生和唐女士共同归还借款本息。人民法院审理后于2009年7月作出判决,认为该借款属于辛先生与唐女士的夫妻共同债务,二人负连带偿还责任。判决生效后,由于辛先生和唐女士仍然不归还借款,吴先生于同年12月向法院申请强制执行。但在申请执行时才得知辛先生夫妇已在离婚时将其夫妻共同财产全部赠与其子小辛,现在已经没有财产可供执行了。无奈之下,吴先生遂于2010年1月诉至法院,请求撤销辛先生夫妻的赠与行为。

【案情重温】

本案涉及债权人撤销权问题。债权人撤销权,是指债权人对于债务人所实施的有害债权的行为,可以申请法院撤销的权利。依据《合同法》第七十四条规定,因债务人放弃其到期债权或者无偿转让财产,对债权人造成损害的,债权人可以请求人民法院撤销债务人的行为。本案中,辛先生与唐女士在其夫妻共同债务未清偿前,离婚时将夫妻共同财产全部无偿赠与其子,致使其偿付能力降低,有害于债权人债权的实现。因此,吴先生作为债权人,当其债权已到清偿期,而辛先生夫妇不能偿还,却发现他们有无偿赠与财产的行为,从而使其债权受到侵害时,有权请求撤销该赠与行为。

【处理意见】

债务人在债务履行过程中,应本着诚实信用原则积极全面履行债务。对于债务人无偿转让财产,给债权人造成损害的,债权人可以请求人民法院撤销债务人的行为。本案中辛先生和唐女士的赠与行为有害债权。为了保全自己的债权,吴先生有权请求撤销辛先生和刘女士将全部夫妻共同财产赠给儿子的行为,一旦撤销后,这些财产就重新归属于辛先生和唐女士,吴先生可以用这些财产清偿自己的债权。

【法律条文】

《合同法》第七十四条 因债务人放弃其到期债权或者无偿转让财产,对债权人造成损害的,债权人可以请求人民法院撤销债务人的行为。债务人以明显不合理的低价转让财产,对债权人造成损害,并且受让人知道该情形的,债权人也可以请求人民法院撤销债务人的行为。撤销权的行使范围以债权人的债权为限。债权人行使撤销权的必要费用,由债务人负担。

【友情提示】

债权人行使撤销权必须符合以下法定条件:1.债权人与债务人之间有合法有效的债权债务关系;2.债务人实施了一定的处分财产的行为,包括实施了处分财产的积极行为(无偿转让或明显低价)或者实施了放弃债权的消极行为;3.债务人的行为必须有害于债权;4.撤销权的行使范围以债权人的债权为限;5.撤销权应在法律规定的期限内行使。

14. 离婚前签订的借款合同离婚后生效,该借款是否为夫妻共同债务?

【经典案例】

2009年10月29日,朱某本人并代表其妻王某与某房地产开发公司签订了一份《商品房买卖合同》,约定购买某市滨江路某小区房屋一套。2009年11月3日,建设银行某支行与朱某、某房地产开发公司签订《住房公积金个人住房贷款借款合同》(下称"借款合同"),约定朱某因购房向建设银行某支行贷款24.5万元,并以所购房屋全部价值作抵押,作为偿还贷款本息和承担相关费用的担保,并约定借款合同在办理抵押登记之日生效。随后,朱某、王某夫妇一起与建设银行某支行、某房地产开发公司签订了《预购商品房抵押贷款合同》,约定了每期于每月20日前偿还借款,并以所购房屋作为贷款抵押担保物,于2010年3月30日办理了抵押登记。2010年9月29日,建设银行向朱某发放贷款24.5万元。但2010年2月19日,朱某和王某协议离婚,并约定婚姻期间的所有债务由朱某负责偿还。而且从2010年3月30日以来,朱某、王某均为他们所购买房屋的产权人。然而在贷款发放后,由于朱某归还了三期欠款后未再归还贷款。因此建设银行某支行以朱某违约为由,宣布借款合同提前到期,要求朱某、王某共同提前还清全部贷款本金和利息。

📁 【案情重温】

夫妻在离婚时对共同债务约定由其中的一方承担,由于未取得债权人的同意,因此不能对抗债权人。但本案的特殊性在于借款合同是王某在婚姻关系存续期间签订的,根据合同约定,借款合同在办理抵押登记后生效,而抵押登记是双方在离婚后才办理的,因此该借款合同是在离婚后才生效,相应的银行也是在夫妻离婚后发放的贷款。因此,该借款是否属于夫妻共同债务便成为争议的焦点。虽然借款合同是在朱某与王某离婚后办理抵押登记才生效的,银行贷款也是在离婚后发放的,但该合同是在夫妻关系存续期间签订的,该债务是在夫妻关系存续期间就已明确并将随着抵押登记的完成而必然产生的,因此该债务应为夫妻关系存续期间产生的债务。加之在双方所购买的房产权证上朱某和王某均为产权人,因此该房屋属于夫妻共同财产。而朱某所欠银行的债务是因购买该房屋而欠下的,因此购置夫妻共同财产所负的债务也属于夫妻共同债务。

✏️ 【处理意见】

朱某和建设银行某支行、某房地产开发公司签订的借款合同系各方当事人真实意思表示,合法有效。建设银行某支行要求朱某偿还全部借款本息的请求,符合法律规定,应予以支持。同时借款合同是在朱某夫妇在婚姻关系存续期间签订的,表明当时夫妻双方对贷款买房一事达成了共识,虽然贷款发放是在朱某与王某离婚后,但双方贷款的目的是为购置共同所有的住房,该笔贷款应为婚姻关系存续期间的共同债务,虽双方在离婚协议中约定婚姻期间所有的债务由朱某负责偿还,但该约定不能对抗第三人,故朱某和王某对该笔借款负有连带清偿责任。

📋 【法律条文】

《婚姻法司法解释(二)》第二十四条 债权人就婚姻关系存续期间夫妻一方以个人名义所负债务主张权利的,应当按夫妻共同债务处理。但夫妻一方能够证明债权人与债务人明确约定为个人债务,或者能够证明属于婚姻法第十九条第三款规定情形的除外。

🏠 【友情提示】

司法实践中对夫妻个人债务或者共同债务的认定产生了不少误区,往往都认为结婚前和离婚后个人借的债都是个人债务,其实这样的理解是不正确的,区分个人债务还是共同债务的根本标准是看所借债务是否用于夫妻共同生活、购买共同财产等。

15. 夫妻一方死亡的,另一方还要对共同债务承担连带清偿责任吗?

【经典案例】

2007年某单位职工祝某(男)与某公司秘书梁某(女)相识恋爱,两人关系发展顺利,2008年办理了结婚登记。婚后,两人生活上相互照顾,工作上相互促进,三年下来就攒够了买房的首付。为了能少贷点款,以减少每个月的还款压力,两人决定把婚后共同购买的一辆汽车卖了。2012年3月经朋友介绍联系到买家刘某,祝某与刘某签订了一份买卖二手车的合同,约定:刘某以5万元的价格购买祝某的私家车一辆,合同签订后的第二日刘某必须支付购车款,祝某在收到购车款的当天应将该车交付给刘某,并于第二日办理汽车的过户登记手续。合同签订后的第二天,刘某就按约定把5万元购车款汇入祝某的银行账户,但车辆一直没有交付给刘某。就在当天晚上,祝某驾驶该车出去参加婚礼,因为喝了太多的酒,导致醉酒驾驶发生交通事故,抢救无效身亡,该车也在事故中报废。后刘某要求祝某的妻子梁某返还5万元购车款。但梁某辩称,该款是祝某所欠,现在祝某已经死亡,该债权债务已经消灭,刘某让自己偿还没有法律依据。

【案情重温】

本案争议的焦点是夫妻一方死亡,其生前用于夫妻共同生活的债务是否应由另一方清偿?首先,要认定该债务是否为夫妻共同债务。由于该车并没有交付给买方刘某,刘某并没有取得汽车的所有权,因此刘某有权要求返还已经给付的购车款,该购车款为夫妻关系存续期间产生的债务,应为共同债务。其次,该债务在夫妻一方死亡后,生存的另一方应否清偿?依据《婚姻法司法解释(二)》第二十六条规定,夫或妻一方死亡的,生存一方应当对婚姻关系存续期间的共同债务承担连带清偿责任。

✏ 【处理意见】

本案中,车辆买卖协议合法有效,因为该协议是在祝某和梁某夫妻关系存续期间所签订的,现刘某已经支付了5万元购车款,由于该汽车没有交付给刘某,刘某并没有取得汽车的所有权,所以祝某取得的5万元购车款构成祝某和梁某的夫妻共同债务。祝某死亡后,妻子梁某应对该债务承担连带清偿责任。

📋 【法律条文】

1.《婚姻法司法解释(二)》第二十六条 夫或妻一方死亡的,生存一方应当对婚姻关系存续期间的共同债务承担连带清偿责任。

2.《物权法》第二十四条 船舶、航空器和机动车等物权的设立、变更、转让和消灭,未经登记,不得对抗善意第三人。

🏠 【友情提示】

在司法实践中,汽车所有权的转移以交付为准,即使没有办理过户登记手续,汽车所有权也发生了转移,只是不能对抗善意第三人。另外,夫或妻一方死亡的,并不能导致夫妻共同债务的消灭,生存一方仍应承担连带清偿责任。

16. 婚内配偶一方向另一方借的债,离婚时如何处理?

🔍 【经典案例】

叶某与杨某于2006年6月6日登记结婚,婚后家庭收入全部由叶某保管。2008年3月,叶某与朋友合伙做生意,由于启动资金不足,叶某就提出向妻子杨某借款。妻子杨某担心生意会亏损而不同意借款。为了能让妻子借款给自己,叶某承诺签订一份协议书,如果生意不好风险由自己全部承担。于是二人签订了一份《借款协议》。在协议中约定:"甲方杨某,乙方叶某。乙方借款20万元用于从事个人经营活动,资金使用风险由乙方全部承担,做生意的一切经营活动与甲方无关。乙方须在2009年12月底归还甲方本金20万元。"2009年11月份,由于金融危机,叶某的生意失败,致使债务到期却无法向杨某偿还。这次生意的失败和借款纠纷也给夫妻生活蒙上阴影,导致夫妻之间的矛盾越来越多,2011年双方决定离婚。在离婚诉讼中,杨某将自己与叶某签订的《借款协议》拿出来,要求叶某偿还20万元的债务。而叶某认为,该借款应属于夫妻共同财产,夫妻之间的借款协议书无效,自己不用偿还该笔借款。本案应如何处理?

【案情重温】

本案争议的焦点是夫妻之间的婚内借款协议是否有效?离婚时应如何处理?夫妻对婚姻关系存续期间所得的财产以及婚前财产的约定,对双方具有约束力。本案中夫妻双方并不存在约定财产制,那么在夫妻关系存续期间获得的财产,除非法律有特别规定,都是夫妻共同财产。因而本案中,虽然名义上是叶某向杨某借款,但这笔借款仍属于夫妻的共同财产。根据《婚姻法司法解释(三)》第十六条规定,"夫妻之间订立借款协议,以夫妻共同财产出借给一方从事个人经营活动或用于其他个人事务的,应视为双方约定处分夫妻共同财产的行为,离婚时可按照借款协议的约定处理。"

【处理意见】

本案中,杨某与叶某夫妻之间订立借款协议,由杨某将20万元夫妻共同财产借给叶某从事个人经营活动,因此签订的借款协议应视为对夫妻共同财产的处分,该协议具有法律效力,离婚时可按照借款协议的约定处理。

【法律条文】

《婚姻法司法解释(三)》第十六条 夫妻之间订立借款协议,以夫妻共同财产出借给一方从事个人经营活动或用于其他个人事务的,应视为双方约定处分夫妻共同财产的行为,离婚时可按照借款协议的约定处理。

【友情提示】

婚内借款协议应视为夫妻双方对共同财产的处分,该协议是有效的。但司法实践中还要注意确认婚内借款的真实性,不能仅仅依据夫或妻出具的一纸"借条",还要看是否实际发生婚内借款的事实。对借款真实性的认定可以从款项的来源和去处两方面来考虑,也可以从举债的必要和出借的能力方面来考虑。否定以上两项内容中任意一项,都可以认定借款关系并未真实发生。

17. 借钱为父母看病所欠下的债,是否属于夫妻共同债务?

【经典案例】

2005年秦先生与汪女士结束了五年的爱情长跑,正式办理了结婚登记,婚后生育一子。丈夫秦先生在外辛苦工作、挣钱养家,妻子在家相夫教子、操持家务,日子过得也算平淡滋润。但家家都有一本难念的经,外表幸福平静的家庭,也隐藏着一些不尽如人意的地方。其中让妻子汪女士感觉最不满意的是,丈夫掌握家里的财政大权,家里的日常开销每次都要向丈夫索要,并且还需要向丈夫汇报具体开支情况。2009年6月,汪女士的母亲生病急需住院治疗,而手术费至少要5万,万般焦急的汪女士让丈夫秦先生拿出治疗费用,但被秦先生以存款还未到期为由拒绝了。迫于无奈,汪女士只得向朋友借款5万元,有了这笔钱,医院很快对汪女士的母亲进行手术,手术非常成功,汪女士的母亲身体很快恢复。看着母亲身体的康复,汪女士感觉非常开心,但同时也对丈夫秦先生的行为感到非常寒心。至此,双方蕴藏已久的矛盾终于爆发。最终汪女士起诉至法院,欲与秦先生离婚,两人对5万元债务的分割产生分歧。汪女士认为,这5万元债务应是夫妻共同债务,应当以夫妻共同财产来清偿。而秦先生则认为,汪女士借钱未征得自己同意,而且自己也没有义务偿还岳母治病所欠的债务,该笔债务应为汪女士的个人债务。

【案情重温】

本案争议的焦点是这5万元债务是否属于夫妻共同债务?夫妻共同债务一般是指在婚姻关系存续期间,为维持婚姻家庭共同生活或者为共同生产、经营活动所负的债务。一方在婚前所欠下的债务,如果借款的目的也是为了满足共同生活、生产的需要,也可以认定为夫妻共同债务。最高人民法院《关于人民法院审理离婚案件处理财产分割问题的若干具体意见》第十七条规定:夫妻为共同生活或为履行抚养、赡养义务等所负债务,应认定为夫妻共同债务,离婚时应当以夫妻共同财产清偿。本案中,汪女士借钱给母亲治病,正是为了履行赡养义务。所以,这5万元债务应属于夫妻共同债务。

✎ 【处理意见】

本案中,汪女士出钱为母亲治病是履行赡养义务,其为此而欠下的债务应当认定为夫妻共同债务。秦先生应当承担汪女士为母亲治病所欠下的债务,秦先生以汪女士借钱未经得其同意为由拒绝承担该债务是不合法的。

📋 【法律条文】

《最高人民法院关于人民法院审理离婚案件处理财产分割问题的若干具体意见》第十七条 夫妻为共同生活或为履行抚养、赡养义务等所负债务,应认定为夫妻共同债务,离婚时应当以夫妻共同财产清偿。

🏠 【友情提示】

《婚姻法》规定,父母对子女有抚养教育的义务;子女对父母有赡养扶助的义务。在婚姻关系存续期间,因赡养一方父母所欠的债务,应认定为夫妻共同债务,应当以夫妻共同财产来清偿。共同财产不足清偿的,或财产归各自所有的,由双方协议清偿;协议不成时,由人民法院判决。

18. 分居后丈夫的欠债能算夫妻共同债务吗?

🔍 【经典案例】

2010年6月的一天,一张法院的传票和起诉书突然送到了金女士手里,诉讼请求是要她还钱。可是金女士根本没在外面借过钱,怎么会有人到法院起诉她呢?异常纳闷的金女士仔细看了传票和诉状,发现原来被告除了她,还有她的丈夫何先生,而原告是金女士根本不认识的冯先生。冯先生起诉称:何先生在2008年6月至2009年6月一年时间陆续向自己借钱共计6万元,现还款期限已到,这笔债务应为夫妻共同债务,遂要求何先生和金女士夫妻共同偿还这笔欠债。金女士与何先生结婚多年,各自都有不错的工作,收入也是芝麻开花节节高。但是,丈夫何先生花钱大手大脚,其工资从来都不用于补贴家用,经常都是用于个人消费,甚至在工资花完后还会向金女士索要,使得金女士感觉要支撑一个家非常艰难。因为这事,两人经常吵架。2008年1月开始,两人因感情不和分居了。分居后,何先生并没有任何愧疚之心,仍然到处借钱出去玩,拆了东墙补西墙,在外面欠了冯先生6万元的债,现在被债权人冯先生告上了法庭。

【案情重温】

本案争议的焦点是:分居后配偶一方所欠的债务是否为夫妻共同债务?在司法实践中夫妻分居的原因有多种,对于夫妻感情良好或夫妻感情并没有完全破裂而是因为工作、医疗、子女就学、培训等客观事由引起的夫妻两地分居,在此期间为用于夫妻共同生活或共同生产、经营活动所形成的债务应认定为共同债务。但是对于夫妻因感情恶化或感情已经完全破裂而分居的,在分居期间所负的债务可慎重考虑为夫妻一方的个人债务。因为在此情况下的夫妻分居,主观上夫妻间已经丧失了共同生活的愿望,客观上已经结束了共同生活的状态,从而失去了建立夫妻共同财产的基础和条件,夫妻双方的经济关系已经中断,夫妻一方的财产收入已不以双方相互依存为前提,所得财产事实上已经处于分离状态,形成了两个独立的经济生活主体;虽然双方仍是夫妻关系,但这只是身份关系而已。因此,此种情形下的夫妻一方债务若认定为夫妻共同债务,显然有失公允。

【处理意见】

所谓夫妻共同债务,是指夫妻双方因婚姻关系共同生活,以及在婚姻关系存续期间,履行法定扶养义务所负的债务。分析该笔债务是否是夫妻共同债务,关键在于有无用于夫妻共同生产经营或生活,夫妻有无借款的合意。本案中,金女士与何先生是合法夫妻关系,但两人因感情不和处于分居状态,彼此已经在经济上和生活上分离,何先生的借款是在金女士完全不知情的情况下的借债,也没有用于夫妻共同生活所需,不应当认定为夫妻共同债务。

【法律条文】

《婚姻法司法解释(二)》第二十四条 债权人就婚姻关系存续期间夫妻一方以个人名义所负债务主张权利的,应当按夫妻共同债务处理。但夫妻一方能够证明债权人与债务人明确约定为个人债务,或者能够证明属于婚姻法第十九条第三款规定情形的除外。

【友情提示】

确认婚姻关系存续期间的债务属于夫妻一方个人债务还是夫妻共同债务,一般应以夫妻有无共同举债的合意这个因素为衡量的标准。如果夫妻有共同举债之合意,则不论该债务所带来的利益是否为夫妻共享,仍均应视为夫妻共同债务。

19. 丈夫在押期间妻子以夫妻共同房产抵押贷款,丈夫需偿还吗?

【经典案例】

1998年10月适龄青年钱某与魏某办理了结婚登记手续。婚后两人努力工作,拼命挣钱。经过五年的辛苦奋斗,加之当时房地产价格也比较便宜,两人全款买了一套100平方米的商品房,一年后买了一辆小轿车,提前过上了小康生活。但是好景不长,2010年9月魏某因涉嫌交通肇事罪被羁押,屋漏偏逢连夜雨,在丈夫魏某被羁押期间,自家的生意又急需用钱,于是妻子钱某携带夫妻共同房产证件,找人冒用魏某签名,独自到某银行办理了抵押贷款。借款合同约定:借款人按季付息,分期还本,即2010年11月归还本金6万元,2011年11月归还剩余本金12万元。因钱某未在约定日期前还款,某银行多次催收无果,遂将钱某及借款担保人魏某一同诉至人民法院,请求法院判令二被告共同偿还其借款本金及利息,并享有对二被告抵押房产的优先受偿权。钱某被诉后即消失,魏某则以已与钱某离婚,且未作为借款担保人签过字为由,认为银行审贷不严,钱某的贷款亦未用于家庭共同生活开支,不属于共同债务,故拒绝承担任何责任。

【案情重温】

根据《婚姻法》规定,离婚时,原为夫妻共同生活所负的债务,应当共同偿还。本案中,因为家里的生意急需用钱,钱某在丈夫不知情的情况下,将房子抵押贷款所产生的债务,是用于夫妻共同生活,该债务形成于两人婚姻关系存续期间,且魏某未能举证证明这笔贷款为钱某个人债务,应认定为夫妻共同债务。

✏️ 【处理意见】

本案中,钱某以夫妻共同房产办理抵押贷款,该债务形成于夫妻关系存续期间,且借款用于经营,因魏某没有充分证据证明该笔贷款为钱某个人债务,所以应与钱某共同偿还该债务。

📋 【法律条文】

《婚姻法》第四十一条 离婚时,原为夫妻共同生活所负的债务,应当共同偿还。共同财产不足清偿的,或财产归各自所有的,由双方协议清偿;协议不成时,由人民法院判决。

🏠 【友情提示】

夫妻一方在对外借债的时候,应尽量告知另一方,以便夫妻能达成借款的合意,共同处理家庭的债务问题。如果一方擅自借债,夫妻另一方主张该债务为一方个人债务时,必须要举证证明该债务并没有用于家庭共同生活。

20. 离婚后夫妻一方清偿共同债务后,有权向另一方追偿吗?

🔍 【经典案例】

丁某(男)与穆某(女)于2006年10月离婚,因婚生女由穆某直接抚养,双方便在离婚协议中约定,对于夫妻关系存续期间因支付房屋首付款而向陈某所借的10万元债务,由丁某负责偿还7万元,由穆某负责偿还3万元。达成离婚协议后,穆某依约偿还了债权人陈某3万元,并将离婚协议出示给陈某,告知剩余债务应由丁某偿还,但丁某却以无经济能力为由拒不偿还。无奈之下,陈某以该债务系夫妻共同债务,要求丁某和穆某共同偿还尚欠的7万元,法院判决支持陈某的诉讼请求。2009年10月在法院强制执行下,穆某依照生效的法律文书向陈某偿还了7万元。虽然穆某的经济境况优于丁某,但离婚协议明确约定了该项债务应由丁某负担,没理由让自己承担。穆某越想越气,在多次找丁某理论无果的情况下,于2010年5月将丁某起诉至法院,认为离婚协议已经明确约定丁某应负责向陈某偿还7万元,这部分款项属于丁某的偿还义务,在代为偿还的前提下丁某应向自己返还该款项。而丁某则认为,离婚协议不能对抗债权人,而且当时签订协议时只是为了达到离婚的目的,因而签订的内容并非出于其真实意思表示。该协议无权约束离婚双方,该债务应由夫妻双方平均分割,穆某应负责偿还5万元,而不是3万元,丁某只同意负责偿还5万元。

【案情重温】

离婚时原为夫妻共同生活所负的债务,应当由夫妻共同偿还,夫妻对该债务承担连带清偿责任,但夫妻可以以协议或由法院判决的方式明确各自的偿还数额。在夫妻双方以协议方式明确各自的清偿数额后,一方就共同债务承担连带清偿责任后,可基于离婚协议而向另一方追偿。本案中,丁某认为离婚协议对共同债务的约定系出于达到离婚的目的,非出于其真实意思表示,但没有证据证明其在签订离婚协议的过程中存在胁迫或重大误解等情形,应认定该协议体现了夫妻双方真实的意思表示,应当成为夫妻之间分担债务的标准。所以,丁某提出的应平均分割债务的主张与其自身签订的离婚协议存在冲突,对其主张依法不应支持。

【处理意见】

本案中,原告穆某和被告丁某签订的离婚协议合法有效,穆某基于夫妻共同债务的连带责任向债权人陈某偿还了7万元后,有权依照其与丁某签订的离婚协议向丁某行使追偿权,原告穆某的主张应予支持。

【法律条文】

《婚姻法司法解释(二)》第二十五条第二款 一方就共同债务承担连带清偿责任后,基于离婚协议或者人民法院的法律文书向另一方主张追偿的,人民法院应当支持。

【友情提示】

夫妻离婚后仍应对婚姻关系存续期间所欠的用于共同生活的债务承担连带责任。夫妻对外承担连带责任,是指夫妻一方在共同债务中应当承担的债务份额不能成为其向债权人拒不履行债务的抗辩理由,但这并不意味着夫妻内部之间不存在债务分担的份额。在承担了连带责任的夫或妻一方,事后可以按照法律规定或者协议约定的债务分担份额,就超出自己承担的债务份额向另一方追偿。

第七编

离婚后子女抚养纠纷处理指南

1. 协议离婚后因抚养权变化引起纠纷的,该怎么办?

【经典案例】

1997年2月,路某(男)与黎某(女)在交往一年后结婚,1998年3月生育一子路航。2002年在儿子路航4岁时,因路某与黎某双方感情确已破裂,在某区民政局办理协议离婚手续。根据该离婚协议的约定,双方婚生子路航由黎某抚养,路某每月向黎某支付500元抚养费。2003年,黎某与单位一直暗恋她的同事陈某再婚,并与其夫陈某于2004年又生育一子陈宇。在与路航的生活中,继父陈某与路航相处不睦,有邻居证实,陈某有经常打骂路航的行为。当陈某有了亲生儿子陈宇后,他对继子路航更加厌恶,态度也越来越恶劣。2005年,路某与另一女子兰某结婚,婚后无子女,且兰某对路航十分喜欢,每次探望,路航都十分开心,兰某也依依不舍。在得知自己的儿子路航所遭受的歧视待遇后,路某和兰某都感觉非常心痛,决心夺回对路航的抚养权,给孩子完整的爱。于是2010年4月,路某向法院起诉,要求变更对路航的抚养关系。

【案情重温】

路某诉称:根据自己与黎某的离婚协议,婚生子路航由女方黎某抚养。但离婚之后,黎某再婚,由于其再婚之夫陈某对路航态度粗暴,且常有打骂行为,已严重影响孩子的身心健康。现原告虽然再婚,但其妻兰某亦十分喜欢路航,两人又未生育,故要求变更抚养权,路航由自己抚养。黎某辩称:“我与路某离婚之后,对路航体贴照顾,因生活窘迫,加之单身总不是办法,故于2003年再婚。婚后,其夫陈某对路航视同己出,只是教育方式简单粗暴了一些,但出发点和用意是好的,现好不容易将孩子拉扯大,故不同意变更抚养权。”

【处理意见】

法院审理案件中,听取了证人兰某的意见,并征求了已12岁的路航的意见。兰某表示十分高兴与路航共同生活,保证对其良好照顾。路航则表示愿意与父亲路某一起生活。据此,人民法院依法判决变更抚养关系,孩子由路某抚养,黎某每月支付抚养费400元。

【法律条文】

《最高人民法院关于人民法院审理离婚案件处理子女抚养问题的若干具体意见》第十六条 一方要求变更子女抚养关系有下列情形之一的,应予支持:

(一)与子女共同生活的一方因患严重疾病或因伤残无力继续抚养子女的;

(二)与子女共同生活的一方不尽抚养义务或有虐待子女行为,或其与子女共同生活对子女身心健康确有不利影响的……

【友情提示】

当父母离婚后,十周岁以上的未成年子女随父亲还是随母亲生活,可以征求本人意见。一旦判决归谁抚养后,也不是"一判定终身",当与子女共同生活一方出现不尽抚养义务或有虐待子女行为等不适合抚养子女的情形时,未与子女共同生活一方又有抚养能力的,可以起诉至法院请求变更抚养权。

2. 父母离婚时,两周岁以下的子女可以随父亲生活吗?

【经典案例】

董某(男)与胡某(女)于2007年4月12日登记结婚,于2009年6月8日生育一子董某某。因为胡某是某上市公司的经理,平时工作很繁忙,儿子出生后就断奶了,并由工作比较轻松的丈夫董某抚养,有时也由董某的父母帮助照看。胡某因在公司长期担任管理人员,性格好强,而且在家也喜欢发号施令,加之工作压力很大,脾气也变得越来越暴躁,稍有不顺心的事就对家人发火,而且对儿子也不闻不问,以各种理由推脱对儿子应尽的抚养义务。2010年11月,不堪忍受不幸婚姻的丈夫与妻子协议离婚,双方对财产分割和离婚问题都没有异议,只是对儿子的抚养问题不能达成一致意见。胡某认为,儿子还不满2岁,需要母亲照顾更多一些,儿子与自己生活更有利于健康成长。但董某及其父母认为,"孩子是董家的后代,且一脉单传,从出生一直都是我们在抚养,儿子和我们的感情很好,尤其是奶奶对小孩奉若掌上明珠,小孩更离不开我们,坚决不同意让女方带走。"

【案情重温】

依据《婚姻法》规定,离婚后,哺乳期内的子女,以随哺乳的母亲抚养为原则。本案中,小孩董某某在父母离婚时尚不满2周岁,应属于法律上的哺乳期。从哺乳期小孩心理需要和生理特点来看,对母亲心理上的依赖、生理上的需求,是父亲所不能替代的。但是哺乳期内的子女随母亲共同生活作为一项规定并不是绝对的,母亲患有久治不愈的传染性疾病或其他严重疾病、母亲有抚养条件不尽抚养义务,而父方要求子女随其生活等情形之一的,子女可随父亲生活。

【处理意见】

联系到本案,由于董某某的母亲有抚养条件不尽抚养义务,而父亲董某要求儿子与其生活,并且儿子与父亲和爷爷奶奶的感情更亲近,并习惯了和他们在一起的生活,在生理和心理上更倾向于依赖父亲。从有利于儿子健康成长的角度,董某某应随父亲生活。

【法律条文】

1.《婚姻法》第三十六条第三款 离婚后,哺乳期内的子女,以随哺乳的母亲抚养为原则。

2.《最高人民法院关于人民法院审理离婚案件处理子女抚养问题的若干具体意见》第一条 两周岁以下的子女,一般随母方生活。母方有下列情形之一的,可随父方生活:

(一)患有久治不愈的传染性疾病或其他严重疾病,子女不宜与其共同生活的;

(二)有抚养条件不尽抚养义务,而父方要求子女随其生活的;

(三)因其他原因,子女确无法随母方生活的。

【友情提示】

父母离异,客观上会造成子女不能同时与父母共同生活的后果,由夫妻一方照顾未成年子女,另一方承担抚养费成为大部分离异家庭的选择。对未成年子女的安排,应当从有利于子女身心健康、保障子女的合法权益出发,结合父母双方的抚养能力和抚养条件等具体情况妥善解决,把父母离婚给孩子带来的负面影响降到最小。

3. 离婚诉讼中夫妻双方争养子女的,应如何处理?

【经典案例】

石某(女)与江某(男)经朋友介绍相识,三个月后登记结婚。因两人婚前缺乏了解,性格及生活习惯差异较大,婚后经常吵架。2009年儿子江舟出生,儿子的到来并未缓和双方矛盾。在一次夫妻间的家庭战争又一次爆发后,石某一气之下,丢下哺乳期的儿子到外地打工。忙于工作的江某只好让自己的父母照看儿子,期间夫妻感情也越来越冷淡。孩子江舟两岁后,江某向法院提起离婚诉讼。庭审中,两人表示同意离婚,对财产分割也无异议,唯一的矛盾焦点是在儿子的抚养权问题上。江某提出儿子江舟自幼随祖父母共同生活,和祖父母有深厚的感情。自己的父母有能力也愿意照顾江舟。而石某由于儿子自幼不在自己身边生活,缺乏抚育子女的经验,并且骤然改变生活环境,对儿子的健康成长不利。本着有利于子女的身心健康和保障子女的合法权益的原则,江舟应当由自己抚养。石某则认为丈夫江某经常出差,无暇照顾儿子。而自己在生育儿子后已经做了绝育手术,具有优先抚养子女的条件,且自己没有其他不利于子女身心健康成长的情况,儿子江舟应由自己直接抚养。

【案情重温】

哺乳期后的子女,如双方因抚养问题发生争执不能达成协议时,由人民法院根据子女的权益和双方的具体情况判决。根据《最高人民法院关于人民法院审理离婚案件处理子女抚养问题的若干具体意见》的规定,哺乳期后(两周岁以上未成年的)子女应当由父母双方协商抚养。既可以随父方生活,也可以随母方生活。对于两周岁以上的未成年子女,父方和母方均要求随其生活的情况,应当本着有利于子女身心健康,保障子女的合法权益的原则,结合父母双的抚养能力和抚养条件等具体情况妥善解决。在本案中,石某在生育江舟后已经做了绝育手术,没有生育能力,而江某还有生育能力。如果不支持其抚养子女,丧失生育能力的一方将终身失去抚养子女的机会。所以,石某具有绝对的优先抚养条件,而江某不具有相应的条件,双方抚养子女的条件有重大差别。

【处理意见】

两周岁以上未成年的子女,父方和母方均要求随其生活,一方已经做绝育手术或因其他原因丧失生育能力的,应当优先考虑。在本案中,江舟已经年满两周岁,父母双方在离婚时均要求江舟随其生活,而石某在生育江舟后已经做了绝育手术,其有优先抚养子女的条件,且石某没有其他不利于子女身心健康成长的情况。因此,江舟应当判由石某直接抚养,江某承担部分抚养费。

【法律条文】

《最高人民法院关于人民法院审理离婚案件处理子女抚养问题的若干具体意见》第三条 对两周岁以上未成年的子女,父方和母方均要求随其生活,一方有下列情形之一的,可予优先考虑:

(一)已做绝育手术或因其他原因丧失生育能力的……

【友情提示】

离婚时若想取得子女抚养权,最好平常多照顾孩子,增加与孩子的感情;如果双方已分居,最好争取与孩子一起生活;若双方都忙于工作,最好让自己的父母帮助照看孩子,但不能伤害孩子的感情,不要刻意地突然改变孩子的生活方式;若孩子已满十周岁,也要尊重他的意见,不可盲目争取抚养权而伤害孩子,毕竟抚养权的归属最终都是为了孩子能健康成长。

4. 孩子的抚养权归属应当优先考虑经济条件还是与一方的感情基础?

【经典案例】

原告周某(女)与被告付某(男)于2005年登记结婚,于2006年5月生有一女。付某常年在外务工,工作较为稳定,婚前个人财产10多万元。周某因为身体原因,时常没有正当工作,收入来源不稳定,其大多数时间都是在家照顾女儿。婚后夫妻两人聚少离多,感情逐渐疏远。2010年3月,周某向人民法院提起离婚诉讼,后法院判决不准离婚。这次离婚官司让两人恩断义决,从此在同一屋檐下生活的夫妻却过着同床异梦的生活。2011年6月周某再次向人民法院提起离婚诉讼,并要求小孩随自己生活。付某对离婚表示同意,但坚持争取小孩的抚养权,认为自己的经济条件优于周某,自己有更好的能力抚养小孩,甚至提出可以不要周某支付抚养费。

【案情重温】

本案中判定小孩由谁抚养存在一定的难度。因为由原告周某抚养的好处在于小孩一直由周某悉心照料,在感情上与周某更亲近;由被告付某抚养的好处在于经济相对宽裕,有较稳定殷实的收入来源,能给孩子提供优裕的生活和受教育的条件。《最高人民法院关于人民法院审理离婚案件处理子女抚养问题的若干具体意见》第三条规定了抚养权可予优先考虑的情形:即子女随其生活时间较长,改变生活环境对子女健康成长明显不利的。本案原告虽然在收入上相对被告少得多,但是付某仍需要支付抚养费,可在一定程度上弥补原告经济条件差的缺陷。且被告与小孩感情相对不深,而原告照顾小孩生活长达五年之久,母女感情深厚,熟悉小孩的习性、爱好等,更有利于小孩的健康成长。

【处理意见】

收入高仅是作为考虑子女抚养问题的其中一个因素,并不是决定性因素,其决定性因素是有利于子女成长的原则。结合本案的情况可以理解为《最高人民法院关于人民法院审理离婚案件处理子女抚养问题的若干具体意见》第三条第二款之情形,即改变生活环境对子女健康成长明显不利,应判决由原告来直接抚养更加有利于孩子的身心健康。

【法律条文】

1.《婚姻法》第三十六条第三款 离婚后,哺乳期内的子女,以随哺乳的母亲抚养为原则。哺乳期后的子女,如双方因抚养问题发生争执不能达成协议时,由人民法院根据子女的权益和双方的具体情况判决。

2.《最高人民法院关于人民法院审理离婚案件处理子女抚养问题的若干具体意见》第三条 对两周岁以上未成年的子女,父方和母方均要求随其生活,一方有下列情形之一的,可予优先考虑:

(一)已做绝育手术或因其他原因丧失生育能力的;

(二)子女随其生活时间较长,改变生活环境对子女健康成长明显不利的……

【友情提示】

对于婴幼儿来说,健康成长所需的最重要的条件,不是优越的物质条件,而是一个良好的成长环境。孩子跟随一方时间较长的,会在心理上产生强烈的依赖感,如果突然变更抚养关系,则对孩子的成长极为不利。所以应当从保护未成年人心理健康角度出发,把孩子同父母一方的感情基础作为第一考虑因素,避免让未成年人尤其是5~10周岁的儿童遭受二次伤害。

5. 父母离婚时如何正确使用轮流抚养子女的方式?

【经典案例】

2006年大龄青年刘某与剩女吴某经人介绍认识,相处了一年后,彼此感觉还能适应,为了早日摆脱世俗的眼光,在双方父母的催促下于2007年仓促结婚,并于2008年10月16日生育一子。此后由于双方性格不合,经常吵架,导致夫妻感情破裂。婚姻关系存续期间,没有购置共同财产,也没有共同债务。2010年7月,刘某起诉至法院要求与吴某离婚,婚生子由其抚养。

本案在审理过程中,经法院主持调解,双方当事人自愿达成如下协议:

一、原告刘某与被告吴某自愿离婚。

二、婚生子由双方轮流抚养。即自2010年8月25日起至2012年8月24日止由被告吴某抚养;2012年8月25日起至2014年8月24日止由原告刘某抚养,原被告每人抚养两年,以此类推,抚养费各自承担,直至小孩独立生活为止。

三、在各自抚养期间,没有直接抚养的一方有探望婚生子的权利,于每周星期六探望一次,对方应给予协助。

【案情重温】

轮流抚养可以弥补单方抚养的弊端,更有利于未成年子女的身心健康。如果夫妻双方有轮流抚养子女的意愿,法院可以支持。但是,轮流抚养也有消极的一面,经常改变子女的学习、生活环境,使其处于不稳定的生活状态,因此法院要认真审查夫妻双方的轮流抚养协议,以确保符合子女的最大利益。本案的处理,充分运用诉讼调解的优势,在考虑双方当事人的感受的基础上,最终达成双赢。该调解协议突破了传统的将孩子单一确定给一方抚养,他方只能探视的模式,可以在权利与义务之间起到平衡作用,既能保障履行抚养子女的义务,又能维护离婚夫妻的抚养权利。

【处理意见】

轮流抚养可避免离婚时父母双方争夺抚养权的"战争",保障未成年子女与父母双方都有接触,使子女得到相对完整的父爱和母爱,最大限度地减少因父母离婚对子女的伤害,有利于子女身心方面的健康发展,从而保护子女的最大利益。法院在处理该纠纷时要注意实质性和程序性的审查。实质性的审查包括父母与子女的感情,双方的抚养教育能力及真实意愿,当然还有法律的特别规定。程序性的审查要注意轮流抚养的方式、时间,以及抚养费用和有关探视的权利。

【法律条文】

《最高人民法院关于人民法院审理离婚案件处理子女抚养问题的若干具体意见》第六条 在有利于保护子女利益的前提下,父母双方协议轮流抚养子女的,可予准许。

【友情提示】

我国现阶段,由于经济条件的限制和传统意识的影响,养老主要沿用子女赡养的传统模式。离婚后,由双方轮流抚养子女的方式,既符合普遍存在的养儿防老思想意识,又有利于子女的身心健康。但是,由于轮流抚养有着一定的条件限制,很多父母不知道可以协商轮流抚养子女,法官也没有意识到这种抚养方式的价值,在审理过程中仍采取传统的抚养模式,这就需要当事人协商处理好子女的轮流抚养问题。

6. 离婚后生父死亡的,继母要对形成抚养关系的继子女尽抚养义务吗?

【经典案例】

1997年未婚女青年王某经人介绍认识了离异军官姜某,而姜某与前妻肖某离婚时法院判决4岁的孩子姜萍萍(化名)随姜某一起生活。1998年王某与姜某结婚后,女儿姜萍萍就与他们共同生活。期间,萍萍的生母肖某从未来看望过她,也不支付抚养费,而继母王某对萍萍比亲生母亲还好,这让姜某也感到非常的庆幸和高兴,一家三口就这样幸福甜蜜地在一起生活了一年。但是好景不长,姜某和王某在一年的共同生活中,发现了各自的秘密和缺点,矛盾也逐渐增多,2003年两人协议离婚。在离婚的第二天,姜某在外出执行任务时因飞机失事而死亡。姜某的父亲也因受到意外打击病故。虽然王某已经与姜某离婚,因萍萍除了生母以外没有其他亲人,且萍萍也愿意和继母王某共同生活,于是,王某还是将继女姜萍萍带在身边抚养。2006年王某再婚,因新婚丈夫不愿意接纳姜萍萍,经常拿萍萍的事找茬,同时自己的家庭负担也很重,为了自己的婚姻和家庭,王某找到萍萍的生母肖某,要求她把萍萍领回去抚养,但遭到肖某的拒绝。随后,王某向法院提起诉讼。

【案情重温】

生父离婚后死亡,继母能否要求继子女的生母将子女领回抚养?处理这一问题的关键是正确认识在生父死亡后,与子女形成抚养关系的继母与生母之间的关系。首先,从法律上看,生父母对子女是基于血缘关系所产生的一种法律关系,这种关系决定了生父母对子女是第一位的亲权关系,并不因为父母离婚而消除。其次,根据《最高人民法院关于人民法院审理离婚案件处理子女抚养问题的若干具体意见》第十三条规定:生父与继母、生母与继父离婚时,对曾受其抚养、教育的继子女,继父或继母不同意继续抚养的,仍应由生父母抚养。生父母对子女的抚养、教育是基于血缘关系,履行法定监护职责的应有义务;而继父母与继子女是基于姻亲关系所产生的一种事实上的抚养关系。当姻亲关系与血缘关系、事实关系与法律关系发生冲突时,当然是后者更应得到法律的支持。当然如果继父母同意继续抚养继子女,则也可以由其抚养,以有利于未成年人的健康成长。否则,仍应由生父母抚养。

【处理意见】

姜萍萍系姜某与肖某的婚生子,她与生母肖某所形成的血缘关系,不因姜某与肖某的离婚而解除,肖某对萍萍仍有法定的抚养教育义务。在姜某与王某再婚后,基于共同生活的姻亲关系王某对姜萍萍进行了抚养教育,形成了继母与继女关系,但这种拟制的血亲关系,并不能对抗继女的生母肖某的抚养权。在姜某与王某离婚后,王某有权拒绝抚养姜萍萍。

【法律条文】

1.《婚姻法》第三十六条 父母与子女的关系,不因父母离婚而消除。离婚后,子女无论由父或母直接抚养,仍是父母双方的子女。离婚后,父母对于子女仍有抚养和教育的权利和义务。

2.《最高人民法院关于人民法院审理离婚案件处理子女抚养问题的若干具体意见》第十三条 生父与继母或生母与继父离婚时,对曾受其抚养教育的继子女,继父或继母不同意继续抚养的,仍应由生父母抚养。

【友情提示】

再婚配偶对对方带来的子女本无抚养教育的义务,父或母再婚的事实不过是使其抚养子女的条件发生一些变化而已,继父或继母基于婚姻关系的形成客观上充当了生母或生父抚养子女的帮手,但继父或继母并不因此产生对继子女的法定抚养义务。当然,继父或继母不同意继续履行对继子女的抚养义务,同时也就放弃了在其年老或丧失劳动能力的情况下,要求成年的继子女对其赡养的权利。

7. 抚养费应如何确定?

【经典案例】

曹某(女)与张某(男)于2004年登记结婚,2006年生育一子取名张小米(化名)。后因两人性格不合,平时生活摩擦纷争不断,最终导致感情破裂。2008年曹某与张某协议离婚,并办理了离婚手续。双方在离婚协议书中约定,夫妻共同财产全部归曹某所有,婚生子张小米由曹某抚养,张某不再承担张小米的任何费用。五年后,为了更好地培养儿子,不让他输在人生的起跑线上,曹某准备让张小米就读于私立学校,但因为私立学校学费高,花销大,曹某的个人收入不能承担高额的费用,故曹某诉请法院判决张某每月支付500元抚养费,并按票据给付一半教育费。庭审中,张某提出自己没有工作,无抚养能力,且当初离婚时根据离婚协议的规定,夫妻共同财产已全部归曹某所有,自己不再承担张小米的任何费用,所以不同意支付抚养费用和教育费。

【案情重温】

本案争议的焦点有两个,一是张某应否支付抚养费;二是如果张某应支付抚养费,每月应支付多少?未成年子女的父母,只要具有劳动能力,就应通过劳动获得收入抚养子女,没有工作不能成为逃避抚养义务的理由。同时,虽然曹某与张某约定,将双方婚姻存续期间共同财产归曹某所有,张某不承担抚养费用,但父母抚养子女是其法定义务,约定不能对抗法定,张某仍应支付抚养费。

关于第二个焦点,张某应支付多少抚养费,是否还需按票据支付一半教育费?《婚姻法司法解释(一)》第二十一条规定:婚姻法第二十一条所称"抚养费",包括子女生活费、教育费、医疗费等费用。按照现行法律规定,不再区分生活费、教育费和医疗费等,而是综合确定一个抚养费数额。子女的生活水平及受教育的条件,应以满足子女的实际需要并符合双方现有的经济条件为限。张小米就读于私立学校,致使其学习生活费用大幅增加,超过了双方的负担能力,应按照其就读于普通公办学校的标准计算教育费,就读私立学超出的费用,应由曹某自行承担,张某只应在合理限度范围之内承担部分费用。

【处理意见】

本案被告张某是一名身强体壮的中年男子,完全具有劳动能力,其应通过劳动获取报酬抚养子女,没有工作不是其拒绝抚养的理由,其应支付抚养费。张某应当按照张小米就读普通学校的正常花销及其负担能力承担抚养费用,最终法院一并结合当地实际生活水平,判决张某每月支付300元的抚养费。

【法律条文】

1.《婚姻法》第三十七条 离婚后,一方抚养的子女,另一方应负担必要的生活费和教育费的一部或全部……

2.《婚姻法司法解释(一)》第二十一条 婚姻法第二十一条所称"抚养费",包括子女生活费、教育费、医疗费等费用。

3.《最高人民法院关于人民法院审理离婚案件处理子女抚养问题的若干具体意见》第七条 子女抚育费的数额,可根据子女的实际需要、父母双方的负担能力和当地的实际生活水平确定……

【友情提示】

夫妻共同财产的分割与履行抚养义务是两个法律关系,分割共同财产是对夫妻双方婚姻关系存续期间二人的共同受益进行处置,而履行抚养义务是父母对未成年子女的应尽的法律义务,二者无论是处理的法律关系还是处置的法律后果,都存在很大的区别,不能因为财产权利的放弃而不履行抚养义务。

8. 协议离婚后因抚养费数额变化引起纠纷的,该怎么办?

【经典案例】

魏某(男)与刘某(女)1996年因夫妻感情不和离婚。在办理协议离婚手续时,魏某因从事当时热门的手工动漫制作,月工资收入近万元,故双方协议婚生子魏强(两周岁)的抚养费每月2000元,每月底前由魏某通过银行汇到刘某指定的账号。8年过去了,魏某的生活境况发生了很大的变化。魏某于1997年再婚,并于1997年又生一子魏刚。1999年,魏某与其妻又按揭在上海某小区购买了一套商品房,月供近5000元。2000年,魏母患重病住院,至今一直未治愈。同时,世界动画市场发生了很大的改变,手工绘制已被电脑3D取代,魏某的工资收入从近万元一直滑到2005年下半年的3000元左右。魏某再按原离婚协议每月支付2000元抚养费深感力不从心,于是魏某通过中间人与刘某商议,看对魏强的抚养费能否协商酌情减少。但魏某的提议立即遭到刘某的强烈反对,刘某认为是魏某想推脱作为父亲的养育责任,坚决不同意减少抚养费的要求。无奈之下,魏某将自己的儿子魏强告上法院,要求减少对魏强的抚养费。

【案情重温】

原告魏某诉称:原告与被告之母刘某于1996年4月因夫妻感情不和协议离婚,双方约定由魏某每月支付婚生子魏强2000元抚养费,至18岁为止。现因自己工作收入明显下降,家庭开支明显增大,且在9年间,已累积向原告支付了20余万元的生活费,故请求法院依法判令酌情减少抚养费数额。被告魏强的法定代理人罗某辩称:离婚协议中约定抚养费每月2000元,原告应予以遵守。现原告辩称其收入锐减不是事实,其家庭开支增大与支付抚养费之间没有必然因果关系,故要求法院依法驳回原告诉讼请求。

【处理意见】

子女抚育费的数额,可根据子女的实际需要、父母双方的负担能力和当地的实际生活水平确定。本案中,魏某的工资收入明显下降,如果仍支付2000元的抚养费,会大大加重魏某的负担压力,甚至影响到魏某自己的基本生活,对魏某也不公平。经法院及双方代理律师调解,最终双方达成调解协议,魏某支付的抚养费从每月2000元减少至每月600元。

【法律条文】

《最高人民法院关于人民法院审理离婚案件处理子女抚养问题的若干具体意见》第七条 子女抚育费的数额,可根据子女的实际需要、父母双方的负担能力和当地的实际生活水平确定……

【友情提示】

有固定收入的,抚育费一般可按其月总收入的百分之二十至百分之三十的比例给付。无固定收入的,抚育费的数额可依据当年总收入或同行业平均收入,参照上述比例确定。有特殊情况的,可适当提高或降低上述比例。

9. 离婚后一方对子女不尽抚养义务,可追究其违约责任吗?

【经典案例】

2009年10月,原告叶某(女)与被告张某(男)登记结婚,一年后两人生育一女。由于感情不和,双方于2011年1月4日登记离婚,离婚协议中约定孩子由女方叶某抚养,张某每月1至5日给付抚养费1000元,直到孩子年满18岁为止,同时约定,如果张某不按时给付抚养费,要自愿承担违约金10万元。可从2012年4月开始,张某就开始不给女儿抚养费,而此时叶某早已因病离职一年多,这导致叶某与女儿的生活一度陷入困境,甚至影响到女儿的教育问题。于是2012年8月,叶某诉至法院要求前夫履行给付抚养费的义务,并承担10万元的违约金责任。

【案情重温】

《合同法》第一百一十四条规定:当事人可以约定一方违约时应当根据违约情况向对方支付一定数额的违约金,也可以约定因违约产生的损失赔偿额的计算方法。约定的违约金过分高于造成的损失的,当事人可以请求人民法院或者仲裁机构予以适当减少。原被告明确约定了给付抚养费的期限及违约责任,被告迟延给付抚养费,存在违约行为,理应承担违约责任;原告未能提供相关证据证实被告违约行为产生的损失,损失应为迟延给付期间的利息,而双方约定的违约金10万元,过分高于原告的损失,应被告要求,应当予以降低。

【处理意见】

违约金是高还是低,要看违约所造成的实际损失。如果违约金过分高于损失,可以减少违约金,一旦低于损失,则可以增加。发生这种情况时,当事人要向法院提出申请,法院才会予以调整。最终法院判决张某只给付违约金5000元。

【法律条文】

1.《合同法》第一百零七条 当事人一方不履行合同义务或者履行合同义务不符合约定的,应当承担继续履行、采取补救措施或者赔偿损失等违约责任。

2.《合同法》第一百一十四条 当事人可以约定一方违约时应当根据违约情况向对方支付一定数额的违约金,也可以约定因违约产生的损失赔偿额的计算方法……

【友情提示】

我们在合同约定中不要"漫天要价",因为法律是不允许不当得利的。因此违约金的约定既不能过高,也不能过低,应以给对方造成实际损失为准,该实际损失包括合同履行后可以获得的利益,所以一定要注意保留有关损失的证据。

10. 离婚协议放弃探望权后能否要求恢复?

【经典案例】

原告齐某(男)的父亲与被告樊某(女)的父亲为战友,在两家父母的牵线搭桥下,齐某与樊某在2006年国庆节举行结婚仪式,并在国庆节后办理了结婚登记手续,于2007年生育一子。因双方婚前都是父母在操办婚事,彼此缺乏了解,婚后因性格不合经常吵闹。于是,感觉婚姻已经走到尽头的两人,为了不伤害彼此的家庭,于2012年协议解除婚姻关系。双方达成了如下协议条款:1.由樊某负责抚养孩子,抚养费自理;2.齐某放弃对孩子的探望权;3.双方共同生活期间财产归各自所有,没有共同债权债务。自双方解除婚姻关系后,齐某因为思念小孩,于是多次到樊某家试图探望,均遭到樊某及其家人的拒绝。齐某非常后悔自己曾经签订的放弃对孩子探望权的协议,不能与儿子见面的痛苦时时折磨着齐某,为了能见到自己日思夜想的儿子,齐某起诉至人民法院,请求法院判决支持自己每月探望孩子一次。

【案情重温】

从探望权的性质来看,探望权是指夫妻离婚后,不直接抚养子女的父或母按照离婚协议或法院判决,遵循一定的方式和时间,探望子女的权利。从探望权立法的目的来看,中国的亲子关系是以社会为本位的,法律在保护父母合法权益的同时,也注重未成年子女的利益。规定探望权的意义则在于:保证非抚养一方能够定期与子女团聚,使子女完整地享受父母之爱,以减少家庭残缺对子女身心发育带来的负面影响。从本案来看,双方所生儿子已满5周岁,已经有一定的认知能力,正是对父爱有强烈的需求的年龄,如果齐某能够定期进行探望,对其心智发育健康成长是有利的,也符合法律设立探望权的立法本意。

【处理意见】

探望权属于身份权的范畴,是基于父母子女关系而享有的身份权,也是有子女的父或母,基于夫妻离婚而产生的一种身份权。因此齐某和樊某虽协议解除了婚姻关系,但是双方仍是子女的父母,这种身份关系仍然存在,樊某无权通过协议的形式剥夺齐某对子女的探望权,应认定该协议中关于探望权的条款为无效条款。

【法律条文】

《婚姻法》第三十六条　父母与子女间的关系,不因父母离婚而消除。离婚后,子女无论由父或母直接抚养,仍是父母双方的子女。

【友情提示】

从子女的身心健康出发,探望权人应抽出合理时间定时探望子女,既不能滥用探望权,也不能不行使探望权。不与子女同居住的父亲或母亲,既有权利又有义务看望子女,子女也有与不同居住的父亲或母亲交流的渴望,因此探望权不仅是父母的权利,也是子女的权利。

11. 离婚时承诺独自抚养小孩,再婚后可以向前夫追讨抚养费吗?

【经典案例】

2004年1月,23岁的田某和21岁的孙女士结婚。由于婚前两人缺乏了解,婚后发现双方性格差异很大,常因家庭琐事吵闹。一年之后,他们的儿子田江(化名)出生。2009年4月14日,两人因感情破裂,经法院调解协议离婚。考虑到田某患有病毒性脑垂体疾病,孙女士主动要求独自抚养儿子,不要丈夫给付抚养费。田某亦将两人共有的10万元存款及金器、家电等全部留给孙女士。离婚后不久,田某与胡女士再婚,目前在一家电动工具厂打工,每月收入约2000元,婚后两人育有一女。同年,孙女士也再婚了,并于2011年又生一女孩,现与丈夫共有两个子女需要抚养。孙女士感觉经济压力陡增,后悔当初逞强不要前夫承担儿子抚养费的举动。在多次要求前夫给付儿子抚养费被拒后,2012年3月,孙女士以儿子田江的名义,将前夫田某告上了法院,请求法院判决田某每月支付孩子生活费400元,并承担一半的教育费和医疗费。田某辩称,目前的物价水平与2009年相比,并没有太大变化,且两人离婚时,自己将两人共有财产全部留给前妻,孙女士应该遵守当初离婚时的约定。孙女士则辩称,凭现在的家庭收入,她有能力抚养儿子,但是田某作为孩子的父亲,也应当承担抚养费。

【案情重温】

本案的争议焦点是离婚时约定由夫妻一方承担未成年子女抚养费,子女以后是否有权向未承担抚养义务的另一方主张抚养费。我国《婚姻法》虽规定关于子女生活费和教育费的协议或判决,不妨碍子女在必要时向父母任何一方提出超过协议或判决原定数额的合理要求,但该规定的前提是须在子女"必要时",否则不利于双方权利义务的稳定。孙女士与田某订立离婚调解协议时,未要求田某支付抚养费,该协议系孙女士与田某自愿达成,对双方具有约束力。孙女士与田某离婚到现在,田江生活学习正常,健康状况良好,目前尚处于义务教育阶段,生活消费需求与订立调解协议时相比,未发生重大的变化,也未发生教育、医疗等方面的重大开支,且孙女士表明有能力抚养孩子,这对孩子的健康成长尚不造成影响。

✏️ 【处理意见】

本案中,孩子未发生教育、医疗等方面的重大开支,孙女士也表明有能力抚养孩子,且田某在离婚时将夫妻共有财产全部留给孙女士,田某身患疾病需要治疗,还需要抚养一个女儿,也没有充分的给付能力,故孙女士再婚后向前夫追讨抚养费,不符合法律规定的增加抚养费的情形,不仅有违诚实信用,也于法无据、不合情理。

📋 【法律条文】

1.《婚姻法》第三十七条第二款 关于子女生活费和教育费的协议或判决,不妨碍子女在必要时向父母任何一方提出超过协议或判决原定数额的合理要求。

2.《最高人民法院关于人民法院审理离婚案件处理子女抚养问题的若干具体意见》第十八条 子女要求增加抚育费有下列情形之一,父或母有给付能力的,应予支持。

(一)原定抚育费数额不足以维持当地实际生活水平的;

(二)因子女患病、上学,实际需要已超过原定数额的……

🏠 【友情提示】

追索抚养费,名义上是为子女的利益,实际上真正受益人是抚养行为人,作为子女的父母应遵守离婚时达成的有关子女抚养协议。同时,为了尽量减少父母婚姻破裂对子女成长的不利,充分保障未成年子女在日常生活、受教育方面的合法权益,在必要时子女有权向父母任何一方提出超过协议约定抚养费数额的合理要求。

12. 离婚时已支付抚养费，孩子再诉能获支持吗？

【经典案例】

2000年2月，肖某与刘女士经人介绍结婚。2001年3月，儿子肖潇（化名）出生。2002年4月20日，因夫妻感情破裂，无法共同生活，双方在法院调解下离婚。调解协议约定，孩子由刘女士抚养，肖某一次性支付儿子抚养费4000元，对其他共同财产进行了分割。去年秋天，肖潇小学毕业后，就读于某中学，在校学习和消费等各方面支出较高，而肖潇母亲离婚后患病下岗，使得低收入的母亲在支付自己的医疗费用后，难以负担起肖潇学习生活的高额费用，为较好地完成自己的学业，肖潇将父亲告上法庭，要求每月支付300元抚养费。诉讼中，肖某辩称，儿子肖潇起诉自己不是他的真实意思表示，系前妻逃避抚养义务而以肖潇名义起诉的，且离婚时，自己已一次性支付了抚养费，尽了抚养义务，故要求法院驳回肖潇的诉讼请求。

【案情重温】

《婚姻法》第三十六条规定：父母与子女间的关系，不因父母离婚而消除。虽然肖某已经与刘女士离婚了，但他对儿子肖潇的抚养教育义务不会随着婚姻关系的消除而消灭。同时《婚姻法》第三十七条规定：关于子女生活费和教育费的协议或判决，不妨碍子女在必要时向父母任何一方提出超过协议或判决原定数额的合理要求。协议所商定的法律责任是针对协议当事人而言的，对除当事人以外的第三人不具有法律约束力。该案中，肖某与刘女士订立的协议对当事人以外的肖潇没有法律约束力，尽管肖某已经一次性支付了抚养费，但当原定抚养费数额不足以维持当地实际生活水平的，肖潇可以要求增加抚养费。

【处理意见】

抚养孩子是父母共同的责任和义务，父母对未成年子女的抚养教育义务是无条件的，离婚时达成的孩子抚养协议不妨害孩子在必要时的合理要求，父母不履行抚养义务时，未成年人有要求父母给付抚养费的权利。据此，法院支持了肖潇的诉讼请求。

【法律条文】

《婚姻法》第三十七条 离婚后,一方抚养的子女,另一方应负担必要的生活费和教育费的一部或全部,负担费用的多少和期限的长短,由双方协议;协议不成时,由人民法院判决。关于子女生活费和教育费的协议或判决,不妨碍子女在必要时向父母任何一方提出超过协议或判决原定数额的合理要求。

【友情提示】

父母不履行抚养义务时,未成年的或不能独立生活的子女的抚养费一经协议或者判决后,并非就一成不变,随着子女年龄的增长、教育和生活支出的增多、物价的上涨、患病、上学等情形出现时,可以经抚养义务人所在单位或有关部门调解,或通过诉讼程序向人民法院提起增加抚养费之诉。

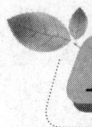

13. 一方与他人通奸怀孕所生子女,由谁抚养?

【经典案例】

1997年10月谢某(男)与朱某(女)通过婚姻介绍所认识,1998年10月两人登记结婚,初期双方感情尚可。后因双方一直未生育,经检查,男方谢某没有生育能力,但可以过夫妻生活。2002年3月5日,朱某因与他人通奸怀孕生育一子,该子与谢某夫妇一起生活。三四年后,谢某得知此事真相,双方即开始为此事经常争吵,并发展到动手打架。谢某为排解心中的苦闷,开始借酒浇愁,最后逐渐形成酗酒的习惯。2006年3月23日,朱某不堪忍受丈夫的冷漠和暴力,独自离家出走。2010年4月,朱某向人民法院起诉,声称,"因双方性格不合,被告有生理缺陷和酗酒的恶习,双方感情确已破裂,请求离婚。现双方有共同财产砖瓦房3间,外债有欠我娘家亲属6000元,欠被告家亲属5000元。共同财产要求均分,共同债务应各自承担自家亲属的。孩子由被告抚养,我承担抚养费。"被告答辩称,"由于我没有生育能力,原告乱搞两性关系,才生育了一子。现双方没有和好可能,但我不同意离婚,也不抚养孩子,不承担抚养费。所欠外债应各自偿还。共同财产砖瓦房3间价值1.4万元,不同意分割。"

【案情重温】

本案关于婚姻关系的解除与财产的分割均属正常范围,难题在于一方与他人通奸怀孕所生一子由谁抚养,抚养费由谁承担?父母子女间的关系不因婚姻关系的解除而解除,受法律保护的父母子女关系中,有生父母子女关系、继父母子女关系、养父母子女关系。本案被告谢某没有生育能力,这是原被告共同承认的事实,因此,该子同被告不可能形成生父子关系。该子是在原被告婚姻关系存续期间原告所生,又非收养,这又否认了与被告的继父子关系和养父子关系的形成。该子是原告同他人通奸怀孕所生,本案中的被告实际上是在受蒙骗的情况下接受了该子,他在原告要求离婚情况下不同意抚养该子,实际上是不再自愿承担本不属于他的义务。在这种情况下,应由该子的生母承担抚养责任。原告确系该子生母,由其抚养该子并给付抚养费,是其应履行的法定义务。本案解决的是婚姻关系及与其密切相关的子女抚养问题,因此,不能单纯解决婚姻关系,而抛开子女抚养问题,一并处理子女抚养问题是可行的。

【处理意见】

谢某夫妇虽结婚多年,但一直未建立起真挚的夫妻感情。加之谢某没有生育能力,朱某同他人生育子女后,更伤害了夫妻感情。原被告感情确已破裂,已无和好可能,原告提出离婚,应予支持。谢某虽与朱某所生子共同生活,但双方之间没有法定权利义务关系,而且该子又愿意随生母生活,故由朱某抚养该子和负担抚养费为宜。双方所称债务,均系欠各自亲属,双方愿各自偿还,应予准许。双方共同财产应予均分,被告拒绝分割没有道理。

【法律条文】

《婚姻法》第二十五条 非婚生子女享有与婚生子女同等的权利,任何人不得加以危害和歧视。不直接抚养非婚生子女的生父或生母,应当负担子女的生活费和教育费,直至子女能独立生活为止。

【友情提示】

教育抚养子女是父母双方的义务,子女受抚养、教育是其应有之权利。非婚生子女的生父对其应尽抚养、教育的义务,如果生母认为将来抚养该子有困难,可要求其生父尽相应的义务。

14. 孩子上大学后,到底能不能要抚养费?

【经典案例】

韦先生与周女士于1990年登记结婚,1992年1月生育一子韦剑(化名)。因韦先生与周女士婚前缺乏了解,婚后因性格差异大,经常争吵打架,于1993年4月双方因感情不和离婚。因孩子在哺乳期,法院将孩子判给前妻周女士抚养,韦先生按月付给孩子一定的抚养费。期间,前妻以孩子的名义要求增加抚养费,法院根据物价上涨等情况判决每月增加一些抚养费。尽管韦先生的经济情况不是很好,但一直按照判决的数额按时支付孩子的抚养费,真心希望儿子能好好接受教育,顺利考上大学。此种情况一直持续到2010,儿子韦剑年满十八岁并考上大学。韦先生原以为自己的负担会因此而减少,终于可以松一口气了。但令他万万没想到的是,儿子以上大学需要更多的生活费为由,再次要求增加抚养费。

【案情重温】

《婚姻法》第二十一条第二款规定:父母对子女有抚养教育的义务;父母不履行抚养义务时,未成年的或不能独立生活的子女,有要求父母付给抚养费的权利。关于什么是不能独立生活的子女,成年的子女比如在校大学生,因为他们还在学校读书,是不能独立生活的子女吗?《婚姻法司法解释(一)》第二十条明确界定"不能独立生活的子女",是指尚在校接受高中及其以下学历教育,或者丧失或未完全丧失劳动能力等非因主观原因而无法维持正常生活的成年子女。这一条就把正在读大学的成年子女也基本挡在法律救济的大门之外。

【处理意见】

本案中,韦剑已经是成年的在校大学生,依据民法的规定,作为一个完全民事行为能力人是可以独立从事民事行为,并为自己的行为承担责任,不应属于不能独立生活的子女,所以不支持韦剑要求继续支付抚养费。

【法律条文】

1.《婚姻法》第二十一条　父母对子女有抚养教育的义务;父母不履行抚养义务时,未成年的或不能独立生活的子女,有要求父母付给抚养费的权利。

2.《婚姻法司法解释(一)》第二十条　婚姻法第二十一条规定的"不能独立生活的子女",是指尚在校接受高中及其以下学历教育,或者丧失或未完全丧失劳动能力等非因主观原因而无法维持正常生活的成年子女。

【友情提示】

只要具备无法独立支持孩子上大学的客观事实,笔者建议起诉追索抚养费。因为这类情感和道德为主的纠纷,法官不会不考虑情理因素,而直接用僵硬的法律规定来判案,多会以晓之以理、动之以情的方式做双方工作,通过调解的方式来结案,最后通过法官调解获得抚养费的概率也很大。

15. 离婚时人工授精所生子女由谁抚养?

【经典案例】

潘先生与石女士婚后一直未育,后经医院诊断潘先生因患疾病不能生育,医生建议二人选择应用人工授精技术。经潘先生夫妇一致同意,医院应用了该技术,石女士成功生下一个儿子。从孩子出生后,潘先生就非常高兴,视孩子为己出。儿子从出生一直到上学,潘先生一直尽心尽力地照顾他,儿子也和父亲很亲,无话不谈,父子关系非常融洽。多年来,石女士经常说自己工作忙,没有时间照顾家,也没有精力照顾孩子,所以石女士与儿子关系很冷淡。在儿子15岁的时候,潘先生发现石女士多年来并不是因为工作忙很少回家,而是在外还有一个"家"。潘先生伤心欲绝,把这件事情和儿子的身世都告诉了儿子,而且还说自己打算离婚。儿子虽然年纪不大,但是很理解父亲,同意父亲的决定。潘先生与石女士就离婚的事进行了协商,但是双方均争着要儿子的抚养权,没有达成一致的意见。于是,潘先生起诉到法院,要求与石女士离婚,并由自己抚养儿子。石女士在开庭时表示儿子与潘先生无血缘关系,所以潘先生没有权利抚养孩子。

【案情重温】

最高人民法院在1991年7月8日《关于夫妻离婚后人工授精所生子女的法律地位如何确定的复函》中规定:在夫妻关系存续期间,双方一致同意进行人工授精的,所生子女应当视为夫妻双方的婚生子女,父母子女之间的权利义务关系适用《婚姻法》的有关规定。本案中潘先生与石女士的儿子是应用人工授精技术所生育的子女,而且是在夫妻双方一致同意的情况下才应用的这项技术,那么按照最高人民法院的司法解释,儿子应当视为潘先生与石女士的婚生子女。即使潘先生与石女士离婚,父子关系也不会因此而消除。同时,潘先生没有生育能力,所以对儿子非常珍惜,父子关系也很融洽,而且潘先生长时间与儿子一起生活,对儿子的习惯也很了解。反观石女士,却与儿子关系冷淡,没有什么感情。因此,由潘先生抚养孩子更有利于孩子的成长。

【处理意见】

尽管儿子和潘先生没有血缘关系,但是,人工授精子女仍应视为潘先生的婚生子女。通过法官征求儿子的意见,儿子也愿意由潘先生抚养,并且由潘先生抚养儿子对孩子以后的生活更有利,更能够保障孩子的权益,因此,法院判决儿子由潘先生抚养。

【法律条文】

《关于夫妻离婚后人工授精所生子女的法律地位如何确定的复函》……在夫妻关系存续期间,双方一致同意进行人工授精的,所生子女应当视为夫妻双方的婚生子女,父母子女之间的权利义务关系适用《婚姻法》的有关规定……

【友情提示】

人工授精方式现已得到社会的广泛认同,这项技术不仅给不育症患者的家庭带来福音,也为维系和巩固这种夫妻之间的婚姻关系做出了应有的贡献。夫妻双方在婚姻关系存续期间一致同意经人工授精所生子女具有婚生子女的法律地位,父一方虽然与该子女无血缘关系,仍然应对该子女尽抚养义务,此点在法律上是不难确立的。

16. 离婚后能否单独提起探望权诉讼?

【经典案例】

公共汽车驾驶员林某与同车售票员尤某在长期的工作中配合默契,互有好感,并逐渐确立了恋爱关系,于2000年6月两人办理了结婚登记手续。2002年11月生育女儿林可(化名)。小林可自出生后长期随父母和祖父母共同生活。2004年5月,林某与尤某因感情不和而分居。从此,女儿林可随母亲尤某一起在外祖父母家生活。2006年7月,林某向法院起诉要求与尤某离婚,婚生女由自己抚养,并请求分割夫妻共同财产。2006年8月法院开庭审理此案,经过法庭调查、辩论、调解,因调解无效做出判决,准予林某和尤某离婚,婚生女林可由尤某抚养,并就抚养费的支付、财产分割作出了判决。一审判决后,双方都没有上诉。判决生效后一个月,林某思女心切,当他准备行使对女儿林可的探望权时,发现法院作出的生效离婚判决中未涉及探望权,现在林某该怎么办呢?

【案情重温】

法律上明确行使探望权的方式、时间先应由父母协商确定,协商不成再由法官自由裁量。父母应该本着有利于子女身心健康成长的原则,在不影响子女正常生活、学习的前提下,确定具体的探望时间和地点。本案中,虽然探望权不需要法院作出判决,就可依父母子女关系的自然属性而产生,但是因为探望权行使的方式、时间等的不明确,在父母无法协商的情况下,可单独向法院提起诉讼,以便明确探望权的具体行使问题。

【处理意见】

人民法院作出的生效的离婚判决中未涉及探望权,当事人林某可就探望权问题单独提起诉讼,由法院按照最有利于子女健康成长、父母一方合理需要的原则,就探望权行使的方式、时间等作出判决。

【法律条文】

1.《婚姻法》第三十八条 离婚后,不直接抚养子女的父或母,有探望子女的权利,另一方有协助的义务。行使探望权利的方式、时间由当事人协议;协议不成时,由人民法院判决。

2.《婚姻法司法解释(一)》第二十四条 人民法院作出的生效的离婚判决中未涉及探望权,当事人就探望权问题单独提起诉讼的,人民法院应予受理。

【友情提示】

父母子女之间的联系、交往乃父母子女关系的自然产生属性,其不受法律是否规定探望权的影响,只要抚养权一经确定,探望权就随之确立,至于法院的判决只不过是对探望权的内容及其执行加以具体化。探望权是婚姻法赋予不直接抚养子女的父或母的一项法定权利,而并未将其设定为当事人的法定义务,所以当事人是否行使探望权完全取决于自己的意愿。

17. 能否申请强制执行探望权?

【经典案例】

1999年张某(男)与李某(女)登记结婚,于2000年8月生育儿子张浩(化名)。2002年4月,李某向法院起诉离婚,并请求由自己抚养尚在哺乳期的独生儿子。法院最终判决张某和李某离婚,婚生儿子张浩因未满两周岁尚处哺乳期,由母亲李某独立抚养至成年,张某每月支付抚养费200元。双方没有对该判决提起上诉。2004年7月张某向法院起诉,认为原来的判决没有确认自己对儿子的探望权,被告李某从2002年4月起就以儿子在外地为由拒绝自己探望,请求确认自己有每周探望儿子张浩一次的权利,否则自己拒绝支付抚养费。经法院审理后判决:原告张某于每月的第一、三个星期六上午8时至11时行使对儿子张浩的探望权,由李某将儿子带到市区某公园南大门交给张某,张某可将孩子接走,但要在第二天下午17时前将张浩送回原地交给李某,被告李某负协助义务。但是判决生效后,李某经常告诉儿子,爸爸不是好人,以后都不要理爸爸,并千方百计地阻止张某探望儿子。张某非常思念儿子,他可以采取什么措施来维护自己的权益呢?

【案情重温】

探望权作为一项法定权利,不是产生于离异父母之间的协议,也不需要法院判决确认,只要直接抚养权一旦确定,非直接抚养一方的探望权也同时成立。《婚姻法》第四十八条规定:对拒不执行有关扶养费、抚养费、赡养费、财产分割、遗产继承、探望子女等判决或裁定的,人民法院得依法强制执行,有关个人和单位应负协助执行的责任。本案中,法院已经就张某对儿子行使探望权的时间、地点、方式作出了判决,该判决一旦生效,就具有强制执行力。但是,李某却无视法律的权威和张某的情感,想方设法阻止张某探望儿子,张某可以申请法院强制执行。

【处理意见】

本案中,李某阻挠张某行使探望权的做法是不正确的,如果李某执意不肯让张某行使合法的探望权,张某可以向法院申请强制执行,也就是对拒不履行协助自己行使探望权的李某采取拘留、罚款等强制措施,但不能对儿子张浩的人身、探望行为进行强制执行。

【法律条文】

1.《婚姻法》第四十八条 对拒不执行有关扶养费、抚养费、赡养费、财产分割、遗产继承、探望子女等判决或裁定的,由人民法院依法强制执行。有关个人和单位应负协助执行的责任。

2.《婚姻法司法解释(一)》第三十二条 婚姻法第四十八条关于对拒不执行有关探望子女等判决和裁定的,由人民法院依法强制执行的规定,是指对拒不履行协助另一方行使探望权的有关个人和单位采取拘留、罚款等强制措施,不能对子女的人身、探望行为进行强制执行。

【友情提示】

探望权是离婚后不直接抚养子女的父或者母依法享有的一项权利。除了由人民法院依法中止探望权外,其他任何人、单位或者组织都不能非法阻止探望权的行使,否则可以申请法院强制执行,但是因为探望权行使与人身紧密相连,因此强制执行的方式具有特殊性和严格性。

18. 祖父母、外祖父母能行使隔代探望权吗?

【经典案例】

张某、李某(原告)与王某(被告)系公婆与儿媳的关系。原告之子张某某与被告王某于2000年3月登记结婚,婚后生活平淡而幸福,2002年又生下一个漂亮女儿小彤(化名)。但幸福却是那么的短暂,在2003年11月原告之子张某某因车祸死亡,这让曾经幸福美满的家庭顿时跌入痛苦的深渊。此后,小彤一直随其母亲王某生活,2006年单身三年之后的王某再婚。老年丧子的张某和李某夫妇在经受儿子死亡的打击后,更加思念儿子在这世上留下的血脉——孙女小彤,期间多次去王某家要求探望自己的孙女,均被王某以再婚不合适为由拒绝。故张某、李某诉至法院,请求行使探望权。

【案情重温】

我国《婚姻法》规定探望权享有的主体为子女的父母,而没有直接规定爷爷或者奶奶(隔代)等亲属的探望权。正确的行使探望权(隔代)能更好地与子女沟通和交流,减轻子女的家庭破碎感,促进子女身心健康成长,减少社会不稳定因素。本案中原告虽不是法定的探望权的主体,但本案一个基本事实,是两原告与被告之女小彤是具有血缘关系的直系亲属,具有亲属关系上的权利和义务。两原告晚年丧子,其身心受到了极大的打击,又将对儿子思念寄托在孙女身上,是情理之所在。如果不允许原告进行适时探望,不仅将丧失亲情的机缘,对已年逾花甲的两原告,无疑也是极大的心理伤害,有违公序良俗原则。

【处理意见】

法院判决张某和李某可利用寒暑假或其他节假日适时探望小彤,被告王某有协助义务,以便让小彤能享受到完整的亲情,促进其人格发育的完善。在原告行使探望权期间,如果原告有对小彤的成长不利的行为,可适时中止探望,以保护小彤的身心健康。

【法律条文】

《民法通则》第七条 民事活动应当尊重社会公德,不得损害社会公共利益,扰乱社会经济秩序。

【友情提示】

中国是注重亲情的国度,隔代探望让双方保持相互往来,相互沟通和交流,能够增加亲情,既可抚慰长辈的孤独寂寞,也有利于晚辈的身心健康。因此,特殊情况下,祖父母也可以成为探望权的主体。这样,能够更好地体现法律上的人文关怀,也符合公序良俗的法律原则。

19. 未成年子女可以提出中止探望权吗?

【经典案例】

赵某和钱某于1994年登记结婚,于1995年育有一女钱小某。2000年,赵某和钱某离婚,法院判决女儿随母亲赵某生活,钱某每周有两次探望权。钱某最初都会按照法院规定的时间、方式来行使探望权。但是2011年钱某生意失败后,情绪低落,脾气也变得很暴躁,心情郁闷的时候就到赵某住处探望女儿,而且稍有不如意,甚至还辱骂、殴打赵某。当女儿钱小某劝阻父亲的粗暴行为时,遭来的竟然也是父亲的殴打。最先赵某和女儿认为这是钱某生意失败后的情绪发泄,过一段时间就会好的,哪知这样的情况持续了好几个月时间,看着妈妈身上的累累伤痕和无助的眼神,已满16岁的女儿越来越不喜欢父亲钱某,认为父亲的探望严重影响了自己的学习和生活,于是在2012年,钱小某诉至法院要求中止钱某的探望权。

【案情重温】

虽然父母离婚,但是改变不了父母与子女之间的感情及特定的人身血缘关系。给予不直接抚养的父或母一方探望权,也是基于其有利于子女身心的健康成长。结合本案,钱某多次动手殴打赵某及其女儿的做法,显然不利于子女的健康成长,甚至会给子女的心理健康造成严重伤害。按照《婚姻法》第三十八条之规定:父或母探望子女,不利于子女身心健康的,由人民法院依法中止探望的权利。按照婚姻法司法解释的规定,未成年子女、直接抚养子女的父或母及其他对未成年子女负担抚养、教育义务的法定监护人,有权向人民法院提出中止探望权的请求。赵某的女儿钱小某虽然是未成年子女,仍然有权向人民法院提出中止探望权的请求。

【处理意见】

钱某的探望行为不利于钱小某的身心健康,并且钱某无悔改的表示,所以判决直接中止其探望权。但是值得注意的是,即使法院最终判决中止钱某的探望权,也不是永久地剥夺了钱某的探望权。如果中止的事由消失后,应当恢复其探望的权利。

【法律条文】

1.《婚姻法》第三十八条第三款 父或母探望子女,不利于子女身心健康的,由人民法院依法中止探望的权利;中止的事由消失后,应当恢复探望的权利。

2.《婚姻法司法解释(一)》第二十六条 未成年子女、直接抚养子女的父或母及其他对未成年子女负担抚养、教育义务的法定监护人,有权向人民法院提出中止探望权的请求。

【友情提示】

探望权的行使应有利于未成年子女的身心健康,并考虑其个人意愿,实践中探望的父亲或母亲往往将自己的意愿强加于未成年子女,使子女不能很好地与之交流和沟通,当产生矛盾时甚至采取暴力手段,导致产生不利后果,这样的探望权应加以限制。

20. 未成年子女是否享有被探望的请求权?

【经典案例】

高某(男)和童某(女)是80后的青年男女,在网络上浪漫邂逅后,两人一见钟情,不顾家人的反对迅速闪婚。婚后,两人因生活琐事,感情逐渐冷却,女儿丹丹的到来亦未能缓和夫妻矛盾。妻子童某依旧整日沉迷于网络,会网友、夜不归宿时有发生。高某无法忍受妻子的背叛,通过法院判决解除了婚姻关系。因离婚时丹丹尚在哺乳期,法院判决丹丹由母亲童某抚养。离婚后高某对前妻童某的背叛一直耿耿于怀,女儿是否为其亲生也成了他无法释怀的心结,为了避免自己在看到女儿后的无端猜测,高某毅然冷酷地拒绝探望丹丹,也不支付任何抚养费。父爱的缺失给丹丹幼小的心灵带来了很大的伤痛,转眼丹丹已上小学,看着身边其他同学都有父母接送和陪伴,而自己却生活在没有父爱的阴影中,甚至连见自己亲生父亲一面都是奢望,渴望得到父爱的丹丹将父亲高某告上法庭,要求高某每月对其探望三次,并给付抚养费。

【案情重温】

本案争议的焦点是丹丹要求父亲高某每月对其探望三次能得到法院支持吗?探望权是谁的权利?我国《婚姻法》第三十八条规定:离婚后,不直接抚养子女的父或母,有探望子女的权利,另一方有协助的义务。从该条的立法精神看,探望权是基于父母子女关系而形成的一种身份权,在确立亲权的国家则属于亲权中的一项基本权利。探望权是离婚后父母对子女的权利,享有探望权的主体是父母,子女是探望权的客体,子女无要求被探望的权利。由于探望权融入了更多的情感因素,其虽具有一定的义务性,但更多的是从家庭伦理道德层面进行要求,同时还存在执行中的操作性问题。

【处理意见】

本案中,高某未对女儿丹丹进行探望,虽然不利于丹丹的健康成长,但丹丹要求其父高某对其进行探望,没有相应的法律依据,其请求无法得到法院的支持。但其请求父亲给付抚养费则是合法的,应予以支持。

【法律条文】

《婚姻法》第三十八条 离婚后,不直接抚养子女的父或母,有探望子女的权利,另一方有协助的义务……

【友情提示】

目前,随着离婚率的不断上升,探望权案件也逐渐呈上升趋势,但子女要求父母对其进行探望的权利,尚属探望权纠纷中的新类型。个人认为父母的积怨不应由未成年子女来承担,父母双方由于感情的破裂不对子女进行探望,无疑对子女的健康成长带来很多的伤痛。探望权对于父母来说是权利,但更应该是义务。探望权应坚持以未成年子女为本位,在保护父母合法权益的同时,也应更加注重未成年子女的利益,立法中应确立子女的受探望权。

参考文献

［1］马原.新婚姻法案例评析.北京：人民法院出版社,2002年2月第1版

［2］蒋月.婚姻家庭法：案例评析与问题研究.北京：中国法制出版社,2009年7月第1版

［3］姜涛.婚姻家庭纠纷处理.北京：法律出版社,2012年1月第1版

［4］王国平.婚姻家庭法案例教程.北京：法律出版社,2009年8月第1版

［5］丁卫国,叶子.婚姻家庭纠纷案例实务.北京：中国民主法制出版社,2008年1月第1版

［6］冯雨春,张婧.婚姻家庭纠纷索赔100招.北京：中国法制出版社,2010年9月第1版

［7］吕国强.婚姻家庭案例精选.上海：上海人民出版社,2006年1月第1版

［8］陈国强,王连喜.法官说案：婚姻家庭纠纷案例.北京：中国经济出版社,2006年6月第1版

［9］邓旭明.婚姻纠纷案例答疑.北京：中国法制出版社,2008年11月第1版

［10］贾明军.现代婚姻家庭经典案例.上海：上海交通大学出版社,2008年1月第1版

［11］贾明军,孙韬.婚姻家庭纠纷处理法律依据与案例指导.北京：中国法制出版社,2009年3月第1版